差异的政治学

[日]上野千鹤子 著
陆薇薇 译

浙江大学出版社
ZHEJIANG UNIVERSITY PRESS
·杭州

图书在版编目（CIP）数据

差异的政治学 /（日）上野千鹤子著 ; 陆薇薇译.
杭州 : 浙江大学出版社，2025.4. -- ISBN 978-7-308-25690-2

Ⅰ. D731.321

中国国家版本馆 CIP 数据核字第 20253MW833 号

SAI NO SEIJIGAKU, SHINPAN
by Chizuko Ueno
©2002, 2015 by Chizuko Ueno
Originally published in 2015 by Iwanami Shoten, Publishers, Tokyo.
This simplified Chinese edition published 2025
by Zhejiang University Press Co., Ltd., Zhejiang
by arrangement with Iwanami Shoten, Publishers, Tokyo

浙江省版权局著作权合同登记图字：11-2024-541号

差异的政治学

（日）上野千鹤子　著　陆薇薇　译

责任编辑	谢　焕
责任校对	朱卓娜
装帧设计	云水文化
出版发行	浙江大学出版社
	（杭州市天目山路148号　邮政编码310007）
	（网址：http://www.zjupress.com）
排　版	浙江大千时代文化传媒有限公司
印　刷	杭州钱江彩色印务有限公司
开　本	880mm×1230mm　1/32
印　张	10.75
字　数	275千
版 印 次	2025年4月第1版　2025年4月第1次印刷
书　号	ISBN 978-7-308-25690-2
定　价	78.00元

版权所有　侵权必究　　印装差错　负责调换
浙江大学出版社市场运营中心联系方式：（0571）88925591；http://zjdxcbs.tmall.com

中译版序

致中国读者：让我们以女性主义者的身份相遇

一直以来，我既写通俗读物，也写学术著作。感谢中国读者的厚爱和陆薇薇教授的翻译，这本略显小众的学术书籍才得以出版发行。

日本女性解放运动始于1970年，70年代是日本女性学研究的创立期，80年代是其发展期，90年代则是收获期。《差异的政治学》中收录了我在20世纪90年代撰写的论文。通过阅读本书，读者朋友不仅可以了解我本人的思想形成过程，还可以知晓日本性别研究的脉络，即日本的性别研究是如何发展起来的，有哪些主要的研究课题，形成了怎样的日本特色。

日本在20世纪90年代出版了两套重量级丛书。一套是1994—1995年出版《日本的女性主义》（全七册，别册一册），另一套为《岩波现代社会学讲义》（全二十六册，别册一册）。我参与了这两套丛书的编辑工作，详细情况请参照书末的"再版说明"部分。

在90年代，社会性别（gender）已经成为社会科学研究中一个不容忽视的概念。《岩波现代社会学讲义》中包含了以"性别""性""家庭"为主题的分册，我是这几册的责任编辑。而本书收录的关于"性别""性"和"家庭"的论文，便是这几册的"序言"部分。通过这几篇文章，读者们可以了解到20世纪90年代日本性别研究的总体概况及代表性成果。

本书的最后一章——《"我"的元社会学》稍显"格格不入"。在这

001

一章里，我展现了我对社会学这门学科的看法，以及我成为一名社会学家的种种缘由。读者们不仅可以从这一章中了解到"我为何从事社会学研究"（我之前从未述及这一话题），还可以体会到为何社会学与性别研究十分契合。

日本的女性主义研究一面积极吸收他国精华，一面又独具自身特色。例如，在女性解放运动之前，民间女性史研究团体已在日本各地生根发芽，所以作为新生事物的女性主义研究，在很长一段时间内都无法得到民间女性史研究者的认可。而且，由于日本社会对堕胎相对宽容，因此日本女性主义者无须如欧美女性主义者那样为争取"堕胎权"赴汤蹈火。此外，因为日本女性主义者注重自然生态，所以不愿使用生殖技术来控制避孕和怀孕，从而形成了具有日本特色的女性主义之路。

进入21世纪后，露西·德拉普（Lucy Delap）撰写了《女性主义全球史》[1]一书。然而，世界上并不存在单一的女性主义全球史，女性主义在不同的语境中各自绽放出绚烂之花。日本有日本的女性主义，中国也有中国的女性主义。而且，即使在日本内部，女性主义的声音也有所不同。《日本的女性主义》这套丛书在问世15年后，即2009—2011年，改名为《新编日本女性主义》（全十二册）重版发行。但如今，我觉得应该将其中的"女性主义"（feminism）表述为"多元女性主义"（feminisms）更为合适。

幸运的是，女性主义与教会和政党不同，不会排斥异己、将其逐出教会或开除党籍。女性主义的相关研究一直处于争论的状态，而且它丝毫不畏惧争论。它正是在与以男性为中心的知识体系的对抗中，在女性主义内部的论辩和相互批评中发展起来的。

在不同的时代、社会和文化中，女性主义也不尽相同。正如将种子播

---

[1] Delap, Lucy, 2020, *Feminisms: A Global History*, Penguin Books.（幾島幸子訳『フェミニズムズ　グローバル・ヒストリー』，明石書店，2023）

撒在不同的土壤和环境中会开出不同的花朵那样。但另一方面，同时代的交流推动着女性主义者相互学习与扶持，一同前行。即便我们行动范围受限，信息也不会被阻隔。无论身处世界何处，女性主义者都拥有连接彼此的纽带。这一纽带就是"个人即政治"。由第二波女性主义提出的这一口号，是女性学研究共通的基础，因为女性学正是女性经验的言语化和理论化。

你或许会觉得本书标题中的"政治学"一词高高在上。但事实上，我所说的"政治学"并非大写的"政治"，而是小写的"政治"，指的是渗入日常生活中的性别权力关系。在英语世界中，艾里斯·马里恩·扬（Iris Marion Young）已经使用"差异的政治学"（politics of difference）作为其书名的一部分。[1] 政治不仅仅涉及法律和统治，还体现在日常实践中。而"社会性别"（gender）指代的便是一种用性别将人进行区分的权力关系。因此，今晚是丈夫做饭还是妻子做饭，谁去幼儿园接发烧的孩子，等等，都是"政治"。

我们无法逃离政治而生活。无论你怎么强调自己不在乎性别、自己与性别无关，性别还是会与你发生种种关联。不论是男性还是女性，无人能从中逃脱。如果说中国女性可以借鉴日本女性的经验，那么反之，我们也希望从中国女性的步履中汲取力量。而且，我希望，当我们相遇时，可以彼此会心一笑：是的，你我皆是女性主义者。

写于细雨蒙蒙、绣球花芳菲竞绽的时节
上野千鹤子
2024 年 5 月

1　Young, Iris Marion, 1990, *Justice and the Politics of Difference*, Princeton University Press.

译者序

2024年新年伊始,我再次拜访了上野千鹤子在东京的住所。她亲自下厨招待了我,并半开玩笑地说很少有人知晓她也精通厨艺。我们彼此分享着近期的见闻,比如日本某某超市里的香菜特别美味,中国出现了南方小土豆勇闯大东北的热潮,等等。但当我拿出正在翻译的《差异的政治学》一书,向她请教几处问题时,她便瞬间回到了一位学者的状态,对社会学理论如数家珍,并试图再次"诱惑"我从民俗学研究转向社会学研究。

近几年,"上野千鹤子热"已是不争的事实,2022和2023年,她连续两年蝉联豆瓣年度作者排行榜首位。上野是少数能将学术性书籍和普及性读物都完成得很出色的学者之一,而其普及类读物在中国畅销的背后,恰恰是因其深厚学术功底的支撑。

《差异的政治学》是我所主编的"上野千鹤子系列译丛"中学术性较强的一本书,其全方位地展现出上野的研究成果。书名中所谓的"差异",是指男性与女性、我们与他们、内部与外部之间的分割线;而"政治"则指福柯以降的微观政治,其渗透于日常点滴之中,潜移默化地规训着我们。上野对二者的剖析贯穿了整部著作。

全书共分12章,每一章都是一个独立的主题。各章内容均为上野在20世纪90年代发表的经典论文,后经修改编纂成书,于2002年由岩波书店出版,2015年又增加了两章,并改版为便于携带的文库本。详细情况将在本书结尾部分由上野亲自解说,故不再赘述。

在首章"性别差异的政治学"中，上野详细梳理了社会性别概念的来龙去脉，以及最新研究动向，用她本人的话说，该文点明了本书的主题，是适合性别理论的初学者入门的指南。性别研究，或者说社会学式的性别研究，无疑是上野最为擅长的领域。然而事实上，在20世纪90年代以前，上野的著作中还很少使用社会性别（gender）一词。在日本，20世纪70年代的第二波女性主义运动给学术研究带来了巨大冲击，"女性学"应运而生。但女性学研究只是在庞大的研究体系中新添加了一个关于女性的研究领域，只有女性对它感兴趣，故而丝毫无法撼动由男性把控的主流学界。于是，女性学研究者改变了策略，她们不再以女性为研究对象，而是聚焦于将女性与男性分隔开来的不平等的权力关系——gender。换言之，性别研究（Gender Studies）的对象并非男性或者女性中的某一方，而是男女之间的分割线，即男女差异的政治学问题。如此，性别研究打破了仅限于"女性"的局部研究，成为渗透于各个领域的跨学科研究。上野用词的变化，正折射出日本女性学学术史的变迁。

在"'劳动'概念的性别化"（第四章）、"'家庭'的世纪"（第五章）"日本的女性解放——其思想及运动"（第六章）、"'生殖权利/生殖健康'与日本女性主义"（第七章）等章里，上野针对性别研究的具体问题——家务劳动、现代家庭、妇女运动、生殖健康等分别展开了探讨。同时，在"男性学的邀约"（第八章）中她还提供了"男性学"研究的线索，并希望更多男性研究者从当事人的立场开展相关研究。

第二章"性社会学"、第九章"性是自然的吗？"及第十章"男同性恋者与女性主义者可以并肩作战吗？"中凝结着上野有关性（sexuality）研究领域的成果。与一些学者将性别研究与性研究等同视之，或将性归于性别之中不同，上野曾多次在公开场合强调自己主要从事性别研究以及性研究，对后者同样着墨很多。社会性别（gender）概念揭示出性别是后天文化建构的产物,而性(sexuality)的概念同样把人们对性的认知从天生、自然的观念中解放出来。福柯的《性史》(1976)开辟了性研究的先河,而上野在其基础上指出,如果男女彼此间的倾慕并非本能使然,那么同性之间亦是如此。近年,我自己也曾多次走访新宿二丁目地区,从当事人口中屡屡听到了超乎想象的多样化的性(sexuality),而这,或许也是我们理解世界多样性的重要切入点。

"'我'的元社会学"(第十二章)、"复合歧视论"(第十一章)、"历史学与女性主义——超越'女性史'研究"(第三章)从更加综合的角度给予我们启发。"'我'的元社会学"是上野对自身为何从事社会学研究的追问。我们不仅可以从中学到"范式转换""临床知识""质性信息"等许多社会科学的基础知识,还可以了解如何"把自己作为方法"展开研究。"复合歧视论"所提出的"能够实现所有被歧视者的联合吗?"之问,也是作为研究者的我们常常会自问的问题。虽然当下交叉性理论(intersectionality theory)已被学界熟知,但上野早在20世纪90年代便效仿有吉佐和子的"复合污染",颇具前瞻性地提出了"复合歧视"的概念,揭示出多重歧视之间矛盾复杂的关系,着实令人钦佩。而"历史学与女性主义——超越'女性史'研究"是我本人尤其喜爱的一章。这不仅因为我所从事的民俗学研究与民众史、生活史研究有诸多交集,更重要的是,上野的研究为我们展示出以问题为导向的跨学科对话的可能性。而其对历史学发起的挑战还可参照《迈向战争与性暴力的比较史》(《妇女研究论丛》2019年第6期)一文。

本书的阅读确实有一定的门槛,如果你是一位普通读者,可以先补充阅读一些上野相对浅显的作品。但如果你想要深入理解上野的思想体系或怀抱学术研究的志向,请务必不要错过本书。你既可以从自己感兴趣的话题入手进行阅读,也可以关联阅读上野的《女性的思想》《父权制与资本

2023年七夕，上野与译者拍摄于东京

主义》《厌女》等其他著作，深入探究其核心思想，还可以通过本书的指引，延伸阅读社会学、人类学、历史学、民俗学等众多领域的名家名作，为日后的学术研究打下坚实的基础。

行文最后，我要衷心感谢上野千鹤子教授一直以来毫无保留的指点，如果有一天我能撰写一本属于我的《女性的思想》，上野千鹤子必将是其中最为重要的一章。同时，我要感谢一路陪伴着我的东南大学日语系性别研究小组的诸位师生，每一次读书会的分享，每一个对翻译的中肯建议，都是我前行的动力。由于本书翻译难度较大，因而耗时颇久，所以还要特别感谢浙江大学出版社谢焕老师的耐心等待和悉心编校，人生路上每当遇见志同道合的人总是如此令人喜悦。

最后，感谢认真阅读本书的每一位读者，希望性别研究能够为你多打开一扇观察五彩世界的窗。

陆薇薇

2024年初春于金陵

目录

第一部分

001　第一章　性别差异的政治学
026　第二章　性社会学
045　第三章　历史学与女性主义——超越"女性史"研究
074　第四章　"劳动"概念的性别化

第二部分

104　第五章　"家庭"的世纪
121　第六章　日本的女性解放——其思想及运动
150　第七章　"生殖权利/生殖健康"与日本女性主义

第三部分

172　第八章　男性学的邀约
198　第九章　性是自然的吗?
217　第十章　并肩作战的可能性——与 Occur 的对话
232　第十一章　复合歧视论

第四部分

257　第十二章　"我"的元社会学

286　初版后记
289　再版说明
299　论文原先出处一览
301　参考文献

※ **关于人名标注的说明**：本书中引文较多，如果没有重姓的作者，用其姓氏标注，比如渡边。如若存在同姓的作者，则标注其全名，比如渡边多惠子。特此说明。

第一章　性别差异的政治学

性别差异论的陷阱

20世纪70年代，女性主义学者用"社会性别"（gender）这一不太为人所知的术语，取代了"生理性别"（sex）的说法。从那以后，围绕性别差异展开的讨论，出现了重大的范式转换。

最早确立社会性别概念的，是心理学家罗伯特·斯托勒（Robert Stoller）（Stoller，1968 = 1973；小仓，2001），但充分运用并拓展了这一概念的，却是女性主义学者。社会性别一词原本是用来表述性别的语法术语，然而，70年代的女性主义学者为了使一直被视作自然而然的、无法改变的性别差异相对化，特意使用了这一术语。[1]今天，在女性主义研究中，已经形成了这样一种约定俗成的规范：生理性别（sex）一词指代生物学上意义上的性别，而社会性别（gender）一词指代社会文化意义上的性别。

社会性别概念发挥了不可或缺的装置作用，它将性别差异从"生物学的宿命"中分离出来。倘若性别差异由社会、文化、历史所建构，那么，它便不是所谓的"宿命"，而是可以改变的现实。女性主义为了使女性从"女

---

[1] 1997年，凯特·米利特写下《性的政治学》（*Sexual Politics*）（Millett，1970 = 1973）一书，但如果换作现在，她或许会将《性别政治学》（*Gender Politics*）作为书名。米利特对性行为中的政治［Politics in（sex sexual behavior）］也进行研究，但准确地说，她的研究应该是性行为中的性别政治（Gender politics in sex）。

性气质"的宿命中解放出来，将性别差异的含义从自然领域转移至文化领域。于是，出现了那句著名的女性主义标志性问句——"性别差异是'天生的，还是后天形塑的'（By nature or by nurture）？"如果你想要成为一名女性主义者，那么你必须义正词严地回答："性别差异是后天建构的结果。"这是你成为女性主义者的首要条件。

当然，这一简单化了的命题，招致了众多误解，但仔细想来，该命题想要打破的，是一直以来存在的本质主义式的性别差异观念，这种"信仰声明"是女性主义者的切实需要。女性主义首先需要对抗的，是将性别差异视作"解剖学宿命"（Anatomy is destiny）的弗洛伊德式心理学阐释。弗洛伊德的精神分析理论也可视作人格发展理论，在其看来，人格是由你出生时是否带有男性生殖器所决定的。当作为欲望象征的男性生殖器朝向自己的母亲，便形成了乱伦欲望，但同时，儿子会因恐惧被自己的父亲阉割而对母亲禁欲，从而出现母子分离的结果。而且，儿子为了成为与父亲一样的人，把对母亲的欲望转移到了其他女性身上。在这一过程中，父亲的介入发挥着社会规范代言人的作用。如此，"父亲的声音"作为"超我"被内化于儿子心中。被压抑的欲望形成了儿子的无意识，而超我是管理无意识的"门卫"，它作为欲望的检查员时时进行监督，确保儿子之后人格的发展。这就是所谓的"俄狄浦斯情结"心理机制。

另一方面，女儿没有男性生殖器，她们在出生时已被阉割。而对于已被阉割的人群，便无法再用阉割来威胁她们。所以女儿与儿子不同，不具备母子分离的契机，从而无法形成超我。女性也因而被视作人格劣于男性的存在。倘若女性患上歇斯底里症等神经疾病，按照弗洛伊德学派的解释，那便是女性的欲望被压制的结果。即女性希望成为男性一般的存在，从而对自身不具备的阴茎艳羡不已（上野，1994）。这些学者认为，持有"阴茎嫉妒"的女性，其欲望的源头是女性身上相当于阴茎的阴蒂，所以为了治疗女性的歇斯底里症，他们甚至建议实施切除阴蒂的外科手术。现在，部分非洲社会在少女成人仪式时仍会切除其阴蒂，西方社会对此进行了强烈谴责，抨击这一压迫女性的野蛮行径。然而事实上，19世纪，欧洲自身也借"科学"之名对女性的身体施加了野蛮的暴行（荻野，1990）。

女性主义者为了从弗洛伊德的"解剖学宿命"中解放出来而艰苦奋战。西蒙娜·德·波伏娃（Simone de Beauvoir）将怀孕和生子称作"雌性动物的屈辱"，而舒拉米斯·费尔斯通（Shulamith Fierstone）等学者，则将"从子宫中解放"寄托在未来的生殖技术上（Firestone，1970 = 1972）。在20世纪70年代，费尔斯通的想法不过是一种梦想，但随着生殖技术的发展，这一梦想已经逐渐成为现实。

如今，在技术的支持下，只要借助她人的子宫（代孕母亲），部分女性便可实现"从子宫中解放"。但是，那只不过是迎合了男性中心主义的做法，即将男性的身体作为一种"标准"，将"具有子宫的（女性）身体"视作特殊的存在——劣等躯体。承认女性身体的特殊性，并在此基础上寻求解放的思索，只会让女性否定自身的身体，从而徒增怨恨。

那么，是否存在性别差异？如果存在，它具体是怎样的？关于性别差异的疑问是个进退两难的问题。如果回答"是"，便会被视为"性别差异本质论"，从而使得男女的差异绝对化，女性主义者试图跨越性别差异的努力也会化为乌有。可如果回答"否"，则意味着否认现实中存在的差异，成为顽固的教条主义者。性别差异确实存在，不论从解剖学还是生理学的角度看，我们都不能否认这一点，但女性主义者提出了新的观点：决定某个人是作为男性还是女性生存下去的，并非生物学意义上的性别差异（sex），而是社会文化意义上的性别差异（gender）。

社会性别一词在日本的登场源于伊凡·伊利奇（Ivan Illich）的著作——《社会性别》（*Gender*）（Illich，1982 = 1984）。然而，伊利奇对于社会性别有其特殊的解释。因为译介了伊利奇失之偏颇的解释,所以当日本女性主义者在女性主义的语境中重新阐释社会性别一词时,花费了漫长的时间。[1] 针对伊利奇关于"生理性别和社会性别"的论述,政治学家石田雄作出了非常清晰的解说与评价。现引用如下:

> 伊利奇将社会性别(gender)一词与土著的、本土的(vernacular)这一形容词结合起来,与之相对,sex(生理性别)则与经济密切相关。在伊利奇看来,社会性别解体后,才出现了以经济为媒介的生理性别,也就是说,他对社会性别的解释有着浓重的时代烙印。我与斯科特[2]一样,认为社会性别在当下依然是一个极为重要的概念,所以并不赞同伊利奇的用法。
>
> (石田,1994:241—242)

此外,也有青木弥生[3]等学者,将性别差异分为三重维度,即"生物学意义上的差异""心理和社会意义上的差异"以及"象征意义上的差异"(宇宙观的雌雄性)(青木,1983)。但我认为,按照目前的通用用法,将性别差异分为与生俱来的与后天习得的两种,即生理性别(sex)和社会性别(gender)已经足够有效。

生理性别与社会性别的分歧

在区分生理性别与社会性别之后,围绕两者的论争仍迟迟未有定论。因为人们感到疑惑:性别差异有多少是由生物学决定的,又有多少受到社

---

[1] 对伊凡·伊利奇的批判,可参见上野(1986)以及萩原(1986)的著作。
[2] 琼·瓦拉赫·斯科特(Joan Wallach Scott),性别历史学家,英语圈中性别历史学研究的开创者。——译者注
[3] 此处将 yayoi 译作弥生。——译者注

会文化的影响？

　　将生理性别与社会性别的分歧作为问题提出的，是约翰·曼尼（John Money）和帕特丽夏·塔克（Patricia Tucker）的《性署名》（*Sexual Signatures: on Being a Man or a Woman*）一书（Money&Tucker，1975 = 1979）。他们二人负责约翰斯·霍普金斯大学性诊疗的门诊，接触到许多双性人和意图变性者，因而明确了社会性别独立于生理性别之外的事实。

　　决定性别的生物学要素有染色体、内分泌系统、外部性器官等，包含多重维度。然而，自然界中的性别，不论在哪个维度上，都具有连续性，而非简单的男女二元对立。例如在染色体方面，人们通常认为X染色体与X或Y染色体的不同组合决定了性别，但现实中也存在XXX（超女性）或XYY（超男性）之类的情况。拥有XXX染色体的女性，只是偶然被称作"超女性"，并不意味着该个体有明显优于女性的外观或举止。也就是说，即使是由X染色体和Y染色体的不同组合形成的染色体上的性别差异，也并非只有两种，它们形成了具有多种可能的连续体。

　　再看内分泌系统。在内分泌的领域，天生的性别差异存在的连续性更为清晰。在胚胎刚刚萌发时，所有胎儿都具备女性的身体功能（曼尼和塔克称之为"夏娃原则"）；但在胚胎形成过程中，它们受到特殊荷尔蒙的洗礼，男性功能逐渐分化出来。从胚胎学的角度看，男性才是"第二性"。然而，荷尔蒙注入胚胎时有一个临界点，过了这个临界点后，不论注入多少荷尔蒙，胎儿的性别都不会发生改变。出于方便，我们将荷尔蒙暂且分为女性荷尔蒙和男性荷尔蒙，这两种荷尔蒙在人类的第二性征发育时期以及更年期会发挥相应作用，改变人们的性功能。内分泌学者认为，男性与女性的差别，不过是两种荷尔蒙在角力时出现的差异。而且，这两种荷尔蒙的量在人生的不同阶段、性周期的不同时间段也不尽相同。可见，荷尔蒙也具有连续性，世上存在的不过是偏男性或偏女性荷尔蒙的个体或状态。

外部性器官也同样如此。通常来说，医生和助产士会在婴儿出生时，根据外部性器官的形状判断其性别，但这常常会出错。因为在胚胎形成过程中，有时由于某种原因，男孩的性器官会发育不良，或女孩的性器官发育过大。偶尔还会出现兼有男性和女性性器官的双性人。性别判断的错误会在二次发育期显现出来。本以为是女孩，结果出现了变声现象，或是长出了胡须，抑或是总不来初潮，这时人们才发现对其生理性别判断有误。

换言之，染色体、内分泌系统、外部性器官等生理上的性别差异均存在连续性，男女的生理性别并非简单的二元对立关系。与之相对，社会文化中的性别差异却不允许存在中间项，非男即女、非女即男，将人类划分为男女两类，两者是排他的二元对立关系。

曼尼和塔克的性诊疗门诊，接受想要转换生理性别的人士的咨询，并对其进行指导。这些希望变性的人，被作为男孩或女孩抚养长大，却在二次发育期发现迄今为止对自己的性别判断有误。在接受咨询的初期，曼尼和塔克曾尝试建议患者在心理上遵从自己的生理性别，坦然接受它。他们认为这样做比较"自然"，并觉得变性手术是极为痛苦的身体改造，需要花费大量的金钱和时间。所以他们建议患者，与其改变现实不如调整自己的心态。但结果却发现，患者在其身处的年龄段已经形成了根深蒂固的性别认同（gender identity），想要改变极为不易。如果强行"指导"他们接受现状，患者会出现自我身份认同的危机，甚至走向绝路。生理性别是男性而心理性别是女性，并被作为女性养大的孩子大多数会选择通过丰胸、切除阴茎、再造盆腔等痛苦不堪的手术，让生物学意义上的身体变得符合自己的性别认同。也就是说，比起让社会性别去迎合生理性别，让生理性别迎合社会性别更简单一些。

据说在两岁以前的语言习得期，人们已经确立了自己的性别认同。如荷尔蒙一样，一旦过了临界点，就不会改变。[1]心理学的性别差异研究积累了丰硕的成果，其中有这样一个调查结果：自幼开始，男孩的空间能力较强，而女孩的语言能力突出。然而，曼尼和塔克却指出，作为实验对象的男孩女孩，在他们能够接受调查的时候，已然形成了自身的性别认同。因此，通过语言进行的所有心理学式的性别差异研究，不过是一种"自证预言"[2]行为，也就是通过语言再次确认由语言形塑的性别认同。

曼尼和塔克的成就不仅限于指出了生理性别与社会性别的分歧，更重要的是，他们的工作否定了生理性别决定社会性别的生物学决定论。生物学决定论认为，染色体和荷尔蒙可以决定性别差异，所以即使外部生殖器出现异常，即便周围对其性别有所误判，当事人还是会自然而然地拥有"男性"或"女性"的心理特征。但曼尼和塔克否定了心理学意义上的性别、社会学意义上的性别、文化意义上的性别都源于生物学意义上的性别的观点，他们明确表示，对于人类而言，性别并非指生理性别，而是指社会性别。人类不会通过染色体、荷尔蒙进行思考，而是通过语言进行思考。

我们可以将曼尼和塔克的贡献归纳为以下两点。第一，针对生物学决定论，他们明确指出，"生理性别"（生物学上的性别差异）与"社会性别"（心理学上的性别差异）完全不同。第二，他们证明了，人们无法随心所欲地改变社会性别，社会性别对人的约束力极强。

同一时期，法国社会学家伊夫林·絮勒罗特（Evelyne Sullerot）通过跨学科研究，得出了与曼尼和塔克类似的结论。她与奥德特·蒂伯（Odette Thibault）在巴黎的罗亚蒙特人类学研究所主办了关于性别差异的跨学科研讨会。该会议有来自生物学、医学、社会学、历史学等各个领域的学者

---

[1] 最近也出现了这样的观点：性别认同在过了临界点后也可以改变（小仓，2001）。
[2] 自证预言（self-fulfilling prophecy）是一种在心理学上常见的现象，指人会不自觉的按已知的预言来行事，最终令预言发生。——译者注

参加，曼尼和塔克也受邀参加了会议。在此之前，法国的女性主义已经影响巨大，而性别差异的研究被视作女性主义的"禁忌"。因为女性主义者认为，开展所谓"科学的"性别差异研究本身就是一种性别歧视。当时这种观点的盛行，在絮勒罗特所撰写的"序言"中也可窥见一斑。而絮勒罗特和蒂伯则认为，应该打破这种禁忌，冷静而客观地进行跨学科的研究，探讨性别差异是否真实存在。如果存在，具体是怎样的？这也是她们举办这次会议的初衷。

在举办该会议的两年后，她们出版了一部题为《何谓女性》的研究报告。在报告书中，编者之一的絮勒罗特如此写道：

> 虽然我强烈地想要多了解一些女性的生物学天性（nature），却仍不禁担心这种生物学式的研究方法。它将女性的命运视作难以挣脱、无法改变的存在，这一点着实令人恐惧。所以在我的内心深处，一直暗自将变革的希望寄托在社会因素上。然而，经过长期以来关于性别的"自然"和"文化"双重维度的讨论，我发现，在当下的科学与文明社会中，比起"改变文化事实"来说，"改变自然属性"要容易得多。
>
> （Sullerot & Thibault eds，1978 = 1983：26）

絮勒罗特的结论与曼尼和塔克相似：首先，社会性别并非由生理性别所决定，两者是不同的概念；其次，社会性别对人的约束力强于生理性别。

到了20世纪90年代，随着性转换（TS, Trans-Sexual）临床研究的发展，曼尼和塔克的发现部分被证实，部分被推翻（小仓，2001）。1998年，日本首例变性手术在埼玉大学实施。自那以后，只要有需求，人们便可以让性别的"自然属性"迎合"文化属性"作出改变。临床变性手术表明，人们的自我性别认同独立于生理性别之外，且过了上文所说的临界点之后，依然可以发生变化。换言之，手术证明，生理性别与社会性别极为不同，两者并非连续的存在，而是割裂的个体。

社会性别本质主义

不过在20世纪80年代，以美国为中心，出现了一种女性主义者版本的性别差异本质主义思想。这种本质主义不同于生物学式的性别差异还原主义，它基于的是这样一种认识：社会性别在人们的身份认同中极为重要，且既然社会性别由文化和社会形塑而出，所以不论男女，任何人都难以逃脱社会性别的束缚。这些女性主义者拒绝"解剖学宿命"，却丝毫没有贬低"女性气质"的意图，她们对在性别的社会化及"女性文化"中形成并延续下来的"女性气质"大为称赞，可以说是一种取代了生物学本质主义的文化本质主义立场。

其代表作之一是卡罗尔·吉利根（Carol Gilligan）的《不同的声音》（*In a Different Voice*）（Gilligan, 1982 = 1986）。[1] 书名中的 Voice 一词不仅包含"声音"的内涵，还有作为语法术语的主动态、被动态的"形态"之义。吉利根主张，女性的情感和道德意识与男性有着"不同的形态"，在与自然和生命的共情方面比男性优秀。这本书在女性中引发了广泛共鸣，成为全美极具人气的畅销书籍。

女性拥有更为高尚的品德，这种想法并不新鲜。雪莉·奥特纳（Sherry Ortner）曾就"男性是文化属性的，女性是自然属性的"（Ortner, 1974 = 1983）这一命题发起讨论，玛丽琳·史翠姗（Marilyn Strathern）因而撰写了题为《既非自然也非文化》（"No nature, no culture: the Hagen case"）的论文（Strathern, 1980）。文中她针对结构主义所示的男性 VS 女性，即文化 VS 自然的二元对立模式（男性与女性的关系如同文化与自然的关

---

[1] 日文译本为《另一种声音》。

系），举出了许多反例，比如维多利亚时期的性别差异观。维多利亚时期的观点后来成为"美女与野兽"思维的原型。按照这种想法，男性更接近于自然，是一种无法抑制兽性的生物，所以女性有责任通过自身高尚的品德对其加以引导，因为女性更接近于文化属性。维多利亚时期性别与道德的关系与弗洛伊德学说相反，出现了男女的位置转换。即使在20世纪90年代，仍有日本的性科学研究者在公开场合声称"女性是荷尔蒙的奴隶"。我们可以以彼之道还施彼身，告诉他们，在维多利亚时期的意识形态中，"男性才是性欲的奴隶"。维多利亚时期是以一夫一妻制为基础的现代家庭成形的时期，同时也是买春卖春的性产业飞速发展的时期。"男性无法控制自身兽欲"的观点，助长了男性将女性划分为圣女和娼妇（即对女性制定"双重标准"）的做法。

维多利亚时期的意识形态，虽然最终将女性封闭在"女性专属的房间"中，但起初它作为提高女性地位的一种思想被广泛接受。女性成为自己房间的主人，从男性手中获得了专属于自己的独立领域。在那里，女性之间的连带意识及女性文化得以孕育。在第二波女性主义时期，姐妹情谊（sisterhood）成为女性们追寻的目标，西方的女性史研究者将姐妹情谊的历史渊源追溯至女性房间的共享（Cott, 1977）。而在20世纪80年代的女性史研究中，18世纪至19世纪的"女性空间""女性文化"的再发现、再评价，成为一个崭新的课题。

性别差异的文化本质主义者认为，性别差异是文化的产物。由于性别的文化束缚无法轻易挣脱，所以她们转而强调"女性文化""女性气质"的优越性。她们未能打破一直以来的性别差异观念，而是在既有的框架中寻求价值转换。可以说，这是一种保守主义思想，是激进女性主义在发展过程中的倒退。

之所以在20世纪80年代的美国会出现性别差异的文化本质主义思想，

主要有以下几个原因。

第一，在 1979 年开始的里根政权治理下，美国社会整体开始趋向保守化，女性主义也出现了倒退。[1]1982 年，美国国会最终未能通过 ERA 法案（Equal Rights Amendment，平等权利修正案），这意味着美国女性主义的败北。

ERA 法案试图在美国宪法中增加男女平等的条款。该法案于 1972 年曾一度在联邦议会上得到认可，不过须在 1979 年以前寻求各州的批准。然而到了 1979 年，因为未能获得宪法修改所需要的所有州的 3/4 的票数，所以政府延长了三年的批准期限。但在此期间，美国的政治状况开始趋向保守化，一些曾批准该法案的州县纷纷取消了之前的决定，最终，宪法修改渐行渐远。到了最终期限的 1982 年，由于没有达成目标，所以最终 EAR 法案未能通过。EAR 运动的失败使美国女性主义者陷入了强烈的挫败感之中。[2]

第二，为了对抗保守化运动，女性主义运动内部出现了政治冒进主义的倾向。在许多女性主义团体中，女同性恋分离主义者（lesbian separatist）获得了运动的主导权。她们对男性社会的铜墙铁壁感到绝望。比起让男性发生改变，她们更重视建立男性无法发挥作用的共同体，并将其作为自己的奋斗目标。

第三，在此过程中，女性文化、女性之间的联结拥有了象征意义上的

---

1 苏珊·法露迪（Susan Faludi）在《反挫》（*Backlash*）中，对 20 世纪 80 年代美国反女性主义的社会现象及其社会背景进行了详细分析（Faludi, 1991 = 1994）。

2 在美国强加给日本的日本国宪法中有一项性别平等条款，即"不受性别歧视"，但美国宪法中却并无同样的条款。1964 年公民权法通过之时，除"种族"之外，"禁止性别歧视"也被明文规定。此后在 20 世纪 70 年代初，美国女性主义更是积极推动 ERA 运动，以期进一步将此条款纳入宪法。美国采用各州政府联合的联邦制，因此，其宪法的修改与国际条约一样，需在联邦议会通过后得到各州的批准才能最终成立。这一经过在有贺（1988）的著作中有详细记录。

价值。她们不仅追溯了姐妹情谊的历史渊源，还掀起了女性宗教化、女神崇拜的热潮。她们与保守主义和物质主义背道而驰，走向了冥想和探究女性灵性之路。

第四，一些激进女性主义的旗手们之前耽误了生育，这一时期她们到了决定是否成为母亲（生物学上）的最后期限，这也是出现性别差异的文化本质主义的原因之一。这些在20世纪70年代以事业为先的女性和女同性恋者，到了80年代已步入30岁的年龄段，于是纷纷争相开始生儿育女。她们虽然对与男性之间的关系并不抱有任何希望，却不愿舍弃自身母性的价值，80年代的美国女性主义研究也因而开始重新评价母性价值。

上述背景为吉利根的著作的登场和传播打下了坚实的基础。然而，这对于女性主义来说是一种不得已而为之的妥协，是历史挫折感的产物。

社会性别的非对称性

为20世纪80年代的社会性别论带来决定性范式转换的，是法国学者克里斯汀·德尔菲（Christine Delphy）。众所周知，德尔菲是社会学家、唯物论女性主义者，但她对社会性别概念的发展也作出了积极贡献。她将社会性别概念的核心，从其本身转向了社会性别间的差异（gender difference）问题。1986年莉萨·图特（Lisa Tuttle）编撰的《女性主义百科全书》（Encyclopedia of Feminism）出版，其书中的"社会性别"（gender）条目里，引用了德尔菲的表述。

> 我们称作社会性别的性别角色（sex role），并非出现在阶级化的劳动分工之前，而是出现在劳动分工之后。于是，我们将之前与社会毫无关联的解剖学意义上的男女差异，转变成了对于社会习俗而言具

有重要意义的男女差异。

(Tuttle ed., 1986 = 1991: 141)

仅从这段引文来看，或许有些难懂。其实德尔菲著有《生理性别与社会性别》("Sexe et genre")(Delphy, 1989 = 1989)一文，她在其中详细讲述了"社会性别"这一概念带来的三个可能性。

(1) 具有社会性、随意性的男女差异，被包含在了一个概念之中。

(2) 社会性别这个概念是一个单数，如此，研究的重心得以从被划分的男女双方，转移到了划分男女双方的基准上。

(3) 可以在社会性别概念中增加"阶级性"这一要素。

曼尼、塔克以及絮勒罗特厘清了两个问题：一是生理性别与社会性别是完全不同的概念，二是社会性别对人的约束力比生理性别还要强。而德尔菲在她们的基础上又向前迈进了一步。她指出：首先，非但不是生理性别决定了社会性别，相反，社会性别先于生理性别；其次，所谓社会性别，并非是指男性或者女性中的某一方，而是强调将人类集团划分为男与女的分割线，即男女的差异化。因此，社会性别的研究对象并非男性或女性这样"两种社会性别"，而是"一个社会性别"，即差异化的实践。

再者，这种差异化的实践富含政治性。所谓政治性，指的是暗含于其中的权力关系。德尔菲在第三点中指出的阶级性，即意味着社会性别关系中权力的非对称性。男女双方并不是非男即女、非女即男的排他性二元关系，两者被进行了不平等的建构，且彼此不存在互换的可能性。男性(man, homme)代表着人类，以男性为标准，女性(woman, femme)只有在与男性的差异化中才能被定义。女性始终被视作不同于男性的性，从而被特殊标记。这是语言学上"否定对立"（privative opposition）[1]的一种，就如"正常"与"异常"的二元对立一般，仅有其中一方被特殊化、标签化。

说起社会性别的非对称性，我认为，德尔菲的表述最为有力。

> 倘若将男性纳入社会性别问题的框架内，那么所谓男性，首先是一个支配性的存在。与男性相似，便意味着成为统治者。然而，为了成为统治者，则需要有被统治者的陪衬。就像我们无法想象社会上所有的人都成为最富有的那个人一样，也不可能存在人人都是统治者的社会。
>
> （Delphy，1989 = 1989）（本书作者在翻译时作了部分修改）

社会性别的非对称性（不平等的权力关系）如此明显，使得试图通过替换男女双方的位置去实现平等化的所有策略都变得无效。第一，"男女平等""女性成为与男性一样的存在"这种追求同男性一样的平等，不论在定义上还是逻辑上都行不通。既然男女差异不会消失，那么担心或害怕将来世界中差异的消失，要么是杞人忧天，要么是一种为了批判而进行的批判，即一种建立在对女性主义误解之上的形式主义批判。第二，很明显，试图通过男女双方的角色替换来消除差别的所有战略，不是无知，就是仅仅转移了问题的关注点而已。例如，存在这样一些形式平等论："如果女性不想成为家庭主妇，就反过来让男性成为家庭主夫好了""如果要批判卖春，那么男性和女性都买春好了"。前者仍然使男性的有偿劳动与家庭主妇的无偿劳动之间的不平等关系遗留了下来，只能说是一种改变性别分工的提议（事实上，男性主夫也会因为主夫的不平等境遇而痛苦不已）。

1　否定对立也被称为有标签和无标签的二元对立。例如，"不良少年"（违法犯罪的少年）的反义词绝不是"善行少年"，而是"普通少年"（非不良少年）。"普通"即为无法定义特殊性的一方。

后者又如何呢？对于男性的买春问题，应该批判的，是伴随着性交易存在的权力不对等。若是不打破不平等的权力关系，那么即使调换其中男女双方的位置，也无法解决问题。男人做的事女人也做就好，这种策略首先就不符合社会性别概念的定义。理论并非一种脱离现实的空想，而是用以解释现实、引导实践、指引方向的存在。

男女两个类别（尤其在日语中），乍一看形式对称。从社会人口比例来看，男女也基本是五五分，人们从而难以察觉到女性是"社会上的弱者"这一现实。不仅如此，表面上男女平等的意识形态，无论在观念上还是现实中，都发挥着遮蔽社会性别之非对称性的作用。然而我们必须认识到，对于性别正义（gender justice）的要求，既非是要追求女性变得如男性一般，也非渴望男女角色的互换。德尔菲的论述已明确表明，这些做法在逻辑上自相矛盾。因此，所谓性别正义，寻求的是社会性别差异化本身，即不平等权力关系的彻底解体。

性别差异的政治学理论

20 世纪 80 年代，女性主义从进行执着而彻底的话语分析，转向了"差异的政治学"理论的开展。女性主义批评走在了这一理论的最前沿，这一领域的学者指出："所有文本中均存在性别不平等问题。"（Johnson，1987 = 1990；织田，1988；Showalter，1977 = 1993）

有人批判说，女性主义批评与之前的"社会主义现实主义"[1]等批评一样，是文学界中的"政治主义"，这种批判显得极为肤浅。事实上，在

1　社会主义现实主义（социалистический реализм）理论是 20 世纪 30 年代以后形成的苏联文学艺术创作和批评的基本方法，对苏联和其他社会主义国家的文学艺术活动产生过重要指导作用。——译者注

汲取了结构主义语言学理论和福柯[1]的权力论后,女性主义批评中的"话语政治"已然脱胎换骨,有了崭新的内涵。依旧从政治主义的角度对其进行批判,不过是无知或刻意曲解的表现。

语言并非中立性含义的载体。正如曼尼和塔克的性别认同理论揭示的那样,倘若言语中融入了与性别相关的内容,那么,不论何种表述,都难逃性别差异的烙印。书写者自己的性别并不是什么问题,即使他们用有别于自身性别的"女生腔""男生腔"进行写作,仿照维特根斯坦[2]的说法,他们也"无法逃离性别化了的语言的桎梏"。而那些所谓性别中立的话语,不过是男性话语的别名,它们将标签化了的女性从中立性中排除了出去。不,"性别中立"这一说法本身就压迫着女性。出于同样的原因,以露西·伊利格瑞(Luce Irigaray)为首的法国性差异派女性主义者,虽然积极探索属于女性的书写体(écriture)[3],但在此过程中,这种书写体却如茱莉亚·克里斯蒂娃(Julia Kristeva)所说的符号性(le semiotique)那样,不得不接受象征秩序(le symbolique)的收编。[4]

而且,政治一词的含义也发生了变化,从韦伯[5]时期的"统治与服从"这类可视化的权力支配,转变为福柯意义上的微观政治(micro-politics),即不可视的规范对身体的管理和支配。当女性主义高喊"个人即政治"时,她们口中的政治概念便意味着嵌入身体的微观政治(江原,1988a、

---

1 米歇尔·福柯(Michel Foucault,1926年10月15日—1984年6月25日),法国哲学家、社会思想家。——译者注

2 路德维希·约瑟夫·约翰·维特根斯坦(Ludwig Josef Johann Wittgenstein,1889年4月26日—1951年4月29日),犹太人,哲学家。——译者注

3 écriture是与parole(口语)相对的哲学用语。——译者注

4 克里斯蒂娃认为,符号可以引发象征的动乱,是对抗象征的革命性力量,但同时,符号也对象征有所依赖。此处,上野借克里斯蒂娃的概念指出,伊瑞格莱等人对于女性书写体的探索依然没有逃脱男性标准的束缚。——译者注

5 马克斯·韦伯(Max Weber,1864年4月21日—1920年6月14日),德国社会学家、历史学家、政治学家、经济学家、哲学家,与卡尔·马克思和埃米尔·杜尔凯姆并称为社会学的三大奠基人。——译者注

2001）。

通过减肥和美容，女性自主迎合性别化了的身体规范，而这种看似主体性的行为，实则是微观权力在起作用。性别差异的政治学，并非如马克思主义意识形态论那样，将敌我双方用阶级进行严格区分。女性主义批评所追求的，是通过细致的话语分析揭露微观权力作用的磁场。

将女性主义批评积极引入历史学领域的，是琼·斯科特（Joan Scott）。她在《社会性别与历史学》（Gender and the Pollitics of History）（Scott, 1988 = 1992）一书中，将历史视作文本织就的产物，并在此基础上阐述了将社会性别概念导入历史学的重要性。将社会性别概念导入历史学并不意味在历史学领域中仅仅增加"女性史"的内容、补全历史学研究的内涵，而意味着将历史学本身性别化。社会性别并不仅限于"女性领域"或"私人领域"，不论是政治史还是经济史，公共领域的历史都无法逃脱被性别化的命运。将历史视作文本织就的产物的观点，与将历史事实作为研究对象的实证史学立场格格不入。反言之，这一观点向实证史学提出了疑问：你们口中不论在谁看来都很客观的"事实"究竟所谓何物？斯科特毫不留情地指出，性别史具有"派别性"（党派性）[1]的特征。

> 虽然我想强调性别问题不仅是两性关系的历史，不管是何具体话题，性别都能够在全部或大部分的历史中投下一束光。但我也承认，用这种方法研究出的结果必然是失之偏颇的。我并不是想声明我能够纵观全局，不是要说我终于发现了可以解释一切不平等、压迫及历史的决定性概念。……我认为，承认自己的偏颇，并不意味着承认自己在追求普遍性解释的过程中失败了。毋宁说，它给予我们这样一个启

---

[1] 党派性是马克思主义用语，即认为在阶级社会中不可能存在不偏不倚的中间理论，理论受到阶级立场的制约。斯科特同样认为性别史并非不偏不倚的存在，而是有所偏向的——译者注

示：普遍性的解释在以前行不通，现在也依然行不通。

(Scott, 1988 = 1992: 29)

斯科特将社会性别简洁明了地定义如下："赋予身体差异以意义的一种认知。"从中我们不难清晰地看出以下两点，一是社会性别先于生理性别；二是"赋予差异以意义"的做法无疑是富含政治性的实践。据斯科特所述，历史学本身也"参与了与性别差异有关的知识生产"（Scott, 1988 = 1992: 16）。所以，将历史学性别化，意味着揭露其在知识生产过程中的政治性。性别史并非在正史中增加"女性"这一被遗忘的领域（missing perspective），以提高正史的所谓"真理性"，而是在承认自身的偏颇性的基础上，向妄称正史的一方发出强力回击，告诉他们，你们研究的不过是男性的历史而已。

后结构主义与社会性别

斯科特关于社会性别的定义——"赋予身体差异以意义的一种认知"，因为简明而激进，所以于20世纪80年代末已风靡全球，在世界各国的女性主义者之间广为流传。她的定义同样说明，社会性别不是男女"两个"性别问题，而是由认知引发的"一个"差异化实践。德尔菲和斯科特所述的社会性别概念，并非她们孤军奋战的结果，而是诞生于"语言学转向"[1]之后女性主义理论的发展浪潮中。

在社会性别与生理性别的二元论中，德尔菲一针见血地指出，"社会性别先于生理性别"，但她也无法否认生理性别存在于社会性别的"外部"，是一个独立的个体。那么，生理性别与社会性别之间有无关联？若有，是

---

1 关于"语言学转向"（linguistic turn），可参照上野编写的《何谓建构主义》（2001）一书。

何种关系？即使如德尔菲一般彻底割裂两者之间的关系，也无法回应女性的窃窃私语："女性拥有生育孩子的身体。"德尔菲使社会性别的种种问题白热化，却也因而忽视了与生理性别相关的诸多疑问。

后结构主义女性主义者试图在德尔菲的基础上，进一步探明社会性别概念的建构主义特征，以作出回应。[1]琳达·尼科尔斯（Linda Nicholson）将性认同分为"生物学决定论"和"生物学基础论"。所谓"生物学基础论"，即认为"生物学意义上的性别是文化含义建构的基础"，以及"虽然存在程度上的差别，但所有形式的生物学基础论都包含社会建构论的要素。"（Nicholson，1994 = 1995：107、109）可见，女性主义者为了驳斥"生物学决定论"，将社会性别从生理性别中分离出来，继而提出"生物学基础论"的观点，适度承认生理性别与社会性别之间的连续性。同时，如尼科尔斯所说，"所有生物学基础论者都是某种形式的社会建构论者"。

可以说，后结构主义者贯彻"社会建构论"（上野编，2001）的立场，是对发明"社会性别"概念的初期激进女性主义者意志的继承。另一方面，20世纪70年代的女性主义在一定程度上形成了"生物学基础论"这一"实体的形而上学"（朱迪斯·巴特勒），为形成"女性"的身份认同作出了积极贡献。也就是说，她们创造了"女性"这一崭新的身份认同范畴，组建起原本被"阶级""国籍""人种"等撕裂的"女性"团体。不过，也因此遮蔽了女性团体内部的差异。80年代的女性主义不仅关注性别"之间"的差异，也关注被性别化了的同一集团"内部"的差异。这种说法或许还不够准确。（社会）性别这一差异化的符号，被置于多样化的语境中，在每一次实践时都被重新定义边界。而"性别差异的政治学"，就是这样被细化了的微观政治，在不同的话语中被不断再生产。

---

[1] 这里不使用含义多样且招致了诸多误解的"后现代主义"这一用语。根据巴特勒的说法，"后现代主义"是"后结构主义"的别名（Butler，1992）。

引领了这一动向的先锋人物,是朱迪斯·巴特勒(Judith Butler)。

让我们思考一下"生理性别"这一最具物质性的概念。莫妮卡·威蒂格(Monique Wittig)[1]将其称作彻底政治化的范畴,米歇尔·福柯则将其视为具有规范性的"虚构的统一体"。这两位理论家都指出,生理性别(的概念)并不是在记述其所包含的物质性,而是在生产和规定人们理解身体物质性的可能性。虽然这两位思想家的论述方式有所不同,但他们均认为生理性别这一概念强制要求身体具有(男女的)二元性和(男女内部的)统一性。而之所以如此,是为了维持现有的性(sexuality)规范,这种规范作为一种强制性的秩序被不断再生产。

(Butler, 1992:17,括号内为引用者补充)

威蒂格针对"人能够拥有社会性别吗?"这一问题,做出了与德尔菲相同的回答:社会性别并非两种,而是一种。但是,在"社会性别的非对称性"问题上,她比德尔菲的回答还要彻底。

社会性别是两性之间政治对立关系的语言标识。社会性别之所以用单数的形式表示,是因为事实上并不存在两种社会性别,或者说只存在女性这种社会性别。"男性"并非社会性别的一种,因为男性并不是一种特殊的存在,而是一种普遍的存在。

(Wittig, 1983:64)

换言之,社会性别话语的"限制性实践"(福柯)生产出主体和客体,一方是"女性",即被社会性别化了的客体;另一方则是将女性性别化的话语主体(他们偶然被叫作"男性")。

威蒂格指出,女性想要达到具有普遍性的主体地位,就必须打破生理

---

[1] 法国女性主义作家、激进女同性恋主义运动家和思想家。——译者注

性别的束缚，而巴特勒则认为威蒂格的想法是一种"实体的形而上学"，并对其进行了批判。巴特勒所说的"实体的形而上学"，是指人们对生理性别与社会性别因果关系的颠倒，也就是说，人们并未关注生理性别这一范畴是如何被生产和自然化的，而是将生理性别这一产物当作实体，并将其视为决定社会性别的原因。（Butler, 1990 = 1994—95：上 125）

如果社会性别指代拥有生理性别的身体所伴随的文化含义，那么我们无法经由某条单一路径从生理性别推导出社会性别。倘若我们细究这一逻辑，便会发现，生理性别与社会性别有着本质的区别，具有生理性别的身体与被文化建构的社会性别之间是完全断裂的、非连续的关系。

（Butler, 1990 = 1994—95：上 118）

在这段表述中，巴特勒的观点与之前的性别理论所到达的高度并没有什么差别，但是巴特勒之后又进一步阐述了自己的观点。

"生理性别"究竟指的是什么？……生理性别中有历史吗？不同的生理性别中包含不同的历史，或者说存在多个历史吗？是否存在可以剖析生理性别概念的谱系学，能够告诉我们生理性别的二元性得以确立的历史，并揭示出作为社会建构之产物的二元性有可能发生变化呢？

（Butler, 1990 = 1994—95：上 119）

巴特勒提出了这样的疑问，并梳理了福柯之后的"性史"。

如果我们能够对生理性别的普遍性提出异议的话，那么或许可以揭示，生理性别与社会性别一样，是文化建构而成的产物。事实上，生理性别一直以来就是社会性别，两者之间并没有什么区别。

（Butler，1990 = 1994—95：上 119）

巴特勒认为"所谓社会性别就是确立生理性别的生产装置，生理性别由社会性别形塑"，"而生理性别之所以先于话语出现，是因为被称作社会性别的文化建构装置发挥了作用"。（Butler，1990 = 1994—95：上 120-121，本书作者在翻译时作了部分修改）

社会性别的概念源于对女性"解剖学宿命"的反驳，当相关言说如火如荼地展开，并到达极致时，巴特勒尝试进行了180度的调转。她的观点可以被视作相对于"生物学决定论"的"话语决定论"。在她看来，解剖学式的宿命无非是话语效果的体现。巴特勒将被激进女性主义截断的生理性别与社会性别重新联结，并从与"生物学决定论"截然不同的方向进行了阐述。

针对巴特勒这种极端的话语决定论，出现了强硬的反驳之声："但是依然存在身体，即物质，不是吗？""如果所有的一切都是话语建构，那么身体存在于何处？"但反对者这种朴素的信念，正是巴特勒所说的"实体的形而上学"。面对此类疑问，巴特勒进行了细致缜密且坚持己见的再反驳，其成果便是《身体之重》（*Bodies That Matter*）（1993）一书，这本著作带有鲜明的论战色彩。她在书里一边梳理后结构主义的符号理论，一边强调"限制性话语实践"本身所具有的物质性。因此，"由话语生成的身体秩序，恰恰是物质性的暴力"（Butler，1992：17）。

至此，我们迎来了"社会性别化的身体"（gendered body）这一概念的180度大转变，并由此形成了新的概念，即"生理性别化的社会性别"（sexed gender）或者说"生理性别化的身体"（sexed body）。身体并非先于社会性别存在，也不是社会性别这个符号化的秩序制造出身体上的性别差异，而是作为社会性别这一话语实践的效果，生成了先于话语存在的生理性别化的身体（sexed body），即形成了生理性别的自然化现象。因为所谓话语的效果，就是通过禁止询问其来源，使相关言论变得自然化。由此可见，80年代斯科特的社会性别定义——"赋予身体差异以意义的一种认知"，显然不够彻底。

自福柯的《性史》（Foucault, 1976—84 = 1986—87）开始，出现了"性"（sexuality）的去自然化动向，这也使得巴特勒所说的"性的谱系学"成为可能。让我们再次引用一下尼科尔斯的观点，她认为，生理性别认同是被赋予的，受到文化的影响，人们会将生理性别作为基础性、共通性的存在，且这种想法根深蒂固。在此基础上，尼科尔斯还对生理性别及身体的自然化、物质化过程提出了疑问。

> 在需要依据《圣经》或亚里士多德的思想来理解男女之间关系的时代，为了使那些被认为存在于男女之间的差异正当化、合理化，首先必须以这些文本为参照。然而，当亚里士多德和《圣经》的文本丧失了权威性，在之后的年代，自然与身体就成为感知男女之间所有差异的凭据。
>
> （Nicholson, 1994 = 1995：114）

就像人们认为"身体创造了性别"这一言论是毋庸置疑的"自然"那样，在中世纪以前，对于人们来说，"神创造了人"的观点也是无可辩驳的真理。虽然"身体的生理性别化""生理性别的自然化"这类说法颇具影响，但历史却并不悠久，我们可以在18世纪找到其起源。关于这一点，米歇尔·佩罗（Michelle Perrot）（Duby et Perrot eds., 1991—93 = 1994—95）等女性史研究者，以及托马斯·拉奎厄（Thomas Laqueur）（Laqueur, 1990 = 1998）等身体史研究者都曾明确指出过。在中世纪，"神"是绝对的"外部"存在，而在现代，"自然"和"身体"被建构为"外部"存在，并且禁止人们追问其起源。

结语

女性主义者发明的社会性别概念，试图通过追问性别差异的来源以超越现代言说的边界。将社会性别理解为社会建构的结果，并不意味着可以轻易逃脱其束缚。社会性别是差异化的符号中最顽固的符号之一，带有历史性和文化性的深深烙印，且人们很难质疑这一符号的"自然性"。但即便如此，我们也无须将社会性别当作自己的宿命。如维特根斯坦所说，我们虽无法逃离至语言之外，但至少可以知道自己身处在何种话语之中。

不仅是社会性别，所有差异化行为都必定会在"我们"与"他们"、"内部"与"外部"之间划出不对称的分界线，并由此在范畴与范畴之间以及范畴内部导入权力关系。因此，绝不存在非政治性的差异化，也不存在诸如"不带有歧视的区分"这类表面上看似中立的概念。

然而，差异的政治学的相关论述，并不意味着单纯的乌托邦式的思考，即试图消除一切差异。差异并非固定的实体，也非人类的宿命。差异化的日常话语实践会产生权力关系，而且在差异化行为中，不仅存在性别差异，还存在人种、阶级等多样化的分割线。当我们了解到这些，便可以在深受固有观念影响的场所开展对抗性的政治实践。"个人即政治"这一激进女性主义的直观认知，经过社会性别理论的洗礼和拓展，到达了前所未有的高度。我们可以从中看到理论的力量。同时，理论也是一种规则性实践，而女性主义（理论），首先便是一种对抗性的话语实践。将"社会性别"作为分析概念的性别研究，如今已不是仅将"女性"作为研究对象的局部研究，而是与所有领域相关的跨学科研究。性别研究当然可以研究有女性存在的领域,但即使是不存在女性的领域,也可以通过性别研究说明为何该领域中不存在女性。假装性别中立的所谓"中立""客观"的公共领域,正是性别研究批判的焦点。不仅如此,在各个领域中,还存在"个人""真理""价值""美"等被认为与性别无关的"正统"概念,而性别研究不断揭露出这样一个事实:这些概念之所以漠视性别(gender indifference),是因为在其建构过程中本身就夹杂着性别不平等。

社会性别不是中立的学术概念。[1] 毋宁说,它是一个具有破坏性和生产性的概念,它挑战了对性别漠不关心的所有学术领域。最后,我想补充一句:"如今仅通过性别这个变量并不能解释所有问题,但另一方面,除却性别,也无法分析任何事情。"

---

[1] 在社会性别概念出现之时,人们因为厌恶"女性学"和"女性主义"这类意识形态色彩强烈的术语,而纷纷使用社会性别的概念。当时社会上流行着这样一种误解,认为社会性别概念在学术上是中立的。也有一些人因为反感这种误读,对社会性别概念心存疑问。在此我想明确地指出的是,这些情况都是源于对社会性别概念的错误解读。

第二章　性社会学

"性"（sexuality）为何物？

杰弗瑞·威克斯（Jeffrey Weeks）在其著作《性》（*Sexuality*）中，对"性"（sexuality）的概念进行了严谨的界定。他指出，性是"现代"的产物（Weeks, 1986 = 1996）。在现代以前，并不存在"性"（sexuality）这一概念；在以后，性的概念也未必会一直存续。如果说一项研究的展开因其研究对象而成立，那么性研究也同样如此，它随着性成为研究对象而出现，也将随着人们对该研究对象丧失兴趣而消亡。我们需要格外注意这一点。

因此，所谓"性（sexuality）的历史"其实是一种错误的说法。因为该说法导致了一种错误的认知结构——将"性"（sexuality）这一概念描述成了通史性的存在，从而使人们误以为"性"（sexuality）在每一个历史阶段都有其对应的形态。但事实上，既不存在"古代的性（sexuality）"也不存在"中世纪的性（sexuality）"。因为在那些年代，"性"（sexuality）的概念本身尚未出现。同理，也不存在"现代的性（sexuality）"。我们要探讨的是"性的现代"，而非"现代的性"。所谓"性的现代"，指的是发明"性"（sexuality）这一概念的时代，即"性"（sexuality）这一概念所依附的时代。[1]

《性史》的作者米歇尔·福柯对于"性（sexuality）有其历史"这一假说有着充分的认识（Foucault，1976—84 = 1986—87）。他将"性的历史"研究追溯至古希腊，但其研究并不是为了讨论"古代的性（sexuality）"，而是为了向我们展示古希腊的"性"（阿芙洛狄忒之业）与"性"（sexuality）的区别。他有关性史的论述完全是为了讨论"性的现代"如何不同于其他时代的问题。从这个意义上来看，"性（sexuality）研究"很明显是一项围绕"当下""此处"和"我们自身"展开的研究。

性的定义

那么社会学是如何定义"性"（sexuality）的呢？我查阅了手边三部颇具代表性的社会学辞典。在由福武直、日高六郎、高桥彻编著的《社会学辞典》（1958年，有斐阁出版）中，并未收录"性"（sexuality）这一词条。而且，这部辞典中也没有收录"社会性别"（gender）。不过，其中收录了"生理性别"（sex）的词条，并将其解释为"由生物学决定的结构和功能上的差异"。自20世纪70年代起，在女性主义的影响下，与"生

---

[1] 当概念构筑起一个崭新的研究领域时，人们有时会虚构出这个领域的通史性。"性"（sexuality）概念的建构与"天皇制"概念的建构不乏相似之处。众所周知，"天皇制"这一用语，是在第二次世界大战前，由负责《日本资本主义发展史讲座》杂志的马克思主义者们（俗称"讲座派"）创造的，指代应被推翻的政治体制。"天皇制"是由反对天皇制的人们为了将天皇制相对化而创造出来的概念。然而概念一旦成立，便会自行发展。"天皇制"原本是批判日本近代政治制度的术语，但历史学家们却由此创造出了"古代天皇制""中世天皇制"等说法，从而虚构出了根本不存在的研究对象。在7世纪前，大和政权处于"大王"的支配之下，这时的大王统治其实与大洋洲圈的酋长制度别无二致，因此虚构该制度与"天皇制"之间的"同一性"，并使用同一用语来定义两种制度，其本身是毫无根据的。除却深信神话般的天皇"万世一系"意识形态的人以外，又有谁能够认同古代的大王与近代的天皇之间存在"同一性"这一主张呢？天皇制历史悠久的这一错误认知，后来甚至衍生出了对"近代天皇制"的研究，可谓一种赘述式的"倒错"现象，因为"天皇制"原本指的就是产生于近代的一种政治体制。

理性别"截然不同的"社会性别"这一概念才开始被广泛使用,因此在女性主义出现之前的辞典里没有收录"社会性别"的词条也不足为奇。

见田宗介、栗原彬、田中义久等编著的弘文堂版《社会学辞典》刊行于1988年,该辞典中收录了"社会性别"(gender),但仍然未收录"性"(sexuality)的词条。该辞典在索引中提及了"性"(sexuality)这一用语,并有如下记述:"年鉴学派"和"女性解放运动"将"性"(sexuality)作为他们的课题。不过,辞典中收录了"性"(不等同于sexuality的概念)和"性差异"(sex difference)的词条,在对于后者的说明中还提到了"性偏离"。"生理性别"(sex)的词条由井上俊编写,他将其解释为"从生物学的角度上来看……(生理性别)是与生殖相关的生物体在结构和功能上的差异"。井上俊还提出了两个与性相关的"社会学课题",一是"按照性别将人类划分成的两个社会范畴",二是"人类所具有的强烈欲望"。其中前者与"社会性别"(gender)相对应,后者则与"性"(sexuality)相对应。此外,有趣的是,在弘文堂版的辞典里出现了一个独立存在的词条——"性倒错"(sexual perversion)。这不免令人想起在"性"(sexuality)这一概念首次登上历史舞台时,被与"偏离""倒错"二词联系在一起的景象。[1]

进入20世纪90年代后,由森冈清美、盐原勉、本间康平编著的《新社会学辞典》(有斐阁出版)于1993年刊行。该辞典中收录了"社会性别"(gender)一词,但并未单独收录"性"(sexuality),而是将"生理性别(sex)、社会性别(gender)、性(sexuality)"三个外来词一并汇总在了汉字词"性"的词条下。其中"性"(sexuality)被解释为"由男女差异衍生出来的各

---

[1] 后文还会提到,克拉夫特-埃宾以及哈维洛克·艾利斯等人的性(sexuality)研究始于"性病理学"。即便在今天,学术杂志在组稿与"性"(sexuality)相关的特集时,仍然存在这样一种倾向,即将性(sexuality)等同于男同性恋和女同性恋等"非同寻常的性"(sexuality),因为异性恋者很少会对"自身的性(sexuality)"心生疑惑。

种现象，以及面对异性时的行为、倾向、心理、性魅力等与性相关的内容"。该词条的编写者是天野正子，在她的表述中存在以下几个问题。

第一，将"性"（sexuality）解释成"与性相关的内容"，不过是对该词字面含义的简单重复。难道仅是因为在这部辞典中"sexuality"被归在汉字词"性"这一词条下，所以也就应被译作"与性相关的内容"吗？我们将"生理性别"（sex）与"社会性别"（gender）两个概念区分开来，并将其分别解释为"生物学上的性"和"社会、文化意义上的性差异或性别"。因此，相较生物学上的"生理性别"（sex）而言，"性"（sexuality）应该指的是性心理、性行为、性价值等"社会、文化层面的性现象"。虽说将"sexuality"译作"性现象"的译法正在逐渐固定下来，但比起"与性相关的内容"，"性现象"是一个更加无内涵的空洞概念。

第二，从目前的性（sexuality）研究水平来看，"性（sexuality）产生于男女差异之中"和"面对异性时"这两处说明也存在问题。仅凭这两点就能明确看出，编写者将性（sexuality）定义在了"异性恋"（heterosexuality）的范畴中。如阿德里安·里奇（Adrienne Rich）提出的"强制异性恋"（compulsory heterosexuality）（Rich，1986 = 1989）概念所述，从同性恋解放的视角看，这些表述存在政治性的问题，它们很自然地将异性恋视作性（sexuality）的"标准"，这一点应受到质疑。[1]

美国性信息与性教育委员会（SIECUS, Sex Information and Education Counsil of the United States）设立于 1964 年，其创立人考尔德伦（M.S. Calderone）和柯肯达尔（L.A.Kirkendal）简明扼要地将性（sexuality）定

---

[1] 顺便一提，1986 年出版的莉萨·图特尔编著的《女性主义事典》（Tuttle ed., 1986 = 1991）中，虽然有"性"（sexuality）这一词条，但几乎没有对其进行定义。不过，该著作围绕性（sexuality）的问题，阐述了女性主义者们的政治立场与选择。"虽说我们有必要对与性（sexuality）有关的女性主义进行分析，但也因此使得现在的女性主义运动走上了两极分化的道路（分为叛教者和清教徒两种）。"即使阅读了该著作，我们也依然对"性"（sexuality）的含义一头雾水。

义如下。

> 性（sex）在双腿之间，性意识（sexuality）在双耳之间。
>
> （石川等，1984：74—75；小仓，1988：163—164）

"双腿之间"的性（sex）指的是性器，而双耳之间的性意识（sexuality）则指代大脑。我们姑且不论这里的大脑指的是大脑新皮层还是旧皮层，重要的是，性（sexuality）所强调的并非生理现象，而是一种心理和社会现象，在文化的熏陶下习得而成。[1]

生理性别（sex）、社会性别（gender）、性（sexuality）三者的关系错综复杂。社会性别（gender）已经从生理性别（sex）的概念中分离出来，同样，"性"（sexuality）也想要摆脱生理性别（sex）这一概念的束缚。社会性别概念诞生之初，一方面基于建构主义的立场，另一方面又无法脱离"生物学基础论"。类似的，性（sexuality）的定义一方面强调其"社会""文化"要素，但另一方面，人们认为性（sexuality）是以生理性别（sex）为基础呈现的现象，因此还是无法彻底摆脱本质还原论的禁锢（上野，1995b）。[2] 若我们的思维为本质主义所缚，便依然会将"生理性别"（sex）这一"普适性概念"在时代和社会的变迁中展现出的各种样态作为"性"（sexuality）来考察。如此一来，我们就会再次落入陷阱，凭空捏造"古希腊的性（sexuality）"和"江户时代的性（sexuality）"了。

---

1 石川弘义在《日本人的性》（石川弘义等，1984）的《性（sexuality）研究》一章里介绍了考尔德伦、柯肯达尔、万斯·帕卡德等人的"性"（sexuality）概念。

2 关于生理性别与社会性别的关系，请参考上野（1995a）及本书第一章。当下的性别研究理论，主要讨论的是"生理性别"的历史建构过程。生理性别虽被看作是自然的、本能的，但生理性别的历史其实并没有那么悠久。（Nicholson，1994 = 1995；Butler，1993）

性的科学

性（sexuality）研究是一项自我指涉研究，包含了对自身的疑问——性（sexuality）这一概念如何形成？看到这里读者们或许会略感焦躁，为什么文章写到这里还是没能给我一个满意的性（sexuality）定义呢？一言以蔽之，性（sexuality）其实是一个"没有定义的概念"。而所谓性（sexuality）研究，研究的是这个被称作性（sexuality）的概念有哪些表征，人们在这一概念之下如何言行。

那么在此之前，是否存在过这类"性知识"呢？如其名称所示，性研究（sexuality studies）是一个跨学科的研究领域，在它之前曾有一门名为"sexology"的学科，译作"性科学"。

有一种说法认为是布洛赫（I. Bloch）于1906年首次使用了"sexology"一词，但事实并非如此。布洛赫当时使用的不是sexology，而是德语中的 *Sexualwissenschaft*（关于性的知识，性科学）一词。布洛赫本人并不认为sexology是一项纯粹的自然科学研究。1914年《性科学杂志》创刊，其刊载的内容除生理学、医学、解剖学、心理学之外，还包含了哲学和文学等领域（Bloch，1914）。sexology成为自然科学意义上的sexual science（性科学），则是后来的事了。

福柯对 *ars erotica*（性爱技巧）和 *scienza sexualis*（性科学）两个概念作出了区分，而拉丁语中 *scienza* 一词指的是广义的"知识"，并不仅限于现代科学知识（science）。现代西方的知识以自然科学为旗帜，在知识的概念被等同于现代西方知识的过程中，性科学（sexology）也应运而生了。对于福柯来说，正是因为"与性相关的知识"被"列入现代科学领域"，"性"（sexuality）的概念才得以成立。事实上，有很多性科学研究者（sexologist）都来自医学、生理学、解剖学、遗传学等自然科学领域。世界上最早对性行为进行"科学"调查的著名性学家阿尔弗雷德·金赛（Alfred Kinsey），原本是一位研究蜜蜂的动物学家。可以说，正是主张"性即自然"的生物学本质论促使了性科学的诞生。

性（sexuality）研究之所以欢迎一些人文、社会学科学者的加入，并不单纯是为了丰富性科学的多样性。与社会性别研究相同，性（sexuality）研究也基于性的建构主义立场。从这一立场出发，性科学研究者眼中的性的"自然性"，便成为需要说明的对象。

福柯将原本属于自然科学领域的性（sexuality）研究划归到了人文、社会科学领域。这一范式转换的意义非比寻常，但此赫赫功绩并非福柯一人所铸就。

威克斯梳理了福柯之前的研究，即"福柯前史"。（1）克拉夫特—埃宾（Richard von Krafft-Ebing）、哈维洛克·艾利斯（Henry Havelock Ellis）、弗洛伊德等人的性心理学研究；（2）玛格丽特·米德（Margaret Mead）、马林诺夫斯基（Bronislaw Kaspar Malinowski）等人的文化人类学研究；（3）年鉴学派社会史中的日常生活史以及性（sexuality）历史的研究。另外，女性主义对其影响巨大。

克拉夫特—埃宾于1886年撰写了《性精神病态》（*Psychopathia Sexualis*）（Krafft-Ebing, 1886）一书。日本法医学会在1894年出版了该书，但因译名为《色情狂编》，所以出版不久便遭到了封禁。后来在1913年，日本文明协会将其译名修改为《变态性欲心理》，才得以再版。之后，平野威马雄于二战后的1956年再次将书名修改为《变态性欲心理学》重新出版。从这一系列书名修改的过程可以看出，最初性心理是被当作一种病态来看待的。不久后弗洛伊德在他的《性学三论》（Sigmund Freud, 1969）的《幼儿期性欲》一文中指出，人类的性（sexuality）本就具有"多形倒错性"（polymorphous perversion），在性心理成熟后将其分为"正常"

和"异常",从而推动了"性(sexuality)的病理学化"的发展。在此过程中,弗洛伊德还创造了俄狄浦斯式的"性压抑"故事,并通过发明"无意识"的概念建构出"歇斯底里的女人"。福柯虽对弗洛伊德嗤之以鼻,却还是不免受到来自弗洛伊德的影响。性(sexuality)研究无法绕开弗洛伊德,因为他是性心理学的奠基人,是构建性(sexuality)之"元话语"的本尊。毋宁说,将弗洛伊德学说历史化,正是福柯"谱系学"中暗含的意图之一。

玛格丽特·米德的《两性之间:变迁世界中的性研究》(*Male and Female: A Study of the sexes in a Changing World*)开创了性别差异之比较文化研究的先河(Mead,1949＝1961)。该书以新几内亚的五个部落为研究对象,揭示出不同文化背景下"男性气质"与"女性气质"所展现出的随意性与多样性。这部著作后来被奉为开启性别研究的经典。米德和《菊与刀》(Benedict,1967＝1972)的作者鲁斯·本尼迪克特(Ruth Benedict)均师从文化与人格(culture and personality)学派的弗朗兹·博厄斯(Franz Boas)。弗洛伊德的学说被译介到美国后经历了一个通俗化的过程,在这个过程中作为人类学一支的文化与人格学派诞生了。文化与人格学派信奉这样一个假说:在人类的成长过程中,口唇期和肛门期所进行的训练,也就是吮吸及排泄,会决定一个人今后的人格。在此假说基础上,该学派依据文化本质论的立场,对各种文化中人们的生育行为进行了比较研究。米德很大程度上受到了弗洛伊德学派盖扎·罗海姆(Geza Roheim)的《原始文化类型的精神分析》(1932)的影响,同时她也是爱利克·埃里克森(Erik Erikson)的忠实读者。米德曾写道:"精神分析学是我的理论武装不可或缺的组成部分。"(Mead,1949＝1961:93)

弗洛伊德学说在文化人类学界掀起的巨大波澜,还可从英国功能主义人类学家马林诺夫斯基的《野蛮人的性生活》中窥见一斑。他在特洛布雷昂群岛展开了田野调查，发现那里的岛民的性观念和性行为与作为西方现代人的自己截然不同。特洛布雷昂群岛当时还处于母系社会阶段，在目睹了岛民们"无压抑"的性生活后，马林诺夫斯基写下了《野蛮人的性生活》（Malinowski，1929 = 1971）一书，但在那之前，他已在弗洛伊德的影响下创作了《母系家庭与俄狄浦斯》（Malinowski，1924）。他将"俄狄浦斯情结"这一西方现代发明的新概念带入特洛布雷昂群岛，却发现在那里并不存在"俄狄浦斯期的压抑"这一事实。这种俄狄浦斯式的"错乱"所揭示出的，正是人类学中暗含的西方中心主义。

还有一个鲜明的例子。年鉴学派的社会史研究并非从一开始就以性（sexuality）为主题。随着1960年菲利浦·阿利埃斯（Philippe Ariès）的《儿童的世纪》（L'Enfant et la Vie Familiale sous l'Ancien Réginte）（Aries，1960 = 1980）一书问世，"私人生活史"研究终于拉开了帷幕。与费尔南·布罗代尔（Fernand Braudel）和马克·布洛赫（Marc Bloch）所研究的"整体史"相比，"私人生活史"简直就是异类般的存在。但紧随其后，丹尼斯·德·鲁格蒙特（Denis de Rougemont）创作了《关于爱》（L'amour et l'Occident）（Rougemont，1939 = 1959）；雅克·索雷（Jacques Sole）写下了《性爱社会史》（Sole，1976 = 1985）。后来，弗朗德兰、塞卡伦、杜比等人对爱、性、婚姻及家庭的历史研究也陆续展开（Flandrin，1981 = 1987；Segalen，1981 = 1987；Duby et Perrot eds.，1991-93 = 1994—95）。他们与福柯处于同一时代，可见福柯的《性史》研究并非孤军奋战。

当然，女性主义的影响力也不容忽视。女性主义兴起后女性研究者的加入大大推动了社会史研究中对性史和身体史研究的开展。女性主义之所以创造"社会性别"（gender）这一与"生理性别"（sex）截然不同的概念，同样也是为了对抗弗洛伊德的"解剖学宿命"。对于女性主义者来说，批判弗洛伊德学说是当时无法绕开的课题。只要充分理解了"社会性别"

(gender）这一建构主义概念，那么"异性的性（sexuality）"和"同性的性（sexuality）"的建构主义特征也就一目了然了。女同性恋、男同性恋研究与女性主义几乎同时登场，它们虽与女性主义保持一定距离，却又相伴相生。可以说同性恋研究得益于女性主义的"去异性恋本质化"理论。不论是威克斯的"性"研究，还是福柯的"性史"研究，其本质都是同性恋研究的产物。女性主义与同性恋研究之间的关系，以及性（sexuality）研究与性别研究（Gender Studies）之间的关系并不简单，它们之间彼此相互影响、相互作用。[1]

性的现代装置

福柯的《性史》的日译者渡边守章将 sexualite 译为"性的欲望"。如果说把基于身体管理（économie）[2] 的"性欲"（secualite desire）视作研究对象体现出现代的性（sexuality）观念，那么这种译法也不算离谱。[3]

现在我们普遍将 sexuality 译为"性现象"（与性有关的种种现象），但这种译法也只是一种赘言罢了。在性（sexuality）研究的名义下，我们能展开哪些研究呢？

福柯及其他学者的性史研究，主要依据有关性的言说和表征展开。他们虽受到了历史学的文献资料中心主义的影响，却不囿于文献。这里我想再重复说一下，所谓性（sexuality），指的是人们将其视为"性"（sexuality）

---

[1] 女性主义者指出，在男同性恋研究中暗藏男性主义（masculinism）和厌女（misogyny）。另外也有不少研究早就揭示出福柯的性（sexuality）研究对社会性别（gender）漠不关心，并对其进行了批判。

[2] 福柯的 économie 概念不仅限于我们通常所说的"经济"，依据不同语境会翻译成话语的"生产"、身体的"管理"等。——译者注

[3] "性欲"这个概念被引入日本的历史并不久远，"性欲"范式的普及是在大正时代之后。参见斋藤光（1994）、小田（1996）。

的事物。

福柯在"性（sexuality）的现代装置"中提出了著名的性的"压抑假说"。

（1）女性身体的歇斯底里化

（2）儿童的性教育化

（3）生殖行为的社会管理化（家庭的性化）

（4）性反常的精神病理学化

从以上的（1）（2）（3）（4）中分别衍生出了"歇斯底里的女人""自慰的孩童""马克思主义式夫妇"及对于"性的正常与异常"的定义。但福柯所说的"性（sexuality）的现代装置"并不止于此。在"压抑假说"的背后，他想要追问的，是性的话语如何生产出了所谓的"真理"。"性"（sexuality）是一个装置，一个从"公共领域"中创造出"私人领域"的装置。私人领域（privacy）一词暗含"从公共领域分离出来的""隐藏的"事物之意。由于人们捏造出"公众人物"背后的"本质"和"心理"，所以关于"性"（sexuality）的讲述逐渐成为"真理"的代名词。许多研究表明，在现代以前，谈论性并不会与"内心"或"人格"牵扯在一起。进入现代后，公共领域所掩盖的事实被人们奉为"真理"，人们开始坦白隐匿于内心深处的"真我"。"我"这一概念从"我们"中分离了出来，而只有那些难以还原为"我们"的部分，才被人们称作"个性"或"人格"。有关身份认同（identity）的研究指出，如今人们依然将"真我"定义为当事人心中"不为人所知的自己"或"不为人所见的自己"（倘若"自我"真的存在）。[1] 如此一来，性（sexuality）便化作通过身体来管理"个人"的权

---

[1] 石川淮对"乔哈里窗"（根据这个理论，人的内心世界被划分为四个区域：公开区、隐藏区、盲区、封闭区。——译者注）中映照出的"我"进行了说明，并指出很多人都存在这样一种倾向，即认为只有自己才能看到的"我"才是"真正的我"。他说："貌似我们有这样一种倾向，即认为被隐藏起来的才是真实的自我。这并不是故意要将本质隐藏起来的倾向，而是一种深信被隐藏之物才是本质的倾向。"（石川淮，1992：24-25）

力手段，福柯将这种权力称为"生命权力"（bio-pourvoir）。

性（sexuality）构成了私人领域，而私人领域又在背后支撑着身处公共领域中的人们。早有研究揭示出了公共领域与私人领域的分离及其彼此之间的依赖性和共犯性。现代关于"性压抑"的假说既非完全正确，也非完全错误。虽说性（sexuality）受到了来自公共领域的"压抑"，但在"性的非公开性"原则下，它仍从属于私人领域。所谓"性的非公开性"原则，实际上是一种同义反复，它意味着将公共领域与性分离，并用性的术语定义私人领域。作为其"效果"，出现了"寻找伪君子"（hypocrite hunting）[1]的动向（Gay, 1984）。同时，它使人们产生了一种政治上的错觉，即认为在公共场合大肆宣扬"窃窃私语"之事的行为本身是叛逆且革命的。20世纪的文学处于这种信念的支配下，"充满性元素的人"成为冒险的、革命的象征。不难想象，在不久的将来，人们会将20世纪的文学视为被"性"附体之年代的产物。

这样想来，弗洛伊德学说培养出了像赖希（Wilhelm Reich）、马尔库塞（Herbert Marcuse）这样的弗洛伊德左派学者也就不足为奇了。他们宣扬要从弗洛伊德借"压抑"一说捏造的叙述中"解放"出来，却反而强化了弗洛伊德的学说。就如彼得·盖伊（Peter Gay）所言，"压抑"和"寻找伪君子"的概念自其诞生之日起便相伴而生。[2]

内田隆三因而将"猥亵"（obscene）定义为"场外"（off scene），即应该从公共领域中排除的言行（内田，1987）。原本应被"排除"的言

---

[1] 美国历史学家彼得·盖伊所使用的概念，指揭露绅士淑女们不为人知的私生活。在盖伊看来，"把性限制在私人领域"和"在公共领域暴露他人隐私"是一体两面的表现。盖伊曾以维多利亚人的性为主题撰写了巨著《布尔乔亚经验：从维多利亚到弗洛伊德》，指出维多利亚时期的人们很"虚伪"，完全不像想象中的那么"禁欲"。——译者注

[2] 在《社会学辞典》（见田、栗原、田中编，1988）中，"性"这一词条的编写者井上俊介绍了罗素的"无政府权力"一词，并将"社会如何控制'性'这种危险的力量"作为研究课题。这种性的言说本身也位于"压抑"和"寻找伪君子"的框架之内。

行却"不合时宜"（out of scene）地出现在公共领域，这就是"猥亵"。但悖反的是，故意将"猥亵"置于公共领域中并进行政治性实践，被视作"解放"，这种不够成熟的观点也包含在福柯所说的"性的现代装置"中。[1]

正因为人们将"性"（sexuality）作为私密之事看待，才反过来造就了性的特权化。性研究既不参与生产"性的话语"，也不是"真理"生成的推手。毋宁说，其试图通过揭露与性相关的种种话语的特权化机制，剥夺"性"中所隐含的特权性。

性研究的方法

性（sexuality）研究的道路上困难重重。首先，因为性研究本身被裹挟于性的现代装置之中，所以很容易成为禁忌或受到压制。[2] 其次，公共领域排斥与性有关的言说，因而鲜有所见。但如福柯所说，这并不意味着私人领域中的话语生产受到了遏制，事实上私人领域中的性之话语反而出现了"爆发性增长"的景象。然而我们很难获取私人讲述的内容，就算能够获得相关资料，其在历史学界也会被视为劣等史料。这种现象的背后，是"正统"史学中存在的政治性，它影响着对史料正统性的判断。再者，即使私人领域生产出大量史料，在历史长河中也已经过了层层筛检，今天我们能看到的不过是被筛选出来的结果。此外，在识字率低下的年代，文书史料的生产者在阶层和性别上均存在偏颇。如果只有"被书写的历史"

---

[1] 但是，这是以公私领域的分离和从公共领域中排除性为前提的。桥爪大三郎在《性爱论》（桥爪，1994）中，对"猥亵"这一概念作出了定义，并指出其混淆了公私领域（因此，若将同样的行为置于私人领域中，就不算是猥亵），桥爪将这一现象还原为了"性的分离基准"这一本质规定，却并没有对该基准的历史沿革再作深究。

[2] 由宫台、石原、大塚所著的《亚文化神话解体》（1993）一书对二战后日本的性言说进行了探讨，并清晰地揭示出20世纪70年代以前的性言说在"反体制象征"的框架内展开。也就是说，只要是与性相关的，就是反体制的，当时的人们对这种天真的观念深信不疑。可见，70年代以前的性言说位于"性（sexuality）的近代"所涉及的范围内。

才称得上"历史",那么那些没有留下文字记录的普罗大众的历史便不会存世。乔治·杜比(Georges Duby)和米歇尔·佩罗曾被问及,在书写《女性史》(Duby et Perrot eds., 1991-93 = 1994-95)时遇到过什么困难。他们回答说,在他们所研究的中世纪里,"谈论或书写女性的清一色都是男性"(Duby et Perrot, 1994)。在性研究的领域,尽管考古学和民俗学资料逐渐受到重视,甚至取代了文书史料的地位,但在这些资料中依然难以找到与身体和性相关的内容。

不仅如此,摆在我们面前的还有一个更大的难题。那就是话语与表征(representation)究竟是否能够代表现实。在面向成年男性的漫画中,强奸的情节屡见不鲜,虽说这种漫画坐拥100万读者,但凭此就可以认定这个世界上充斥着强奸犯吗?看到春宫图中描绘的那些令人难以置信的高难度体位,我们就可以认为那是江户人实际的性生活吗?

这是话语与实践之间的关系问题。不过,将话语与实践二元对立起来的观点本身就基于表征与现实的二元论。但在福柯看来,"话语即实践"。我们没有必要像某些后现代主义者那样主张"话语之外没有现实",因为话语既是构成现实的诸类实践之一,也是福柯所说的一种限制性实践。

"科学"地看待性,意味着从实践的角度而不是话语的角度来对待性。阿尔弗雷德·金赛的《金赛报告》(Kinsey, Pommeroy & Martin, 1948 = 1950)是历史上首份"科学"的性报告,该报告将人类的"性反应"(sexual response)定义为"释放"(outlet)(这里指射精)[1],可见其以性的"限制性实践"为前提。该报告内容包括:(1)用高潮总量来衡量性行为的高潮中心主义;(2)用"射精"来定义高潮的阴茎中心主义,也就是明显的男性中心主义;(3)还原主义的思维,即将"射精"次数等同于性

---

[1] 日语译文将 sexual outlet 译为"性的排泄口",但我认为还是译为"释放"更合适。

行为的总数,从而认为异性恋、同性恋、自慰等多种性行为可以相互替代;(4)无视或贬低"未射精"的"性实践";(5)持有认为性行为可以被数量化的"自然科学"式的信念,这点是其核心所在。

自《金赛报告》发表之后,学界又相继开展了许多性行为调查,但这些调查都没能为我们提供可靠的数据。尽管这些调查所提供的样本数量非常庞大,且乍一看都很"科学",但这些取材于"自愿样本"(voluntary sample)的数据其实都存在片面性。换句话说,这些数据均来源于那些愿意积极讲述自己性生活的人。

进入20世纪80年代后,人们对后艾滋病时代流行病学的数据需求急剧攀升;到了90年代,英国、法国、美国相继对性行为展开了大量调查。美国的"国民健康与社会生活调查"(NHSLS, National Health and Social Life Survey)(Michael Gagnon, Lauman & Kolata, 1994 = 1996)就是其中之一。调查小组对该项调查非常有信心,认为它是历史上第一次"真正科学的"(truly scientific)调查。[1]虽说这仅仅意味着该调查准确运用了"随机抽样"这一社会科学定量调查的方法,但调查结果却令人瞠目结舌。结果显示,普通美国人的性生活与预期的大相径庭,平庸且无趣。这个一反常理的"冲击性事实"向我们揭示了美国人所谓的性自由、交换性伴侣的疯狂性生活等"美国的性神话",仅仅是"神话"而已。然而,调查小组并没有意识到,这项所谓的"科学"调查,本身就是一种关于性的"限制性实践"。换言之,这项调查通过推导"平均类型"来制定"(性的)标准",受到了社会科学式"真理"观念的束缚。

除此之外,该调查还通过对类型的建构(话语实践)实现了一些范式

---

[1] 该书被译成日文,由日本放送出版协会出版,名为 *Sex in America*。上野在日译版中作了详细的解说。

转换。例如，通过从意识、偏好[1]和实践三个维度来定义同性恋，以避免将"现实"还原为"实践"；还通过设定"强迫性行为"这一范畴，来揭示在性的现实层面上男女之间的差异。

最令人惊讶的是，该调查将伴侣之间的性爱定义为"公共"性爱，而将自慰定义为"私人"性爱，由此无意中超越了传统的"私人领域"概念。他们所说的"私人关系"，从自己"与他者身体的关系"缩小到了自己"与自己身体的关系"。如此，从"家庭""性爱"的领域到"自我身体"的领域，"私人领域"的"边界"不断被再定义。然而，调查报告的撰写者们并没有意识到这一转变的重大意义。在过去，被视作"性的他者"的女性仅以一种"私人的"形式存在；而如今，女性却升格成为"公共领域中的人"，足见女性主义的影响之大。

不过，醉翁之意不在酒，这项调查真正想要传达的内容其实并不在于此。该调查丝毫没有揭示"美国的性神话"何以成立的"现实"，也完全没有说明媒体鼓吹的言说与普通美国人的性实践之间的"落差"。相反，作者试图通过向读者传达"美国民众其实和你一样，他们的性生活也并没有那么刺激"这一信息，来完成将美国"从神话中解放出来"的"使命"（mission）。而该调查中所选取的"传教士体位，即正常体位（missionary position）"，正是"性（sexuality）的现代"强行建构的产物，这种建构同时引发了人们对"邻居性生活真实情况"的好奇心。

---

[1] 运用"对象选择理论"来对同性恋进行说明时，存在"性倾向"（sexual orientation）和"性偏好"（sexual preference）等不同的用语，内含不同的政治意义。本书中使用的是 preference 一词，故译为"偏好"。

范畴化与问题化

任何数据都是临床（clinical）的。换句话说，数据只有在信息发送方与接收方的相互作用下才能够成立。即便是看起来很"科学"的调查，对于调查者没有设置的问题，被调查者也无从作答。而且，信息分析者也有可能会遗漏一些被调查者提供的信息。如果我们将"性"局限于"生殖性行为"的话，那么对于生殖器性爱以外的性行为便无法知晓。

在前述的美国性行为调查中，"性强迫"和"性虐待"就符合这一特征。在金赛的调查中并没有设置这些项目，自然也就无法获得相关数据。这里涉及"范畴化"的问题，即如何设置问题，将哪些内容问题化。而且，所谓范畴化，正是典型的政治性话语实践的一种。

"现实"的生成与"话语实践"紧密关联、难以分割。因此关于家暴和强奸，我们未能掌握能够超越历史和社会的边界、进行比较研究的数据。与日本相比，美国真的是"强奸社会"吗？家暴的情况相较过去更多了吗？这些问题我们均无从回答，我们所能够掌握的只有这样一个"现实"——关于"性暴力"事件的报告数量（reported case）上升了。而这正是将"性暴力"问题化这一话语实践的直接效果。

范畴的差异源于文化的不同。比如，在日本有"同性恋者"吗？井原西鹤的名作《好色一代男》中的主人公，江户时代好色之徒的代表世之介，可以说是"双性恋者"吗？威克斯也认为，在欧洲，现代以前只存在"同性恋行为"，而不存在"同性恋者"。因为性行为的类型并不能定义人格。从事同性恋社会史研究的古川诚则指出，直到大正时期（1912—1926）日本才出现了将"性的病理学化"自我内化的"苦恼的同性恋者"（古川，1994）。同性恋这一范畴诞生于异性恋中心主义中，世之介虽然兼好"男色"和"女色"，但"双性恋"这一范畴是在"同性恋"概念出现之后才生成的，因此如果称世之介为"双性恋者",不是一种谬误,就是一种僭越。

挂札悠子则进一步提出了疑问:"日本有'女同性恋'吗?"挂札是首位在大众媒体上公开自己女同性恋者身份的人,被称为"日本女同性恋第一人"。她在《我是"女同性恋"这件事》(挂札,1992)一书中通过自问自答的方式,对必须以性(sexuality)来定义亲密度的"性(sexuality)的现代"这一装置提出了疑问。挂札还提出了这样一个疑问:"如果'女同性恋'被定义为对同为女性者的'性欲',那么这种西方意义上的'女同性恋'是否适用于日本呢?"(挂札,1994)如果按照西方的概念来看待日本的所谓"女同性恋",认为她们存在"性欲缺失"或"性欲压抑"的问题,也是一种西方中心主义的表现吧。[1]

我们必须回溯性(sexuality)这一概念生成的脉络,在历史和文化的语境中去把握它。同时,我们必须充分意识到,我们的研究本身也构成了思考性(sexuality)这一概念的"元语境"。

性的去神话化

尽管我们进行了上述一系列的讨论,但在性(sexuality)研究中我们依然面临来自顽固的自然主义本质论的反驳。他们会说:话虽如此,但身体、性、生殖不是依旧存在吗?巴特勒也曾受到这一质疑,并在《身体之重》(Butler,1993)中尝试回应。不过,为何身份认同必须要围绕性和性器官来定义呢?为何生殖必须与异性恋性行为关联在一起呢?我们并不需要

---

[1] 日本的社会现实与西欧文化大相径庭,所以用外来的"性"(sexuality)"女同性恋""异性恋"等概念只能部分说明日本女性的现状,甚至有时会出现描述错误的情况。所以,我们现在必须舍弃这些概念,找到能够表述日本现状的词汇或概念来取而代之。要切实推进这项工作,我们就不得不对日本现存的"女性主义"本身进行反思(挂札,1994:31)。可参照上野(1995b:10—11)。

等待先进的生殖技术将生殖从身体中分离出来，特洛布雷昂群岛的岛民早已作出回答，他们认为怀孕是由女性对灵魂的感知引起的。马林诺夫斯基告诉他们，人类通过性交怀孕，并通过十个月怀胎生子。而岛民们对其观点嗤之以鼻，他们嘲笑道："你对此一窍不通。"

我们身处这样一种结构中："自我"被还原为身体和性，在"自我"与"他者"的关系中，性（sexuality）被赋予特权。性（sexuality）的社会学研究并非要在各类研究中新增"性"这一曾被忽视的主题，而是一种尝试，试图解构现代围绕着曾经"不可名状"的性（sexuality）建构起的话语体系，从而实现性（sexuality）的去神话化。

第三章 历史学与女性主义
——超越"女性史"研究

女性史研究与女性主义

在日本，女性史研究与女性主义的相遇实属不幸。

欧美各国女性主义的登场与女性史研究的发展有着密不可分的关联。在20世纪60年代末兴起的女性解放运动的影响下，女性学应运而生，其对人文社科诸领域发起挑战，历史学自然也受到了冲击。无论在欧洲还是美国，女性史研究都是跨学科的女性学研究的重要组成部分，研究者大多受到了女性主义的熏陶（早川，1991b）。虽然欧美女性史研究深受女性主义影响是不争的事实，但日本女性史研究者却对女性主义的到来表现出困惑和抗拒。[1]

---

[1] 这里所说的女性主义，是指20世纪60年代末开始在世界范围内出现的第二波女性主义。起初被称为"女性解放运动"的这一世界性思潮和行动，有别于19世纪末到20世纪初发生的以妇女参政权运动为代表的第一波女性主义，故而被称为第二波女性主义（藤枝，1985）。日本女性解放运动诞生于1970年（上野，1994b）。宫崎文子指出："20世纪70年代以后，在女性主义运动的高潮中，西欧的女性史作为一门学问领域而诞生，至今仍与女性主义密切相关，日本也是如此。"（宫崎，1995：828）她认为女性史与女性主义的关系，无论在哪个国家都是不言而喻的。但这与事实相悖，其理由如下。在某些国度，对于出现于女性主义运动之后的女性史研究者来说，女性主义是她们开展女性史研究的起点，但在日本，女性史研究独立于女性主义之外，它是先于女性主义形成的。不过，从代际的角度看，在女性主义浪潮之后成长起来的一代人中，也有人认为"与女性主义的密切关联"束缚了自己的日本女性史研究。

进入 90 年代后，日本女性史研究的先驱米田佐代子，如此回顾 80 年代女性学研究走过的历程："虽然日本学者在 80 年代围绕女性解放的理念展开了女性主义式的讨论，却未能与女性史研究碰撞出火花，讨论中鲜有听到来自女性史研究者的发言。……特别是在 1975 年的'国际妇女年'以后，坦白说女性史研究者极少承认日本社会中关于女性的种种不平等现象是历史的产物。"（米田，1991：239）

荻野美穗从女性学的立场出发，积极开展女性史研究。对上述历史，她这样描述：

> 20 世纪 80 年代，社会史、女性学、语言学以及其他与女性史相关的领域里出现了各种激烈论争，但日本的女性史研究者却对其毫无兴趣。特别是，他们在 70 年代初对女性主义产生的不信任感和距离感被原封不动地延续了下来，这只能说是一种不幸，因为在 80 年代，女性主义是理论上最活跃、最多产的研究领域之一。

（荻野，1993b：7）

日本女性史研究与女性主义的相遇之所以如此不幸，主要有两个原因。一是日本女性史研究的形成早于女性主义研究，二是日本女性史研究受到了"解放史"（唯物史观）的巨大影响。可以说，日本女性史研究的"先进性"，反而导致了其与后来登场的女性主义之间的纠葛。

历史学家犬丸义一将日本战后的女性史研究划分为三个时期。我对犬丸的划分作了少许修正，如下所示。

第一期是从 1945 年到 20 世纪 60 年代。在唯物史观的影响下，井上清、高群逸枝等人撰写了女性的启蒙式通史，即"解放史"。犬丸认为这一时期是女性史研究的"第一个绽放期"，但与表面的喧嚣相悖，该时期并未能取得数量喜人的研究成果。

第三章　历史学与女性主义——超越"女性史"研究

第二期为20世纪70年代，以女性史论战为转折点，日本女性史研究迈入了新阶段。这一时期，个人史、地方史的个案实证研究取得了突破性进展，女性史研究由此迎来了"第二个绽放期"。

第三期是20世纪80年代之后，也就是女性史研究的成熟期。这一时期，受到女性学影响的相邻研究领域的年轻学者，不仅在社会史、历史社会学界发表了优秀的研究成果，还与学院派历史学家开展合作研究，书写出崭新的日本女性通史。

第一期：女性主义前史

第一期可谓女性史研究与女性主义相遇的"前史"。日本女性解放运动，即第二波女性主义运动源于1970年（上野，1994b）。在那之前，日本女性史研究作为"解放史"的一部分早已登上了历史舞台。

第一期女性史研究的代表作有井上清的《日本女性史》（1948）和高群逸枝的《女性的历史》（1948）。日本战败后解放思潮高涨，战后出版的这两部作品，成为女性史研究的开端。其作为具有启蒙意义的女性通史，被大众广泛阅读。尤其是井上的女性史，采用了"新书"[1]样式，因内容简约而成为各地读书会的教材，引发了女性史研究的热潮。

井上的《日本女性史》基于唯物史观撰写，是"解放史"的代表性著作。在"讲坛史学"[2]中，唯物史观颇具影响力，其中"女性的从属"问题是其主要课题之一。根据恩格斯的《家庭、私有制和国家的起源》所述，随着私有财产制度的建立，出现了阶级和性别压迫。这种固化的说法被广

---

[1] 新书是日本的一种图书类型，大多是各专业领域的入门书籍。——译者注
[2] 指只关注理论，不注重实际的历史学。使用讲坛史学的说法时，往往带有贬义。——译者注

泛接受，女性的历史被描述为"被统治阶级受压迫的历史"，即形成了所谓的"受害者史观"。

不过，战败和美军的占领给日本带来了平等与民主化。日本某些政党错将占领军称为"解放军"，这种认知使得战后史学界洋溢着"解放"的氛围。井上的女性史就是在这样的时代背景下撰写的，那时美国尚未改变占领政策，开始赤色整肃[1]行动。井上将战后视为工人和女性获得解放的时代，并美化说"工人阶级家庭中不存在性别歧视"。对他来说，女性的解放终究从属于工人阶级的解放。井上的女性史与其说是对现实的描述，不如说是对教条化意识形态的记述。后来，他在1953年的修订版中指出："（从1948年开始的）4年半的岁月，清晰地揭示出美国占领军领导下的女性解放不过是一个骗局而已。"但他又转而将女性的抗争视作"全民族从外国统治中获得解放，即国家独立斗争的一部分"。（井上清，1953：11）

在野民俗学家赤松启介于1950年出版了《结婚和恋爱的历史》一书，从中可以看出唯物史观和解放史观在战后的影响有多么强烈。

> 如今，日本女性也在经历了世界性的苦难史后，迎来了新的解放。特别是被亚洲父权制的残余影响剥夺了个性的日本女性，她们想要从被迫表现得贤淑和被迫做出牺牲的旧枷锁中解放出来，这对所有劳动者来说都是喜事。
>
> （赤松，1950；上野，1993）

另一方面，高群既不是讲坛史学家，也不是唯物论者。为了开展有关

---

[1] 1950年6月6日，盟军驻日统帅麦克阿瑟下令日本吉田政府"整肃"日共中央委员德田球一、野坂参三等24人，次日又下令吉田政府"整肃"日共机关报《赤旗报》职员和日共众议员听涛克己等17人，并在日本各地逮捕日本共产党人。——译者注

第三章 历史学与女性主义——超越"女性史"研究

古代母系制度影响的实证研究,这位在野的历史学家二战期间曾十年"闭门不出"。她对"皇国史观"[1]中男性处于主导地位的观点持批判态度,却试图将自己的母性主义与天皇制联系起来。[2] 高群在战时赞美战争,但战后态度却发生了180度的转变,和井上一样开始高歌"解放史"。

高群虽然受到摩尔根(Lewis Henry Morgan)[3]、恩格斯的婚姻制度历史研究的巨大影响,但她并不支持唯物史观。不过,由于承认原始母系制度,所以高群的历史观其实也同样包含了"解放史观"的内涵,即认为历史可分为几个发展阶段:先是原始共产制下"女性如太阳一般的时代",继而是私有财产导致女性受压迫的时期,再到女性获得解放的阶段。高群的《女性的历史》一书构成如下:第一章是"以女性为中心的时代",第二章是"女性的地位是如何倒退的",第三章是"女性的屈辱时代",第四到第七章是明治时代之后"女性逐渐崛起",最后一章则是"迈向和平与爱的时代",从中不难看出她的"解放史观"。

然而,即使在唯物史观的阵营中,也有人从女性的角度对井上的女性史研究提出了批评。据古庄幸子[4]所言,米田佐代子(1972)和伊藤康子(1974)曾在其著作中批判道,井上并没有认识到女性解放的特殊课题及

---

1 皇国史观是日本军国主义战争动员的依据,其错误地认为日本天皇制国体高踞诸国之上,应统领世界。——译者注

2 高群把古代的"一氏多祖"现象与天皇制万世一系的意识形态联系起来。研究高群的栗原弘追溯了高群的"母系制研究"的原始资料——《新撰姓氏录》,论证了其篡改资料使之有利于自己的论述的过程(栗原,1994)。高群在战后的变化是一种"转向",但她本人却没有深刻地认识到这一点。西川祐子将高群的这种不恰当做法归纳为"大众性"(西川,1982b)。高群赞美战争的言论,被从其丈夫桥本宪三编写的《高群逸枝全集》(理论社版)中删除了。1965年至1970年发行的这套十卷全集,对于重新评价高群女性史影响巨大。在女性解放运动诞生的前夜,对于为寻找解决女性问题的途径而疲惫不堪的人们来说,建立一个不被还原为阶级斗争的女性史领域是一股巨大的支撑力量。高群作为"女性史之母",点燃了后来的女性史研究热潮。

3 美国著名的民族学家、人类学家,深入研究了原始社会人类的社会制度、姻亲制度及氏族制度。——译者注

4 此处将Yukiko译作幸子。——译者注

独立斗争的必要性，女性解放不能与工人阶级的解放混为一谈（古庄编，1987：304）。

在日本，学者们早已达成共识——将女性史研究视作历史学下属的一个独立研究领域。井上认为，讲坛史学中的女性史研究出现于1936年。"1936年6月，占民众人数一半的女性，被作为历史研究的重要对象正式提出。当时北山茂夫、横井保平、藤原治、小此木真三郎等人在历史学杂志、历史教育期刊及特辑中撰写了各个时代的民众女性史，这在日本可谓史无前例。"（井上清，1962：88）井上并不认为自己是女性史研究者，他觉得自己只是解答了如何将唯物史观应用于女性研究的问题。井上和高群虽在学术背景上大相径庭，却持有相同的进步史观，他们都认为女性的历史是受压迫的历史，日本战败对女性来说意味着"解放"。这种看法后来受到了批判，批判者认为，其观点不利于实事求是地看待日本女性的历史。

第二期："女性史论战"及其展开

以1969年至1972年村上信彦所著的《明治女性史》全四册的刊行为转折点，女性史研究进入了第二个时期。同时，以此为契机，"女性史论战"也拉开了帷幕（古庄编，1987）。

古庄将"女性史论战"分为两次。第一次是以村上的《女性史研究的课题与展望》（1970）为契机引发的生活史派与唯物史观派的论争，第二次则是由水田珠枝的《女性解放思想的历程》（1973）引起的女性主义派与唯物史观派的论争。但事实上，这两次论争与后来持续发酵的论战呈三足鼎立之势，包含了（1）生活史 vs 解放史、（2）女性主义 vs 解放史、（3）女性主义 vs 生活史的两两对立，且内容复杂。此处，我试图超越古庄所说的两次狭义"女性史论战"，沿着以上三组论争的辩题来探讨这些论战给女性史研究带来的影响。

生活史 vs 解放史

村上信彦在《明治女性史》第一册的前言中，以井上清的女性史研究为例，指出了将女性史等同于妇女解放史的观点所存在的问题。

第一个问题在于目的论式的结构，因为预设了结论，所以其将过去视作为了实现目的而存在的过渡期。但"对于活着的人来说，过渡期并不存在"。第二个问题是只使用对想要论证的目的有所帮助的资料，而舍弃其他素材。村上指出："迄今为止的女性史，大多都是模式化的描述，因而缺乏历史真实感。"第三个问题，因为对历史的评价以现在为基准，所以经常会犯无视历史语境的错误。第四个问题，一切以"解放"为目的，将事实变得非黑即白，存在片面化和简单化的倾向。如村上所言，事实上"同一个事件或是同一个人身上也会存在矛盾和纠葛，保守与进步常常交织在一起"。（村上信彦，1969：第一册1—3）

井上的女性史研究提出了"历史的概念化"，即认为"女性的历史是女性从被压迫走向解放的历史"。村上承认井上的研究在战后的一段时间所起的作用，但与此同时，他也指出了其局限性——只是短暂关注了女性史且研究不够深入。"历史的概念化"一经提出便戛然而止，不再有后续。［村上信彦，1970（古庄编，1987：67—68）］

针对村上的批判立即作出回应的，是米田和伊藤等女性史研究者。她们本应对井上的研究持批判态度，却讽刺地在与村上的争论中充当起井上的代理人角色。她们批评村上放弃了工人阶级解放的"科学"历史观，且轻视劳动妇女的解放斗争（米田，1971；伊藤康子，1971）。对此，古庄指出，事实上，村上对井上的批判与米田的立场是相近的，其批评井上研究中的"平民概念遮蔽了女性问题"（古庄编，1987）。

关于村上的"生活史"研究及其对女性史研究的贡献，我想再作些补充。村上把女性史从解放史及阶级史的从属地位中解放了出来。如此，历史上的女性不再仅仅是被动的历史受害者形象，而是更加个性和多元的存在。例如，村上指出，战争对平民女性而言具有解放性的一面（村上信彦，1978），他是最早提出这一观点的学者。而且，他既不同意"劳动可以解放女性"的主张，也不赞同"工人阶级家庭中不存在性别歧视"的乐观主义想法。村上将女性所受的压迫置于"家庭"和"父权制"等固有领域进行探讨，从这一点上看，其与下文将述及的女性主义者有着共通的历史观。

村上的论文《从一张白纸重新出发》《实证研究的建议》，为口述史、个人史等实证主义女性史研究开辟了道路。当时，山本茂实的《啊，野麦岭》（1968）、山崎朋子的《山打根八号娼馆》（1972）、森崎和江的《唐行小姐》（1976）等底层女性史作品，以及两泽叶子的《信浓之女》（1969）等平民女性史、地方女性史作品相继出版。借用樋口惠子的说法，彼时出现了"非学术型女性书籍的热潮"（1973）；而用犬丸义一的话说，则是呈现出"女性史书籍泛滥"（1973）的景象。但是，这种"非学术型著作"的热潮，在犬丸看来意味着唯物史观的危机，是"理论上的倒退"，与"科学的"[1] 历史观渐行渐远（犬丸，1973：4）。

村上的生活史研究继承了津田左右吉、西冈虎之助等人的近世及近代生活史研究的传统。村上早在 20 世纪 50 年代就著有《服装的历史》全三册（1955—1956），表现出对风俗史的浓厚兴趣。在同样的背景下，还诞生了柳田国男的风俗史研究。柳田开始撰写《明治大正史世相篇》是在 1930 年，在该书的前言中，他表明了自己的志向——书写"不使用任何专

---

[1] 这里所说的"科学的"是"普遍规律性的"之意。效法自然科学，社会科学也是"普遍规律性的科学"，因此，人们期待必定能够"预测未来"。提倡资本主义的瓦解和社会主义革命之"必然"的唯物史观被认为是"科学的"，但随着 20 世纪 80 年代全球一些社会主义国家的解体，恐怕已经无法支撑这种学说的"科学性"了。

有名词的历史"（柳田，1931）。西方的社会史研究源于年鉴学派，而日本的风俗史研究并非受其影响，而是独自形成的，且柳田撰写相关著作的时间与《年鉴》[1]杂志的创刊几乎在同一时期。

村上的生活史研究，可以与阿利埃斯在20世纪60年代西方史领域的影响相媲美。进入70年代后，法国社会史研究的相关成果陆续被译介到日本，但在那之前，村上的生活史研究早已登场。阿利埃斯提出的"私人生活史"研究，后经受到1968年5月革命洗礼的女性史研究者们扩展到了身体、性、婚姻、生育等领域。但当1960年阿利埃斯发表《儿童的世纪》（Aries, 1960 = 1980）时，他的工作在年鉴学派的社会史研究中还属于异类。这是因为，在深受马克思主义影响的社会史研究中，尽管也存在有别于唯物史观的研究，但布洛赫与布罗代尔等人的经济史研究仍是主流。

村上的生活史研究，还受到"民众史"研究的支撑。20世纪60年代，色川大吉、安丸良夫、鹿野政直等人倡导民众史研究，"民众"是色川为了对抗唯物史观中的"人民"一词而选择的用语。与法国年鉴学派并行，在同一时期的日本，也自发出现了新的历史研究动向。而且，与法国社会史研究类似，日本的民众史研究也使得历史学与民俗学相互接近，研究者们开始致力于口述史、个人史等庞大史料的挖掘工作。底层女性史和地方女性史的盛行均离不开这样的背景。

女性主义 vs 解放史

当日本女性解放运动如火如荼时，女性史研究者对其的反应却极为冷淡。

> 女性解放运动与日本既有的妇女运动是断裂的，它仅仅要求变革

---

[1] 全称为《经济与社会史年鉴》，创办于1929年。法国年鉴学派是自1929年起主持、编纂《经济与社会史年鉴》的几代法国历史学家的总称。——译者注

性别歧视的意识，主张女性的主体性。在第一次大会上，女性解放运动者也只是一味地"宣泄女性的怨恨""发泄女性的愤慨"。她们只表现出对现实的焦虑和不满，既没有明确妇女解放的道路，也没能展望未来。[1]

[伊藤康子，1971（古庄编，1987：100）]

日本的女性解放运动与"既有的妇女运动之间是断裂的"确为事实。在女性解放运动之前，日本存在主妇联合会、母亲大会等大众女性运动。但是，这些妇女运动把"妻子""母亲""主妇"当作女性理所当然的角色，所以不能称之为女性主义运动。女性解放运动后来被称为第二波女性主义运动，从而与第一波女性主义运动（19世纪末到20世纪初）产生了关联，并有所区分。从20世纪70年代的女性解放运动开始，日本才有了从根本上探讨性别歧视的思想与运动。而且，正如伊藤所指出的，该运动的中坚力量诞生于"与既有妇女运动的分道扬镳"。日本"解放史"（女性史）研究者大多属于既有的左翼派别，她们认为，由"极左派"［伊藤康子，1971（古庄编，1987：102）］组成的女性解放运动明显将矛头对向了自己，因而理所当然地表现出了困惑与抗拒。

女性主义为女性史研究提供了新方法，其代表人物为水田珠枝，她于1973年出版了《女性解放思想的历程》一书（水田，1973）。第二次"女性史论战"，即是水田与"解放史"派之间的论争。

水田承认存在"与阶级歧视不同的另一种歧视——性别歧视"，认为"女性一直处于阶级和性别的双重压迫下"，并拒绝让女性史从属于阶级斗争

---

[1] 伊藤根据《月刊妇女展望》中的报道，认为日本女性解放运动最早出现在1968年的反战和平妇女会，但现在人们普遍认为，于1970年10月21日国际反战日举行的"女性解放集会"，标志着"日本女性解放运动的诞生"。组织者自己冠以"女性解放运动者"之名是从1971年8月的"女性解放运动合宿"开始的（上野，1994b：27）。而1972年5月，第一届"女性解放运动大会"召开。

史［水田，1973（古庄编，1987：209）］。为此，她提出了使男性统治成为可能的"父权制"这一概念。为了反抗"解放史"派的乐观主义想法（即认为通过战后改革，父权制已成为过去），水田强调了"父权制的历史连续性"，即"从古代家庭到现代家庭，父权制没有本质区别"。同时，水田抛出了"存在女性史吗？"这个问题，主张将性别压迫的历史从阶级压迫的历史中分离出来。她对"父权制"下女性受到双重压迫的认知，以及试图将女性史从阶级史中独立出来的主张，与村上的立场不乏共通之处。但古庄认为，两者也存在差异。她说：

> 不同之处在于，村上认为父权制已成为过去，而水田则认为父权制依然存在，是应该变革的对象。这与其说是水田个人的想法，不如说是该时代出现的一种新阐释。女性解放运动于20世纪60年代末兴起于美国，在70年代前半期席卷西欧、日本等地，其以女性主义妇女解放论为理论武器，而这种新阐释便是该理论的重要组成部分。不过，村上和水田等女性主义者得出了同样的结论，即父权压迫与阶级压迫不无关联，却又彼此独立。
>
> （古庄编，1987：287-288）

米田佐代子从"解放史"的立场对水田进行了批判，但她或许没有意识到，她的主张其实与水田的极为相近。第一，她阐述了女性史相对于阶级史的独立性；第二，她虽将战后的女性解放运动定位为阶级斗争的一环，但同时认为其是为实现民主化而进行的斗争。在持有相同唯物史观的研究者内部，米田是井上女性史的强烈批判者，但讽刺的是，此处她又作为唯物史观的代理人对水田进行了批判。

第一期的女性史研究阻碍了第二期"新女性史"研究的发展，对此荻野美穗总结道：

社会主义妇女解放论曾是女性解放最前沿的理论，但当女性史研究中出现了探究因性别而产生的利害对立、性别支配等新的问题意识时，社会主义妇女解放论却扮演了阻碍女性史从阶级运动史中独立出来的角色。

（荻野，1993b：6—7）

　　然而，这里的问题错综复杂。水田理解的"女性解放运动"，据她本人所说，是对"青鞜社[1]的继承"，是"本该被摈弃却复活了的思想，是时代的错误，是异类思想的重生"（水田，1979：8—9）。换言之，水田认为女性解放运动是资产阶级妇女解放思想的复辟。的确，对于战前的社会主义妇女解放论者来说，平冢雷鸟等人的思想意味着"需要被克服的小资倾向"。但对水田而言，其意味着重回女性主义的起点，即追求女性的"自我解放"。

　　水田所依据的是玛丽·沃斯通克拉夫特（Mary Wollstonecraft）等第一波女性主义者的观点，她们确实是现代主义资产阶级妇女解放思想的代表。但时隔大约一个世纪出现的第二波女性主义，并非对第一波女性主义的简单"继承"或"复辟"，因为在这一个世纪里，现代化已经完成并显露出了种种弊端。

　　需要补充说明的是，将第一波女性主义等同于资产阶级现代主义之女性主义失之偏颇，因为第一波女性主义还包含了母性主义、反现代主义等多样化的内涵。此外，在第二波女性主义中也确实存在资产阶级现代主义之女性主义的要素，所以人们常常如此理解第二波女性主义。但是，如果简单地将第二波女性主义视为第一波女性主义的"延续"或"复活"，就

1　日本妇女组织，成立于1911年，由日本评论家、妇女运动领导人平冢雷鸟等人发起，其主要目的是发展妇女文学和争取妇女解放。——译者注

忽视了两波浪潮之间历史背景的变化。

水田吸收了"自由、平等、独立个人"等现代主义理念，但她同时质疑：为何这些理念未能扩展到女性身上？在支持现代主义的"平等"理念这点上，水田与她的批评者们出乎意料地相似。

女性主义 vs 生活史

所谓"鹿野 vs 胁田论争"，是指1989年由鹿野政直发起的与胁田晴子之间的论战。将这场论战与70年代的"女性史论战"相提并论或许并不恰当。因为两者的时代背景不同，而且把胁田晴子视作女性主义代表人物也未必合适。但令人饶有兴味的是，这场发生于第三期，即新女性史研究的成熟期的争论，揭示了生活史研究与女性史研究之间复杂纠葛的关系。也就是说，生活史和民众史并不会一直站在女性史一边。

鹿野在《妇人、女性、女人》（1989）中仔细回顾了战后的女性史研究，概括了迄今为止（1989年以前）女性走过的历程。标题中"妇人""女性""女人"的称呼变迁，体现出人们看待女性目光的变化。鹿野是一位长期与女性史研究为伴的真诚的民众史学家，他从以下两点批判了70年代以后的"新女性史"研究。一是基础不扎实。鹿野指出"新女性史"研究的各种缺陷："实证能力和逻辑结构薄弱；过度迎合'采访记录'的潮流，导致研究简单化；视野狭窄，可谓之为'圆筒形'的女性史研究；无视著作权，近乎抄袭的风气横行等。"二是"痛感的消失"。为了融入学术界，"曾经因炽热的初衷而备受关注的女性史研究，踏上了'冷冰冰'的学术之路"（鹿野，1989：68—69）。

第一点中的所谓"圆筒形的女性史"研究，是指无法拓展视野的狭隘研究。鹿野指出，女性史研究者不够努力，只是一味重复平冢雷鸟和高群逸枝的研究。但如果我们考虑到女性亲手撰写的史料过少，以及其他一些对女性史研究者不利的研究状况，那么可以说其研究只集中于某一部分思想家也实属迫不得已。为了弥补这一缺陷，女性史研究者对地方女性史、平民女性史进行了挖掘，但正如鹿野所指出的，她们大多满足于通过"边听边写"的方式来产生史料，未能在研究上有所突破。对女工、娼妇等亲历者的访谈，对祖母、母亲的生活故事的记录，往往仅以给采访者和被采访者双方带来极大的感动和情感上的满足而告终。不过，由于大多数女性史研究者都是没有接受过学术训练的草根女性，批判她们"实证能力和逻辑体系薄弱"未免太过严苛。倒不如指责"讲坛史学家"们的懈怠，他们未能将这些庞大的史料生产与近现代史研究联系起来。大部分在野的女性史研究者，甚至不具备发表研究成果或相互切磋的平台。不过也有像名古屋女性史研究会、北海道女性史研究会这样的地方女性史团体，从20世纪70年代早期开始就独立出版研究杂志。而且这些地方女性史研究会之间交流频繁，始于1977年、在2001年迎来第八届的"全国女性史研究交流集会"，便是其硕果之一。没有全国性的"学会"组织，只是由在野女性史研究者于各地举办这样的集会着实不易，她们无论在人力上还是经济上都承受了巨大的负担。

  鹿野所说的第二点，是女性史研究进入学术界的问题。1982年，东京大学出版会出版了《日本女性史》全五册，该著作由以胁田晴子为中心的女性史综合研究会编写。此外，1985年还出版了胁田编著的《探求母性——历史的变迁》，1987年又出版了胁田等人编纂的《日本女性史》。这些著作与以往的女性史著作有所不同，它们是继井上、高群的女性史研究之后首次以非马克思主义的方法书写的通史，且并非某个人的独著，而是共同研究的成果。这是因为时代发生了变化，想要为自己的研究冠以实证史学之名，就不能独自一人撰写通史。

  胁田及其团队成员针对鹿野的批判——"女性史进入学术界导致'痛

第三章 历史学与女性主义——超越"女性史"研究

感的消失'",迅速进行了反驳。胁田在《日本女性生活史》全五册的前言中反驳道:"女性史研究质问历史学界的父权特质以及父权式的研究内容,因为这些学术研究未能将女性作为研究对象。所以,怎么能说女性史是冷冰冰的学问呢?"(女性史综合研究会编,1990)

1982年,胁田在《日本女性史》中世[1]卷的编者后记中写道:"女性史是个应用问题",这令鹿野大为震惊,同时也反映出80年代胁田在研究兴趣上的转变。对于此前已经在中世商业史研究中占有一席之地的胁田来说,向女性史研究的转变,反而意味着选择了学界中的边缘领域,令自己处于不利地位。包括胁田在内的研究者们有着强烈的自觉,她们清楚地知道自己所抱有的"炽热的初衷",源于身为女性所遭遇的歧视,以及对女性主义产生的共鸣。

胁田与鹿野的论战甚是有趣,折射出鹿野这位民众史学家的女性史观。而在这一论争的背后,我们可以窥见女性史研究者及研究对象的中产化倾向。这种变化正是女性主义产生的背景,也是促使"妇女问题论"向"女性学"转变的原因之一,可见在论战双方的对立中隐藏着不容忽视的问题。

"底层女性史"和"平民女性史"研究源于对精英女性史研究的不满,它们得到了"生活史"和"民众史"研究者的支持。正如鹿野所说,这些研究者对作为弱者和受害者的女性抱有"强烈"共鸣。"解放史"描写了在反抗和解放斗争中作出卓越贡献的女性们,而村上的"生活史"则描写了作为"现代"的受害者在逆境中为了生存而努力抗争的无名女性,因而被揶揄为"阿信[2]史观"或"顽强史观"。与认为现代化是女性通往解放

---

1 日本的中世始于镰仓幕府创立的12世纪末,止于室町幕府灭亡后内战爆发的16世纪中叶。——译者注

2 《阿信》是1983年4月4日至1984年3月31日在日本播映的一部电视剧,讲述了女主人公阿信为了生存挣扎、奋斗、创业的故事。"阿信"也成为坚韧女性的代名词。——译者注

的必由之路这种天真的解放史观不同，生活史强调了现代化给女性带来的负面影响。但另一方面，在强调女性是弱者、受害者（或者希望如此）的生活史、民众史研究中，或许也存在着某种浪漫主义色彩，这同样反映在底层女性史研究中。

对精英女性史的不满还延伸出对中产阶级的厌恶。但是，如果把大正时期的精英们——平冢雷鸟和编纂《青鞜》杂志的女性称为中产阶级的话，那么在这半个世纪里，中产阶级的含义其实已彻底改变。尤其是，这些研究者未能把握20世纪60年代（孕育第二波女性主义的年代）所发生的历史性变化。

解放史的主要研究对象是劳动妇女，且大多是从事雇佣劳动的中产阶级妇女。而在与精英女性史（解放史）的对抗中形成的底层女性史研究，则描述了娼妇、外出打工者等社会边缘人群。两者研究的都不是女性的主流群体。柳田国男将民俗学定义为"常民[1]的研究"，如果效仿他的说法，那么女性史此前并没有对"女性常民"，即女性中的多数派进行研究。将战前的"女性常民"，即"农村女性"作为研究对象的，是民俗学及其影响下的生活史研究。在20世纪60年代，"（男性）常民"转而指代被雇用的劳动者，于是"女性常民"也从"农村女性"转变为城市雇员的妻子，她们被称作"家庭主妇"。

我们可以结合女性主义的出现推动学界从"妇女问题论"到"女性学"的转变，来讨论女性史研究中存在的这一问题。20世纪70年代，女性学刚刚起步时，妇女问题论的研究者们对其表示出困惑，认为以女性为对象的研究领域早已存在。然而，过去的妇女问题论研究是社会病理学的一个组成部分，主要针对偏离社会规范的"问题妇女"展开；而女性学则旨在

---

[1] 柳田国男的民俗学概念，在不同时期有不同的内涵，此处指日本人的主流群体。——译者注

第三章 历史学与女性主义——超越"女性史"研究

诘问社会规范本身,使研究从病理学转向了社会结构研究。事实上,妇女问题论的研究对象往往是从良的娼妇、作为战争受害者的单身女性及单亲家庭的母亲等。研究者并不把遵守规范的"普通女性",即结婚后成为妻子和母亲的女性视为"问题妇女"。而与第二波女性主义一样,女性学的研究者们也是从与既有妇女问题论研究"分道扬镳的地方"崭露头角了。

从妇女问题论到女性学的范式转换,都与第二波女性主义的出现有着深刻的关联。1963 年,贝蒂·弗里丹(Betty Friedan)因在《女性的奥秘》(*Feminine Mystique*)(Friedan,1963 = 1965、1977)中讨论郊外中产阶级妻子的"无名问题"(unnamed problem),而成为"女性解放运动之母"。藤枝澪子否认了日本女性解放运动是来自美国的"舶来品"这种说法,她认为,女性解放运动当时在世界各地同时发生,日本也不例外。并且,她还列举了女性解放运动发生的共通原因:(1)工业化国家创造了庞大的中产阶级;(2)60 年代世界范围内激进主义的高涨和新左翼运动的兴起;(3)既有女性运动的固化和形式主义化;(4)女性主导的信息网络和人脉网络的扩大。(藤枝,1985:47—48)。在 20 世纪 70 年代日本女性解放运动出现之前,弗里丹所说的"无名问题"已经成为大多数日本女性共有的问题。

1979 年,由原博子[1]、岩男寿美子编著的《女性学的开端》正式出版,这是第一本冠以"女性学"之名的书籍。其中,原博子的论文《主妇研究的邀约》颇具启发性。而且,这本书还收录了民俗学家濑川清子的历史演讲录《日本女性的百年——围绕主妇的称呼》。包括我本人的研究工作在内,女性学研究以"主妇"(女性人生必经之路)及"主妇劳动"为主要研究对象(上野编,1982)。但令人惊讶的是,女性史研究却没有把主妇

---

[1] 此处将 Hiro 译作博。——译者注

视为研究对象。解放史把主妇看作应该被淘汰的落后存在，民众史则把主妇视为具有特权的小资阶层。在此后的女性学发展过程中，主妇身份和家务劳动作为资本制和父权制双重压迫下的关键问题而被对象化。可不论是解放史，还是生活史和民众史，由于研究者将性别分工视作理所当然，所以未能关注到现代化进程中生成的女性受压迫问题。

第三期：从女性史研究到性别史研究

社会史 vs 女性史

犬丸将第三期称为"女性史研究的成熟期"，1984年长谷川博子发表的《面向女性、男性、儿童的关系史——女性史研究的发展性消亡》所引发的争论，标志着女性史研究正式迈入这一时期。作为女性学的新一代研究者，在法国年鉴学派社会史的影响下成长起来的长谷川，与女性主义保持了一定距离，她批判道："用'进步'的观点去探求女性的历史，会大大削弱理解女性的视角和女性所具有的能力。"长谷川这篇论文的标题颇具挑战性，迅即引发了女性主义者和女性史研究者们的反驳（汤前[1]，1984；船桥，1984）。长谷川不仅没有将女性主义视为研究的原动力，反而将其视为一种枷锁，并认为刚确立不久的女性史研究将会"发展性消亡"。这一论断言之过早，激怒了女性主义者和女性史研究者。古庄以激烈的口吻写道："长谷川女士身上既没有战斗精神也没有进步意识……只有对女性主义潮流的过分曲解，女性主义曾经试图创造出一个崭新的认知世界的

---

[1] 此处将 Yunomae 译作汤前。——译者注

框架。"[1]（古庄编，1987：313）

20世纪80年代的这场论争的意义可以总结如下。第一，其反映了女性学研究者之间的代沟。对于第一代女性主义[2]学者来说，女性学是需要在学术界争取一席之地的研究领域；而对于第二代的长谷川等人而言，女性学已成为一个摆在眼前、可供选择的公认研究主题。第二，长谷川的学术训练以西方社会史为背景，与以往的日本女性史研究完全脱节。换言之，长谷川讨论的并非日本的女性史。第三，从西方女性史的语境看，长谷川的论述表达了对女性史研究被边缘化的危机感，顺应了从"女性史"到"性别史"的西方女性主义式女性史研究潮流。因此，古庄等人武断的误解和反驳，对她来说并不公平。

古庄将长谷川的女性史批判重新置于日本的语境中，并作了如下归纳。

> 20世纪70年代初……村上攻击的是"传统马克思主义史学"的女性解放史观。而80年代长谷川批判的是以人权为基础的初期女性主义史观。

（古庄编，1987：313）

"女性主义史观"曾是女性"解放史观"的勇敢批判者，却在20世纪70年代到80年代的短短十年里变成了被批判的对象。不过如前文所述，当时在日本，水田珠枝等自由主义女性主义者成为女性主义的代表，所以女性史研究者对女性主义的理解以其为参照，从而存在一定的局限性。

事实上，资产阶级式的自由主义的女性主义历史观与解放史观互为表

1　古庄在同一篇文章中犯了把长谷川博子与保守派女哲学家长谷川三千子混为一谈的错误："长谷川女士在提出女性史发展性消亡说的同一时期，发表了《男女雇佣平等法破坏了文化的生态系统》一文（《中央公论》1984年5月号）。"或许是因为对"长谷川"太憎恨了，才造成了这种混淆。但考虑到长谷川博子的文章主旨，这种混淆未免过于武断。古庄后来在其修订版中更正了这一错误。

2　这里的女性主义指第二波女性主义。——译者注

里。水田并不认为现代是女性走向解放的黎明期，相反，她觉得"随着封建制的瓦解和市民社会的形成，父权制非但没有被削弱，反而得到了强化"［水田，1973（古庄，1987：220）］。我曾将其命名为与"解放史观"相对的"压迫史观"（上野，1991a）。不过，"解放史观"和"压迫史观"均承认，正是现代带来了女性的觉醒，即认为历史总是单线"进步"和"发展"的。[1] "解放史观"将历史视为"劳动者解放的历史"，而女性主义"压迫史观"则将历史视作"人权扩展的历史"。但两种史观都认为，在劳动者获得解放或人权得到扩展之前，女性身处的现实极为灰暗。

"生活史"学派也同样如此。生活史和底层女性史均把现代描写成女性受压迫的历史。但它们将叙述的焦点从自觉抗争的精英女性转移到了甘愿承受命运、在压迫中生存下来的平民女性，因此被称为"阿信史观"。

此处还可以再补充一下社会史研究与女性史研究的潜在对立。即使在法国，社会史与女性史的关系也颇为复杂。虽然自阿利埃斯以后，社会史研究中加入了身体和私生活的研究，也常有提及女性，但是这些内容没有直接成为女性史研究的一部分。受1968年5月革命的影响而进入学术界的女性史研究者们，与社会史研究者之间暗藏着紧张关系。首先，她们反感社会史研究用当事人的"心理"（mentalité）来说明一切貌似中立的态度；其次，她们不满这种态度导致的社会史研究中必然存在的安于现状的保守性。就女性所受的压迫而言，按照社会史研究者的观点，如果当事人没有感受到"被歧视"，歧视便不存在。正如米歇尔·佩罗后来所阐明的那样，在研究诸如中世纪这样女性话语缺失的时代时，女性史研究者不得不深入"历史知识的生产方式"这一"元历史"中，追问女性话语缺失的原因。一些女性主义式的女性史研究者，如斯科特，对社会史研究者的观

---

[1] 水田等人的历史进步论观点，成为本节开头长谷川批判女性主义的理由。——译者注

点倍感焦虑,主张应鲜明地展现出女性史研究的"派别性"(非中立的立场)(Scott,1988 = 1992)。[1]

女性史研究的发展

第三期的女性史研究,与以往强调历史发展进步论的单线"解放史观"或"压迫史观"相比,显得形式多样且内涵丰富。例如,胁田晴子等人的研究就与片面的"发展史观"不同,具体体现在以下两点。

第一,前现代的女性史在"解放史"研究者看来,只是"黑暗的中世纪"史,但胁田等人却通过对既有史料的重新阅读,发现了其多样化的形态,即对女性来说,前现代的历史也包含着积极的一面。胁田关于"主妇权"确立的历史研究(胁田,1992、1993)、田端泰子的从匠人图画纸牌看日本中世时期女性劳动的研究(田端,1987)等都反映出这一点。此外,高木侃对"休书"的研究,打破了男性单方面决定离婚的"丈夫专权离婚说",颠覆性地展现出江户时代女性的主体性(高木侃,1987)。横田冬彦也通过重新解读被认为是压迫性文本的"女子训诫书",揭示了此类书籍中反映的日本近世女性的多样化劳动形态(横田,1995)。[2]

第二,该类研究揭示了现代对女性而言的双重意义,即既有压迫的一面也有解放的一面。其具体成果体现在西川祐子、牟田和惠等人围绕"现代家庭"开展的研究中(西川,1990、1991、1995、2000;牟田,1990a、1990b)。小山静子的著作《贤妻良母的规范》(1991),对"贤妻良母"这一被认为是歧视女性的儒家意识形态进行了研究,她通过详细

---

[1] 社会史研究中保守式的"滥用"术语的典型是伊凡·伊利奇的《社会性别》(Illich,1982 = 1984)一书。该书采用学究体,正文和注释的体量相同。在这本书中,伊利奇运用关于西欧中世纪的最新社会史研究成果,试图论证中世纪虽有"性别差别"但没有"性别歧视"。作为"无歧视的差别"派,他得到了想要维持现状的人们的支持。关于对伊凡·伊利奇的《社会性别》的批判,可以参考上野的《女性能拯救世界吗》(1986)。

[2] 日本史可分为原始、古代、中世、近世、近代和现代。——译者注

追溯该思想的历史由来，论证了"贤妻良母"思想起初是反抗反对派的攻击、维护女子受教育权的进步思想。

第三期的女性史研究试图从"受压迫的历史"中寻找"女性文化"和"女性权力"，这与20世纪80年代女性主义者的自信和成熟相呼应。女性史研究逐渐摆脱了女性作为"受害者"的历史，以及将女性从受害者历史（前现代）中解放出来的历史观。它一方面转向了对前现代女性的肯定描述，另一方面揭露了现代女性所受的压迫，从而打破了之前研究中存在的片面历史观，使研究内容趋向多元。此外，女性史研究也开始反思这些研究内容为何之前会被遮蔽。

走出"受害者史观"，还体现在"反省性的女性史"研究中，这类研究反省了战争时期女性的战争协助问题。西川祐子和铃木裕子通过重新审视市川房枝、高群逸枝等人协助战争的言行，追究了这些战前女性主义领导人的战争责任（西川，1982a；铃木裕子，1986、1989a、1989b、1997）。与此同时，研究者还批判了日本女性主义思想的局限性，比如质疑平冢雷鸟的母性主义与国家主义优生思想之间的共谋性等（古久保，1991）。不仅是精英阶层的女性，加纳实纪代还以"枪后史"（战场后方历史）为名，指出了平民女性自发辅助战争的问题（加纳，1979、1987）。

"解放史"研究将女性视为历史的被动客体，而这些"新女性史"研究均将女性视为历史的主体。从以女性为"客体"的研究转向以女性为"主体"的研究，正是女性主义兴起之后女性史研究的重要特征。然而，这些研究强调女性的"加害性"而非"被害性"，强调女性的"独立自主"而非"受压迫"，从而使女性也受到了苛责，出现了与研究初衷背离的结果。

第三章　历史学与女性主义——超越"女性史"研究

女性史研究与现代

女性史研究无法回避如何评价"现代"这一历史阶段的问题。因为无论是"解放史观"还是"压迫史观",都与对现代的看法密切关联。

而现代对女性的压迫问题,又与现代家庭的问题直接相关。以小路田泰直对西川祐子的批判(小路田,1993)和西川的反驳(西川,1993)为例,这场论争围绕日本的"战前家庭",即明治时代到二战战败这一时期的"家"展开。从中我们不难发现,认为"家"是前现代的延续还是现代的开始,决定了学者对"现代"的不同评价。

在女性史综合研究会编写的《日本女性生活史》现代篇(1990)的书评中,小路田用了大部分篇幅来批判西川。他引用了西川的论述"思考战前家庭时的关键词是'家制度'[1]中的'家',这似乎是一种常识,但其实不然,我们应使用'家庭'一词"(西川,1990:2),并将该书带来的"新的方法论视角"总结为"通过发现'家庭'这一概念的重要性,打破了将日本现代家庭社会中的'家'视为封建遗制的观点,并把家庭与日本社会的资本主义化关联起来"。这个总结本身相当公正,但在此基础上,小路田从马克斯·韦伯即大塚久雄流派[2]的市民社会之"现代家庭"观出发,对西川进行了批评。他指出,"在现代社会中,家庭与国家这两个集团既相互依存又处于紧张关系之中""只有家才有可能成为维持市民道德自律性的基石",但这些内容却被西川忽略了。

小路田对"家"的理解基于市民社会的视角。他依据村上淳一的《德国民法史》(1985),强调了相对于绝对权力而言的"家的自主性"。在此基础上,(1)他将欧洲传统社会的"家"与战前日本的"家"同等看待,

---

[1]　指1898年《明治宪法》在《民法典》中规定的一种日本家庭制度,即把具有亲属关系的较小范围的人组成一个家庭,户主作为一家之主具有领导家庭的权力。——译者注

[2]　日本经济史学家,专长是英国经济史。以他命名的大塚史学采用了马克斯·韦伯的社会学和卡尔·马克思的唯物史观的方法论,得到了国际认可。——译者注

（2）并将"家"幻想为"市民道德自律性的基石"，进而将其理想化为"家长行使自主权"和"女性实现市民主体性"的地方（小路田，1993：35）。从中我们可以看出，首先，与日本主义[1]者将战前的"家"视为阻碍"现代市民"形成的封建遗制这一看法不同，小路田在这一点上接受了西川的说法，他也认为"家"具有市民社会的性质。其次，小路田的观点与女性主义者所揭露的家庭对女性的压迫这一现实产生了严重冲突。西川并非在"前现代性"中，而是在"现代性"中发掘了家庭的压迫性，这一点是市民社会论者无法接受的。正如西川所批判的那样，这种对市民社会的神话化正是对女性的无意识歧视。

西川以强压怒火的口吻，将小路田驳斥得体无完肤。

> 小路田先生说，不应该只看到"家"和"家庭"消极的一面，他从一位优秀的历史学家突然转变为家庭生活的当事人和拥护者，其分析让人再次体会到"家庭"一词的意识形态性之强。
>
> （西川，1993：28）

女性史不仅要与唯物主义的"解放史观"抗争，还要与市民社会的"解放史观"抗争。海蒂·哈特曼（Heidi Hartmann）写道："马克思主义不关注性别问题。"（Hartmann，1981＝1991）市民社会论也同样如此。社会主义妇女解放论针对资产阶级家庭，将无产阶级家庭神圣化；市民社会论针对前现代家庭，将现代家庭崇高化，两者均通过其意识形态来遮蔽家庭中存在的现实问题。

仅仅将"夫权小家庭"式的现代家庭称为"另一种父权制"，并批判其对女性的压迫并不足够。川村邦光通过回溯女性气质和性（sexuality）

---

[1] 一种国家主义思想，产生于明治中期。其反对明治政府的极端西化，强调日本传统精神，并试图将这种精神作为国家和社会的基石。——译者注

的形成历史，论证了女性主动将现代家庭的各种规范内化的过程（川村，1993、1994）。落合惠美子在题为《女性主义与现代》的论文中明确指出，第一波女性主义出现在现代家庭的形成期，第二波女性主义出现在现代家庭的解体期，因此女性主义本身就是历史变化的产物（落合，1989）。而夹在这两波女性主义之间的时段，足以见证"现代"的形成与解体。

总而言之，现代社会对女性来说是解放还是压迫，因阶层、地域、民族而异。由于时代和语境的不同，某个历史性的变化对于当事人的意义也会有所不同，而女性史研究所追求的，便是阐明其中所蕴含的多样性。

历史学的性别化——超越"女性史"研究

让我们回到本章的开头。长谷川博子提出的另一个问题，是"关系史"的问题。由于长谷川所说的"女性史研究的发展性消亡"这一略带挑衅性的表述，激起了批评者们的愤怒之情，所以她对女性史研究之局限性的担忧以及将其置于更广阔语境下进行探讨的尝试均被抹杀，未能得到恰当的评价。长谷川从西方女性史研究继承而来的问题意识，换言之是对将女性史研究边缘化的批判和对发展性别史研究的期待。她想要通过"男性、女性、儿童的关系史"这一略显质朴的说法表达自己的期望——希望局限于"女性领域"的女性史研究向男性和儿童发出诚挚的邀请。

斯科特的文章有力地说明了女性史这一研究领域在学术界获得"市民权"之后，研究者的不满情绪仍日益高涨的现象。虽然其表述有些长，但还是完整引用一下。

> 最近女性史研究成果的质量之高与其在整个历史学界中仍处于边缘地位之间的矛盾日益显著，反映出其研究方法的局限性。女性史研究的叙述型研究方法未能涉及历史学研究的核心概念，或未能动摇这

些概念的权威性,从而改变这些概念。对于女性史的研究者来说,仅仅证明女性也有历史,或者证明女性也参与了西方文明中重要的政治变革并不足够。说到女性的历史,非女性主义者的历史学家大多作出了如下反应:要么先姑且承认再避而远之,要么干脆彻底忘却。("既然女性有不同于男性的历史,那就让女性主义者来研究女性史吧,它和我们没有任何关系。""女性史研究是关于性和家庭的研究,应该与政治史、经济史区分开来。")对于女性的参与,他们顶多也只是表现出短暂的关心。("我知道女人也参与了法国革命,但这并不会改变我对这场革命的理解。")

(Scott, 1988 = 1992: 56)

在斯科特的文章中,"女性主义者"与"女性史研究"理所当然地联系在一起。对斯科特来说,她无法想象女性史研究者不是女性主义者。

欧美的女性史研究之所以用"性别史"一词取代"女性史",是因为担心女性史被边缘化。"社会性别"(gender)一词有别于"生理性别"(sex),表示"社会文化意义上的性别",是女性主义者创造的术语。性别史研究与女性史研究不同,一是它可以包括男女两性的主题,二是它可以将"性别"的历史构成问题化,从而将女性史置于更广阔的领域中进行探讨。

然而,也有一些激进的女性主义者对学术界提出的"性别研究"(Gender Studies)(包括"性别史")的学术动向表示警惕,因为她们发现,由于"性别研究"看似立场中立,所以一些原本对"女性学"持反对态度的男性研究者和保守的女性研究者也开始加入其中。这些女性主义者们认为"性别研究"导致了女性学的保守化,为了反对这种倾向,她们特意选择了"女性主义研究"（feminist studies）这一带有派别色彩的术语。[1]

然而，如克里斯汀·德尔菲所说的那样，引入"（社会）性别"这一概念为研究提供了以下三个视角。

（1）可以用一个术语来表达文化上、历史上多样化的"性别"概念。

（2）分析的对象从（男和女）两个转变为一个，即男女差异的分割线问题。

（3）明确了这种差异具有包含阶级性在内的非对称性特征，即其中存在不平等的权力关系。（Delphy，1989；上野，1995a）

性别并非"两种"，而是"差异化"了的"一种实践"。这种认知转变的背后，有着80年代女性主义批评理论中"性别差异"（gender difference）理论的贡献，而斯科特在将性别概念带入历史研究的过程中，也受到了朱迪斯·巴特勒等女性主义理论家的影响。特别是，英文学术圈的性别史研究与20世纪80年代女性主义理论的出现有着密不可分的关系。不过，日本的情况有所不同。

随着社会性别概念的引入，女性史研究发生了如下变化。第一，如果性别指的不是"被差异化的两者"而是"差异化"本身的话，性别史研究就不再局限于"女性"史研究的范畴。第二，性别史研究也不再仅限于私人领域的"关系史"，即男性与女性、孩子之间的关联。

长谷川的"关系史"指的是更为广泛的概念，但"男性、女性、儿童的关系史"研究有这样一种倾向，即只有在男性与"女性、儿童"的私人领域关联时才会被作为研究对象。因此，往往只有参与性爱、家务劳动、

---

[1] 例如，1991年11月，在牛津大学拉斯金学院举办的第25届历史研讨会的开场发言中，希拉·罗博特姆（Sheila Rowbotham）以"女性史与女性主义"为题发表演讲，批判了性别史研究比女性主义历史研究表现得中立的倾向。（酒井，1993：24）。希拉·罗博特姆是20世纪70年代英国社会主义阵营中涌现出的激进女性主义者，也是《女性的意识、男性的世界》（Rowbotham，1973 = 1977）一书的作者。

育儿等私人领域之事,男性才会出现在"性别史"研究中。这是因为,男性与"女性、儿童"发生关联的场所被限定在了私人领域,换言之,男性只在私人领域中才被性别化,而在公共领域里则被视为无性别的抽象个体。这种"普遍主义"的思维被(社会)性别概念批判为"男性中心主义"。

性别史研究的第三个贡献是历史学的性别化(gendered history)。性别歧视将私人领域等同为女性领域,并与之相对地将公共领域视为性别中立的领域。事实上,公共领域绝非性别中立,正因为公共领域的诸多特征都被用"男性化"的术语定义,才导致女性被有组织地排除在了公共领域之外。于是,"政治"成为"男人一生的工作","战争"是"最英勇的行为","工作"成了"男子气概"的竞赛。由于抽象的"个人""公民"和"劳动者"都被定义为男性术语,所以女性只能成为陪衬性存在,而批判这种性别范畴的非对称性便是性别史研究的课题。

这一课题的成果之一,是大泽真理的《超越企业中心社会——用"性别"解读现代日本》(1993a)。大泽在书中抨击了日本的劳动研究的性别偏见,他们将"没有家庭责任的特殊劳动者",即"男性劳动者",视作一种"标准"。根据这一"标准",女性劳动者只能被当作"特殊"或"二流"的劳动者,从而陷入了追求"与男性一样的平等"还是甘愿处于"二流地位"的困境。所以,重要的是将"劳动"概念本身性别化,只有明确男性劳动与女性劳动的不平等,才能揭示出"(男性)劳动"的偏颇性(上野,1995b)。

馆薰[1]的论文《女性的参政权与社会性别》(1994),是有关公共领域的性别歧视研究的另一个重要成果。在这篇文章中,作者细致地追溯了妇女参政权的形成过程,并论证了"普通参政权"名义下的"国民的创造",与性别和民族密切相关。"国民"这一概念从一开始就包含了性别的不对等。这些研究表明,性别已成为经济、政治等公共领域研究中不可或缺的概念。

1　此处将 Kaoru 译为"薰"。——译者注

第三章　历史学与女性主义——超越"女性史"研究

性别史研究者对局限于私人领域的既往研究的批判，还体现在一些新课题上，比如身体及性的历史研究。荻野在其论文《身体史的视野》中如此醍醐灌顶地写道：

> 在将男性等同于普遍性、女性等同于特殊性的认知框架内，或在只有女性被视作性欲和肉体的代名词这一传统感觉的基础上，将身体、性等新问题作为历史研究的对象时，身体会被等同于女性的身体。换个巧妙的说法，女性的身体被认为比男性的身体更像身体。……最终被对象化的，依旧是"他者"的身体，是对男人来说作为客体存在的女性身体，却缺少对男性自身的身体性的分析，"身体＝女性"的身体观丝毫没有改变。
>
> （荻野，1993a：58）

女性的身体作为私人领域的身体被特殊化，而男性的身体则成为不可见的存在。藤谷描述了男性身体作为公共领域的身体在历史上的形成过程（藤谷，1994）。从学校和军队这两大现代化的主体来看，身体史并不限于私人领域。

在性别史研究中，正如公共领域里女性的缺席成为需要解答的问题一样，私人领域中男性的缺席也成为需要解释的对象。既然公共领域和私人领域都被用性别术语定义，那么可以说，没有性别史研究无法涉足的领域。当然，性别史研究并不同于过去阶级史观的主张，不是一把可以快刀斩乱麻似的解决所有问题的"亚历山大之剑"[1]。换言之，任何领域都无法只用性别来解答，但也没有能完全抛开性别来讨论的领域。

1　古代欧洲历史上最为伟大的君王之一的亚历山大大帝的宝剑。传说戈尔迪乌斯国王打了一个十分难解的结，即戈尔迪之结（Gordian knot），并称谁能解开便会成为亚洲的统治者，结果亚历山大大帝挥剑将结斩断。后引申为快刀斩乱麻，果断采取行动解决问题。——译者注

第四章 "劳动"概念的性别化

"家务不算劳动吗?"

自1920年起,日本每5年都会开展一次国情调查。[1] 而在1985年,日本民众对"家务"的认知出现了显著变化。当时,政府于10月1日对国民生活状况进行了全面调查,其中第8个问题是:"9月24日至30日这周内,您工作(劳动)了吗?"选项首先分为"多少参与了一些工作的人"和"完全没参与工作的人"两类,前者进一步分为"以工作为主""做家务之余工作""上学之余工作"等几项,后者则分为"休假""求职""家务""上学"及"其他"。该问题下方还附有进一步的说明:"工作(劳动),指有收入的活动,也包括参与个体经营(务农或开店)、开展副业、打零工、做临时工等。"除此之外,调查在"多少参与了一些工作的人"的选项中还言及:"若仅做家务或上学,则不在此列。"(见下图)

---

[1] 第一次国情调查开展于1920年(大正九年),之后每5年(除战时混乱期)定期进行。此前的调查以户籍或居民票数统计人口,但当时社会人口流动极快,按照登记住址进行统计的结果并不可靠,因此之后便彻底采用现居住址进行国民总体调查。可以说,日本在此之前的人口统计难以令人信服。

| 家庭成员情况 | 8 9月24日至30日这周内您工作（劳动）了吗？
● 工作（劳动）：指有收入的活动，也包括参与个体经营（务农或开店）、开展副业、打零工、做临时工等
● 上学：也包括前往补习学校、缝纫学校等 | 多少参与了一些工作的人
（若仅做家务或上学，则不在此列）
完全没参与工作的人 | 以工作为主 □ 做家务之余工作 □ 上学之余工作 □
（也请填写9~14栏）
其他
休假 □ 求职 □ 家务 □ 上学 □ 儿童老人等等 □
（也请填写9~14栏）结束填写（也请填写9~14栏）结束填写 |

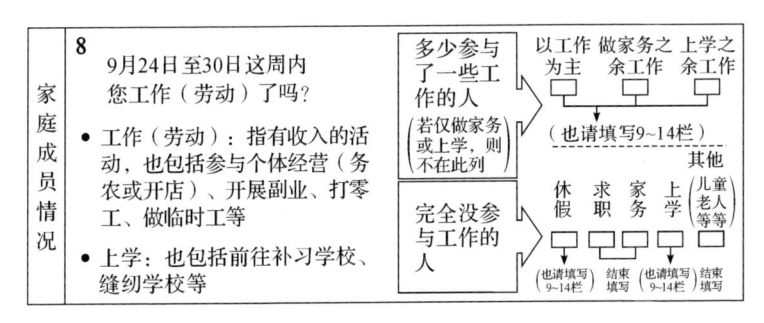

图　国情调查问卷 1990 年（平成二年）10 月 1 日（部分）

"只做家务的人"被列入"完全没参与工作的人"之中，这引发了一场风波。其他选项，诸如"休假"被视为"（暂时）停职"，"求职"被视为"失业"，而做"家务"的人却在调查中被视为与"停职""失业"并列的"无业"人员。

负责国情调查的总务厅统计科以及各报社都接到了投诉，其中有一份还被刊登在 10 月 2 日的《朝日新闻》中，其内容如下：

> 近年来，"家务也是支撑社会生活的重要劳动"已成为一种普遍观点，但政府仍认定全职主妇是"完全不参与工作（劳动）"的人，这难道不是对女性的蔑视吗？我妻子对此也感到无比愤怒。[1]

这份投诉来自一名自称"西宫市，公司职员，52 岁"的男性，而其投诉内容得到了不同年龄、不同性别群体的广泛认同。之后，《朝日新闻》以"家务不算工作（劳动）吗？国情调查引发国民抗议"为题，在家庭版设立了专栏。

《朝日新闻》的负责人代读者向总务厅统计科提出疑问，却得到了不

---

[1] 投稿刊登在《朝日新闻》1985 年 10 月 2 日的大阪版晨报"这里是社会部"栏目。

近人情的官腔式回答："该统计分类方式是国际统一规定的，并且前13次调查也均使用了同样的问题设置，突然变更则会导致无法与此前的调查结果进行比较。并且在资本主义国家，没有收入的劳动算不上劳动。"

上一次，也就是5年前的1980年，确实使用了相同的调查问卷，所以总理府的这番说辞貌似也有几分道理。当时或许也有人提出过异议，但并未产生1985年般的规模性影响，也未被报纸登载。"西宫市、公司职员、52岁"的这位男性，5年前应为47岁，彼时可能尚未有此疑问。这5年间，虽然调查问卷的内容未曾改变，但日本人对家务劳动的认知却发生了天翻地覆的变化。

家务也是劳动，且是没有收入的劳动。在达成这一共识之前，我们走过了一段迂回曲折的历程。为了建立起这一共识，需要重新构建共同的问题意识和相关概念。其过程并非一帆风顺，而是排除众多反抗和阻碍，历经千辛万苦才得以实现的。而路途中的重重阻碍除了所谓"常识"之外，还有专家们的见解，这些所谓的专业性见解成了最顽固的阻力。

20世纪70年代至80年代，马克思主义女性主义聚焦于"家务劳动"问题，确立了"无偿劳动"的概念。此概念包括两层含义：（1）家务也是劳动；（2）其是不被给予任何报酬的不合理劳动。这是一个划时代的"发现"，这一概念不仅说明位于现代和资本主义风暴中央的女性深受压迫，还揭示出市场与家庭本就密不可分的关系。其理论贡献值得再三强调。不过，1985年这起针对国情调查问卷的市民层面的抗议，并不一定是受到了马克思主义女性主义潮流的影响，因为大多数人的生活与女性主义理论并无关联。[1]

---

[1] 即便考虑到20世纪70年代至80年代女性主义讨论的普及与马克思主义女性主义的理论贡献，它的影响力也仅局限于一部分读者，我并不认为这5年内家务劳动观念的变化可以归因于女性主义。关于主妇论争、家务劳动、无偿劳动等内容，请参考以下书目。（原、岩男编，1979；上野编，1982；上野，1990，1994a）

第四章 "劳动"概念的性别化

说来讽刺,"家务不算劳动吗?"这句由普通人基于直观感受提出的疑问,却出现在了全职主妇人数锐减的社会变革期。1983年,日本发生了历史性变化——有工作的已婚女性人数占比超过了半数。70年代的十年间,"女性纷纷进入职场",结果在1980至1985年期间,全职主妇反而成了少数派。

只要走出家门就有赚钱的机会,这使得家庭主妇的"机会成本"上升。那么,为何在外劳动可以按小时计算报酬,在家做家务却变得分文不值?这一疑问在女性间迅速传播,引发了广泛共鸣。反言之,之所以提出"家务不算劳动吗?"这样的质疑,是因为女性在积累了有偿劳动的经验后,发现"家庭主妇"所承担的家务并非理所应当。

但同时,反对"家务是劳动"的最主要群体也是家庭主妇。在《朝日新闻》的专栏特辑中,她们发表了如下意见:"做家务源于对家人的爱。我的自尊不允许自己把家务视为有偿劳动。"对于她们而言,倘若承认家务是劳动,那么就等于承认自己一直以来都从事着得不偿失的无酬劳动,着实可悲。而这一想法的形成源于某种压迫机制,它以个人的自由选择为粉饰,哄骗女性为维护自尊心而甘愿接受"以爱为名"的压榨。

将"家务"视为"劳动"的尝试历经了漫长的曲折之路。本文将以日本"第二次主妇论争"为中心,论述"家务劳动"概念形成的历史过程及其所带来的理论与实践上的重大影响。

第二次主妇论争的背景

20世纪60年代在日本兴起的"第二次主妇论争"围绕"家务劳动的价格"展开,比70年代以英国为中心产生的"家务劳动论争"要早十年。其时间之早、论点之广,从世界范围看均遥遥领先。

差异的政治学

　　第二次世界大战后，日本围绕"家庭主妇"的论争反复多次出现在大众媒体上。第一次主妇论争始于1955年石垣绫子所著的《主妇第二职业论》［石垣，1955（上野编，1982：Ⅰ）］，是一场主要围绕"家庭主妇身份"进行的论争；第二次主妇论争则围绕"家庭主妇"所从事的"劳动"，即"主妇劳动"展开。[1] 其开端是矶野富士子发表在《朝日期刊》的论文《妇女解放论的混乱》。对于自己的研究课题，矶野表示："我要研究的是'主妇劳动'问题，而非'妻子地位'问题。"［矶野，1960（上野编，1982：Ⅱ 7）］[2]

　　第一次主妇论争时，石垣在论文《主妇第二职业论》中呼吁"女性同胞们，更踊跃地进入职场吧"；与之相对，第二次主妇论争时矶野则在论文中将"主妇劳动"视作一个问题，切实触及了此前论争中不曾涉及的死角。不论是资本主义女性主义还是社会主义女性主义，都认为"女性解放"的主要路径在于"女性进入职场"，而家务劳动则是不值一提、越少越好，甚至不得已而为之的事。从中可见"生产本位"这一经济原理之深入人心。

　　我们可以根据矶野的论述来界定主妇劳动的概念。她指出，"我这里提到的所谓'家庭主妇'，指的是在无雇佣关系的前提下承担家务劳动的妇女"［矶野，1960（上野编，1982：Ⅱ 7）］，其丈夫则是"靠出卖劳动力生活的被雇佣者"。由此，我们所说的"主妇劳动"，仅限于与丈夫

---

[1] "第二次主妇论争"是之后由学者所命名的，与"第一次主妇论争"并无直接关联。两次论争的读者与报道媒体几乎没有重合之处。"第一次主妇论争"以面向女性的传播媒体《妇女公论》为中心，男女知识分子围绕"主妇身份"问题展开讨论；"第二次主妇论争"以面向大众知识分子的论坛杂志《朝日期刊》为舞台，包括学院派经济学者在内的经济学专家们也参与了讨论。我对两者的分析沿袭了丸冈秀子（1981）、神田道子（1974）、驹野阳子（1976）等前辈学者的研究。之后我在编写《解读主妇论争（全资料）》（上野编，1982）时，将1972年的论争命名为"第三次主妇论争"。

[2] 在我本人命名的1972年"第三次主妇论争"中，"主妇身份"再次成为主题。但这次所追问的，是"全职主妇身份"问题，其身份的不言自明性在"兼职主妇化"浪潮中遭到瓦解。请参考《解读主妇论争（全资料）》（上野编，1982）解说部分。

的劳动相对的妻子的劳动。

在我们对"主妇劳动"的定义中，隐含着"主妇劳动"与"家务劳动"的区别，因为在当时，"基于雇佣关系从事家务劳动的妇女"，即女佣或家政服务人员数量庞大。早在1955年的第一次主妇论争中，岛津千利世就提出过这样一个问题："是什么将家庭主妇与家务劳动联系起来？"［岛津，1955（上野编，1982：Ⅰ41）］她早就认识到家庭主妇与家务劳动的关联出于历史偶然。矶野同样指出，

> 委托他人或依靠机械化等做法使得主妇劳动有所减少。从这一事实中可以得知，家务劳动并非与妻子的身份相挂钩。
>
> ［矶野，1961（上野编，1982：Ⅱ96）］

女性从事"家政服务"的历史比成为城市雇员家庭"主妇"的历史久远（Oakley，1974＝1987；上野，1994a；今井，1993）。事实上，"主妇"的词源并非"家务劳动者"，而是具有权威的"家庭女主人"。逐渐地，家庭不再雇用仆役，于是她们不得不亲自无偿接手女佣的工作，"主妇"一词因而成为城市雇员妻子的代名词。这一变化过程无论在日本还是英国都已被证实（Ueno，1987）。在第一次主妇论争中，经济学家都留重人曾提出："为什么同样的劳动由女佣做会有报酬，但由妻子做则变成无偿的了？"［都留，1959（上野编，1982：Ⅰ77）］。这一问之所以具有正当性，也是基于上述历史背景。

事实上，都留还做了如此假设："如果我和女佣结婚会如何？"在20世纪50年代的日本，这种假设并非不可能成立。但是，都留并没有回答自己费心提出的经济学问题，而是将其偷换成了一个心理学问题，并解释说，因为存在"有目的的劳动"和"无目的的劳动"，所以女佣在变成妻子后会倍感家务的负担。他同时指出，因为妻子不依附于雇佣关系才使"无

偿劳动"成为可能，但也正因如此，夫妻间形成了一种压迫关系。

  不论家庭主妇的贡献是不是较大，或者不论家庭主妇是不是更加辛苦，社会总是更愿意向丈夫的劳动支付报酬。这一事实足以确立在外工作的丈夫的"优越性"。

[都留，1959（上野编，1982：Ⅰ 181）]

  都留明确指出了"有偿劳动"与"无偿劳动"之间的差距。他一边无限靠近矶野的问题，一边却搬出"心理"论偷换概念。这样一来，他就与呼吁"主妇们，拿出你们作为经营者的自信"的关岛久雄、畠山芳雄[关岛，1956；畠山，1960（上野编，1982：Ⅰ）]等保守经济学家并无二致了。

  早在第一次主妇论争中，经济学家大熊信行就已正视"主妇劳动"问题，并开始了对经济学的自我反省与批判。

  现代家庭的生活……首先是一种生产经营，这是一个基本事实。无论是分娩还是出生，这类词汇本就与生命相关，所以生产一词（正如马克思和恩格斯所说的那样）本应优先用于描述家庭。但如今，生产一词因频繁地被经济学使用，已然成为表示且仅表示物质资料生产的术语。而这种用法也原封不动地从经济学领域扩散到了所有人的日常用语中。人们之所以如此使用它，是因为不知不觉遵循了既有经济学理论的特殊观点，崇尚以企业盈利为本、以财富为中心的思想。如今，我们如果想要参透家庭生活的本质，必须先干净利落地跳出迄今为止的经济学理论框架，否则便无法向前迈出一步。

[大熊，1957（上野编，1982：Ⅰ 114—115）]

  然而遗憾的是，大熊的观点未能被战后的经济学家所认可与继承。

第四章 "劳动"概念的性别化

主妇劳动的问题化及其社会背景

"主妇劳动"被视为问题,具有一定的历史背景。

1955 年"朝鲜特需"结束,同年"神武景气"随之而来;1958 年"锅底萧条"过后,1959 年又迎来"岩户景气",[1] 也就是说,日本在 1955 年到 1960 年间实现了战后复兴。而当战后混乱期结束,劳动市场对女性的排斥却愈演愈烈,比如 1962 年出现了"女大学生亡国论"等言论。这也意味着在这一时期,女性日渐趋于家庭主妇化。

矶野写有一篇名为《超过成年妇女半数的主妇问题》[矶野,1960(上野编,1982:Ⅱ6)]的文章。但从历史来看,她所说的并不符合当时的实际情况。纵观 20 世纪,日本女性劳动力比率一直维持在 50% 以上,直至 60 年代之后才降至 50% 以下。而在"劳动妇女"中,"被雇用的劳动者"的比例低于"个体户"与"家族产业从业者",也不过是 60 年代中期的事。在矶野论文发表的 1960 年,包括农村妇女在内的有工作的女性超过半数,可见我所说的"主妇",即"丈夫为被雇佣者的无业妻子",当时不过是少数派。但在 60 年代之后,女性劳动力比率,特别是已婚女性劳动力比率持续下降。换言之,在 50 年代中期至 70 年代初的日本经济高速发展时期,伴随着男性的"工薪阶层化",女性的"全职主妇化"也逐渐成为主流。矶野的论文预判了时代的趋势,她站在都市中产阶层家庭主妇的立场为她们代言。

但随后,矶野在其驳论文《再论主妇劳动》[矶野,1961(上野编,1982:Ⅱ)]中改变了自己的立场。面对高木督夫(1960)的批评——"这

---

[1] 朝鲜特需指日本从朝鲜战争获得的经济红利;神武景气指 1955—1957 年日本出现的第一次经济发展高潮;锅底萧条指 1957—1958 年在日本发生的通货膨胀现象;岩户景气指 1958—1961 年日本出现的第二次经济发展高潮。——译者注

是中产阶层的全职主妇为了维持现状而将其正当化的理论",她回应解释道："若将家务劳动问题化,需要与之相应的社会背景。"同时,她指出,自己的研究对象不再是"都市中产阶层的全职主妇",而是"既要承担家务劳动责任,还要从事其他工作的兼职主妇"。这或许说明了矶野的"真实感受",但对比她最初的问题意识,则是一种倒退。毕竟无论家庭主妇是否有工作,"主妇劳动为何是无偿的"这一根本性问题由她本人提出,而该问题准确把握了"全职主妇化"的时代趋势。

贝蒂·弗里丹于1963年著写了《女性的奥秘》一书。书中提到的大众社会化现象以及家庭主妇的"无名问题"(unnamed problem)在美国日益普遍。但直到经济高速发展期结束,与之相似的情况才在日本流行开来。

从女性劳动的视角来看,20世纪60年代是未婚女性劳动市场确立的时期。1960年,21～25岁的女性劳动力比例为30%,且年龄越高,比例越低。那么根据婚姻状况划分的女性劳动者构成比例如何呢？1962年的数据显示,未婚女性占55.2%,超过半数;而丧偶或离异的已婚女性占12%。即劳动市场中共计近七成的女性,都是婚姻之外的女性,她们或没有踏入婚姻,或失去了配偶。而这种情况在1975年发生逆转,同时女性受雇者的平均年龄也有所上升。

根据年龄划分的女性劳动力比例显示,1970年20岁到24岁的女性参加劳动的比例达到了70.6%。个体业主的女儿在毕业后到结婚前暂时出去工作,也成为一种人生常态。至少在60年代,女性的就业是"结婚前的片刻驻足",她们只要工作就不结婚,结了婚就不工作。这成为一种"社会共识"。比如"结婚离职制""（男女）差别退休制"这种所谓的职场惯例,在70年代职场女性发起接二连三的法庭诉讼之前,也一直被认为是理所当然的。60年代是主妇化的时代,女性被"结婚后便成为家庭主妇"

这一"常识"所支配。[1]

"主妇劳动"的价格

"主妇劳动为何不产生价值？"提出这一问题的矶野深谙经济学家的家务劳动观念，即"主妇劳动不产生价值"或"主妇劳动虽然有用，但不产生经济学上的价值"。即便矶野表示"我丝毫没有打算要推翻经济学家们已形成的共识"，但她还是不满足于专家们的回应。

矶野在论文中反复解释自己只是经济学的门外汉："我只是把日常生活中持有的疑问和感想说出来向各方讨教""虽然挑战专家学者的主流说法如堂吉诃德般莽撞，但有机会贸然提出疑问也是门外汉的特权"。可见，矶野踏足自己未曾涉猎的领域时，倒有几分自傲和自觉。

> 我希望专家们不是执着于论证"地球为何不转动"，而是要说明看似没有在转动的地球为何实际上是转动的。
>
> ［矶野，1960（上野编，1982：Ⅱ 17）］

矶野批判"专家们针对主妇所下的结论过于简单"，并指出，"正是这些已经解决的问题……才有必要从根本上重新进行探讨"［矶野，1961（上野编，1982：Ⅱ 105）］。她向社会科学的"客观性"提出疑问："没什么比由无意识的偏见所掌控的'公平'更可怕的了。"［矶野，1960（上野编，1982：Ⅱ 2）］

"主妇劳动为何不产生价值？"针对自己提出的这一问题，矶野的回答如下：

---

[1] 关于20世纪60年代女性劳动的动向，请参考竹中（1989b）与上野（1990）。

（1）主妇的家务劳动不产生价值并非由家务劳动的属性决定。由用人或家政服务人员从事时，家务劳动可以产生价值。

（2）丈夫的劳动力被当作商品出售，所以实际上妻子的家务劳动推动了"这种劳动力商品的生产"。

（3）就如农家的无偿劳动源于农村家庭共同体的属性那样，家庭成员的劳动不被认可为个人的劳动；而将丈夫的劳动力看作同蔬菜、大米一般的商品，却认为家庭主妇的家务劳动是无偿的，这也与妻子在现代家庭内的身份（属性）密切相关。

（4）可见，并非家务劳动不产生价值，而是其产生的价值不被认可。资本家以妻子的劳动不纳入丈夫劳动力的价值中为由，将家庭主妇创造的价值窃为己有。

这一论断包含了之后娜塔莉·苏可洛夫（Sokoloff，1980 = 1987）总结的"前期马克思主义女性主义"的全部内涵。特别是矶野将主妇劳动的无偿性，归因于类似农家等家庭内部生产方式中的非市场性身份契约关系，这一点与克莉丝汀·德尔菲的家务劳动论（Delphy，1984 = 1996）惊人地相似。

矶野认为，"可以确定的是，对资本家而言，家庭主妇是不具备生产性的劳动者"，并基于此提出这样一个观点："在资本主义社会，主妇的劳动价值不被资本家认可，但这并不意味着主妇在本质上是非生产性的存在"［矶野，1960（上野编，1982：II 22）］。

问题在于，这种"生产性的劳动"为何被置于劳动市场之外，又为何被资本主义认为是毫无价值可言？矶野的疑问与之后马克思主义女性主义的研究框架基本重合（Kuhn & Wolpe eds.，1978 = 1984；Sokoloff，1980 = 1987、1988 = 1994）。

"战争已过十五载,各研究领域都应将日本妇女问题纳入其研究范畴。"[矶野,1960(上野编,1982:Ⅱ 22)]矶野之所以如此表述,是因为意识到"虽然男女平权已经确立,但'妇女问题'并未消失"。存在于"现代"的性别歧视,并非源于"封建残余"或"心理问题",而是脱胎于"现代"的资本主义制度对女性劳动的榨取所致。从矶野的这番说明中可以看出,她的思想已然接近战后社会科学范式转换后的新范式。

水田珠枝立即对矶野的论文作出回应,她也在《朝日期刊》上发表了一篇名为《主妇劳动的价格》的论文。文中,水田也提出了这样的疑问:"我们周围充斥着商品化现象,但将主妇劳动排除在商品之外,到底是为什么?毕竟这一劳动由社会近半数的人群承担,是女性多少做过一些或即将从事的劳动。"[水田,1960(上野编,1982:Ⅱ 34—35)]对此,她的回答是:"资本主义社会的运行有赖于不被视作商品生产活动的主妇劳动,并从中获取了诸多利益。"水田采用了"生存工资"论,认为"就像由劳动者生产的剩余价值没有交到劳动者手中,而是进了资本家的腰包那样,主妇劳动的剩余价值也不知去向,并没有交还给主妇",因此至少部分主妇劳动是"无偿劳动"的。基于此,她针对"主妇的无偿付出"部分,提出了应设置全社会给予主妇补偿的"主妇养老金制度"。

不论是问题的指向性还是局限性,水田的这一想法都与70年代前期马克思主义女性主义者玛利亚罗莎·达拉·科斯特(Mariarosa Dalla Costa)和谢尔玛·詹姆斯(Selma James)等人的"家务劳动有偿化"要求十分接近(Dalla Costa & James,1972 = 1986)。但是,"家务劳动有偿化"这一要求一经提出,便立刻面临理论及实践上的难题,即"由谁支付,支付多少?"的问题。我在《父权制与资本主义》中已经探讨过计算主妇劳动"价格"的实践性问题,此处不再赘述(上野,1990)。即使依据"劳动的强度""熟练度"等标准设定好合适的"价格",也还剩下"由谁来支付"这个问题没有解决。水田对此提出了三种方案。第一是由企业支付，第二是丈夫，第三是国家。就第一种而言，在企业看来，已婚男性与未婚男性的劳动生产性并无差别，因此没必要向家有无业妻子的已婚男性支付高额报酬。至于第二种"夫妻共产制"方案，矶野的批判正中要害。

> 这种做法并非男女平权，也不能在逻辑上证明妻子拥有独立的人格。我认为它实际上是一种夫妻一体论，或者说是对世袭制体系的一种保护性方案。
>
> 〔矶野，1961（上野编，1982：Ⅱ93）〕

而水田最富现实意义的方案是第三种——"主妇养老金制度"，但这一方案也在论证阶段就遭到了诸多质疑。首先，从日本经济的现状来看，附带新型税收的福利法案难以成立。其次，有人认为"这是将主妇的职业选择局限于家务劳动的一种保守思想""是从根本上将女性禁锢于家庭，且使职场女性地位下降的一种不合时宜的要求"。除此以外，尽管水田没有写明，但也有人批评说，让那些双职工家庭的男性雇员以及职场女性承担全职主妇的保险费是不公平的。[1]

水田在提出"主妇养老金制度"的文章中还补充道："主妇养老金制度并不是解决女性解放问题的最终手段。"因为在不远的将来，主妇劳动会不断减少，"夫妻工资总额"将成为家庭收入中不可或缺的重要部分，所以水田事先就已说明，"主妇养老金制度"的提案不过是历史过渡期的一种战略而已。

---

[1] 1986年的养老金制度改革中的"三号被保险者"问题，直接涉及这一争论。所谓"三号被保险者"，是指二号被保险者（正规职员）的无业妻子，免缴保险费且拥有个人养老金获得权。这项制度被称为"全职主妇优待政策"，而改革的结果并没有让配偶为无业主妇的丈夫增加养老金负担额度，因此负担转移至其他劳动男女身上。人们认为这是不公平的制度，屡屡将其提上养老金制度改革的议程，却不了了之。

许多主张"家务劳动有偿化"的人，同样面临理论及实践层面的困难。之后，也有人像达拉·科斯特那样，主张这一要求不过是向社会宣告家务劳动价值的一种战略。然而这场总部在伦敦的运动，终因无法提出具有可行性的实践方案，于70年代起日渐式微。

1995年北京世界妇女大会召开之后，无偿劳动论再次引发国际关注。大会《行动纲领》建议各国将女性的无偿劳动纳入国民经济核算体系中，而日本也采纳了这一建议。经济企画厅向全职主妇询问"您的家务劳动价格是多少？"（1997），并依据她们的回答得出结论：其家务劳动的年估值为276万日元。虽说如此，却依然没有解决由谁来支付这笔钱的问题。

马克思主义者的回答

"我们周围充斥着商品化现象，但将主妇劳动排除在商品之外，到底是为什么？毕竟这一劳动由社会近半数的人群承担，是女性多少做过一些或即将从事的劳动。"［水田，1960（上野编，1982：Ⅱ 34—35）］水田的这个疑问与70年代由马克思主义女性主义强而有力地"向马克思主义提出的女性问题"（woman's question to Marxism）如出一辙。而针对该问题，"马克思主义者作出的回答"（Marxist answer to woman's question）在日本和欧洲也惊人地相似。

对矶野的批评可分为以下四种。

第一种批评指向家务劳动的"劳动力商品生产说"，称其试图将马克思主义理论植入家务劳动的研究框架本身是错误的，是对初级经济学理论无知的表现。

第二种批评虽然承认问题设置的合理性与家务劳动的有用性，但原则上始终认为家务劳动不产生价值。进而这类论述又出现了不同变种，如"家务劳动有用但不产生价值";"家务劳动产生使用价值,但不产生交换价值";"家务劳动不产生剩余价值,因此对资本而言不具有生产性";等等。

第三种批评认为"主妇的劳动力并非商品",因此承认家务劳动的价值意味着"让主妇成为被雇佣的劳动者"。

第四种是战略上的批判,认为矶野的学说强化了主妇天职论及都市中产阶层的保守意识。

以下将按顺序进行讨论。

第一种批评以高木督夫(当时为日本法政大学经济学教授)为代表。

> 矶野的家务劳动价值论的核心,是揭示了劳动力商品为(家务劳动这种)劳动的产物。……然而劳动力商品并非劳动的产物。劳动力的消费属于劳动,而所谓劳动力的生产,乃是劳动者与其家人的生活本身。生活位于劳动之外,即劳动力消费过程之外。……为了生产劳动力,即为了生存,需要一定的生活资料。而为了创造生活资料,就必须在社会上付出必要的劳动。这些劳动决定了该劳动力的价值。也就是说,生活资料的价值通过生活转换为劳动力的价值。
>
> [高木督夫,1960(上野编,1982:II 73-74)]

矶野同意道,"我也不认为劳动力商品由家务劳动所生产",并进一步提出,家务劳动属于那些"能创造生活资料价值的劳动"。高木还指出,"如果家务劳动产生价值,那么我们不得不承认睡眠或娱乐也产生价值"。矶野对此再度进行反驳,称其将睡眠或娱乐等"无法转移至他人的活动"与家务之类"可转移至他人的活动"混为一谈,而这种论调恰恰反映出一种"视夫妻为一个不可分割的单位"的立场,即将妻子的活动与丈夫的"生活"相统一,将"妻子的人格纳入丈夫的人格之中"。

事实上,将家务劳动视作问题,意味着将家庭拉下"爱的共同体"这一神坛,揭露家庭内部成员之间资源与权力的分配不均。"夫妇一体"的神话一直以来遮蔽了妻子的家务劳动问题,而将这一神话奉为圭臬的,是那些既得利益者,即男性。

那么,如果假设"家务劳动生产(丈夫这种)劳动力商品"呢?正如水田所记录的,就算是假设,也会立刻引来夸张的嘲讽:"我就好像被人驯养的鸬鹚或戏耍的猴子,一旦拿到薪水便全部上交。妻子才是家庭的实际掌权者。"[水田,1960(上野编,1982:Ⅱ 28)]

不论是在实践方面还是在理论方面,我们都能对这种世俗的普遍想法予以反击。第一,关于夫妻间权力关系问题,大量的实验数据已证明,决策权在夫妻之间分配不均(现实中,丈夫更加有利)。第二,即使假设妻子掌握实权,但丈夫被分配到的往往是正统的权力,而妻子被分配到的是非正统的权力,并不受任何法律保护。因此,这种"实权"仅仅是维持良好夫妇关系的私权,关系一旦破裂,妻子便没有任何保障。正如渡边多惠子所言,"孩子在学校被教育'爸爸和妈妈的工作都是平等的',但一回到家却被父亲反驳道,'爸爸工作赚钱,但妈妈却没赚一分钱,并不相同'。孩子便会对现实心生困惑"[渡边多惠子,1960(上野编,1982:Ⅱ 49)],而这种事情时常发生。

第二种批评主要由日本共产党人士在《妇女民主报》上展开。据《朝日期刊》编辑部的整理,论争"始于评论家岛津千利世在本报1960年6月号上发表的《妇女劳动无价值论》,接着上杉聪彦(7月17日号)、庆应大学教授黑川俊雄(7月24日号)、小林登美枝(8月21日号)、原田二郎(9月11日号)等从各自立场主张无价值论"[1][朝日期刊编辑部,1961(上野编,1982:Ⅱ 129)]。

---

[1] 《解读主妇论争(全资料)Ⅱ》中附有详细的文献目录,请参考。

这酷似70年代欧洲家务劳动论争中马克思主义者的回应。据卡鲁津斯卡（Eva Kaluzynska）对家务劳动论争的整理概述所示，对于"资本主义体制从无偿家务劳动中获取了物质利益吗？"这一问题，当时有以下四种回答。第一，回答"是"，认为家务劳动生产了劳动力商品。第二，回答"否＆是"，认为家务劳动虽然是非生产性的，但却是可以生产价值的劳动。第三，回答"是＆否"，认为家务劳动生产价值，但这种价值属于使用价值而非交换价值。第四，回答"否"，认为家务劳动并不被包含在对资本主义体制的分析中（Kaluzynska，1980；上野，1990：117—118）。马克思主义者回答的多样性，体现出他们试图将家务劳动归入马克思主义式分析之努力程度的不同。

在20世纪60年代的日本与70年代的欧洲，马克思主义阵营一方出现了完全相同的反应。对此，需要追溯日本马克思主义的历史和文化背景。日本马克思主义立足于德语原著的注释学研究，其水平甚至超越了德国，在国际上遥遥领先。如果说苏联经由列宁主义与斯大林主义后，修正主义式地篡改了马克思主义的阐释；那么日本的马克思主义则忠实于原著，并坚定地站在原则主义的立场。因此，如果固守马克思的文本，日本马克思主义者们将会反复说出原则性的答案："家务劳动没有价值"，并且对于矶野谦逊的请求——"我想请专家们指点迷津"，他们则会用呼之欲出的傲慢回答道："你对于马克思主义一无所知，所以才会出现这种错误的论调。"

第三种批评认为矶野的论述旨在使主妇成为"被雇佣的劳动者"，而这种批评也是因误解所致。如矶野所言，其"研究对象是主妇的劳动，而

第四章　"劳动"概念的性别化

非劳动力"[1]；也如高木所说，她并非"试图将资本主义家庭产业中的雇佣劳动关系套用于主妇身上"。原因有三：第一，夫妻关系不是雇佣关系；第二，资本家并非与妻子结成雇佣关系；第三，使雇佣劳动关系成立的必要的劳动市场并不形成于夫妻之间（矶野并未指出这点）。妻子并不是在资本主义意义上能够自由出卖自身劳动力的"自由劳动者"，因为即使对雇主或雇佣条件不满，妻子也无法自由更换雇主，其劳动力的转移备受限制。

矶野的论述被误解为是欲使主妇成为被雇佣的劳动者，而基于这种误解的言论及其反驳，在主妇论争中可谓屡见不鲜，因为这一问题最能打破被排除在市场原理之外的"爱的圣域"之神话。由于这种"经济还原主义"伤害了家庭主妇的自尊，所以除了男性之外，也招来了主妇当事人们极其强烈的排斥。公共劳动与私人劳动的分离是造成女性受压迫的根源，然而悖反的是，这种性别差异也给予了女性部分权力与身份认同。

第四种批评将矶野的论文贴上"保守言论"的标签，使其遭受了"来自所谓进步妇女运动阵营一方（例如《妇女民主报》对矶野论文的一系列抨击），尤其是劳动妇女们的批评"。对此，高木表示了深切的同情与理解。

> ……进步的妇女，尤其是团体化的妇女劳动者之所以批评这篇论文，最主要是因为她们认为这篇论文让家庭主妇们安于现状。……从主体来看，妇女劳动者的运动及理论存在弱点，即无法很好把握家庭主妇的现实情况。换言之，察觉并批判其运动及理论的主体性弱点，成为矶野论文的底蕴所在。
>
> ［高木笃夫，1960（上野编，1982：Ⅱ 70）］

---

[1] 矶野以注释的方式补充道："我在校对时已经十分注意二者（劳动与劳动力）的区别，但刊登在《朝日期刊》时却把标题错写成了'劳动力'，应为'主妇的劳动'，特此更正。"［矶野，1961（上野编，1982：Ⅱ 100）］

高木认为矶野的论文直击"社会主义妇女解放论"的理论与实践的弱点，其"直觉"十分准确。事实上，在社会主义妇女解放论之下，恩格斯所说的"全体女性重新回到公共劳动中去"这种解放战略也盛行于彼时。如矶野所言，"如果将'家庭主妇与劳动妇女'区分开来，认为'如果妻子不走出去直接从事生产劳动，就无法与丈夫相提并论'的话，家庭主妇就像是被妇女解放所抛弃的前世遗物一般，难免会感到丢脸和自卑"［矶野，1960（上野编，1982：Ⅱ 7）］。高木基于"发展史观"对此表示理解，称矶野论文的优点在于发现了"家"的现代化，在此之前，劳动妇女并未关注到这一问题。但讽刺的是，历史过程中实际展现出的主妇形象，既不是"前现代的遗物"，也不是"家"所体现的迟来的现代化之产物。毋宁说，60年代才是女性"主妇化"的时代，而矶野早在大众普遍成为家庭主妇之前，就开始研究作为"现代化"产物的"新中产阶层"之主妇问题。也正因如此，"在职场艰苦奋斗的妇女们"本能地对矶野作出的自觉高人一等的"阶层式"反驳，便具有了历史性意义。"妇女并不一定能通过进入职场获得解放"，矶野的论述不仅一语中的地说出了劳动妇女在职场中的真实感受，也让她们对其阶层基础的脆弱性产生了危机感。

矶野发现自己的文章被误解为"为中产阶层的全职主妇维持现状提供正当理由的论述"，不禁困惑不已。她表示，自己的真实意图与之相反，愿与自己的批评者同忧共患。接着，矶野为自己辩解称，自己的研究对象并非"全职主妇"，而是既卸不下家庭责任，又必须从事雇佣劳动的"兼职主妇"，试图搭建起连接"劳动妇女"与"家庭妇女"的桥梁。但是，从她最初提出的问题来看，其辩解不得不说是种退步。

原因有二。第一，矶野所论述的"家务劳动"与"雇佣劳动"的双重负担，在之后的80年代被樋口惠子称为"新型性别角色分工"，但在矶野论文发表的 1960 年还未完全成为现实。[1]第二，"新型性别角色分工"不过是一种新型压迫形态，仍源于家务劳动被排他性地分配到女性身上。而主妇劳动问题的起点，正是女性排他性地从事的无偿家务劳动。

另一方面，"感觉难以忍受家务劳动的重担，是在主妇既卸不下家务劳动的责任，又要承担其他工作之时"——矶野的这种"真实感受"也有其根据。正如前文所述，女性选择的增加及"机会成本"的上升，才使"主妇家务劳动为何无偿"成为一个问题，而不再是理所应当之事。

被迫沉默的女人

日本家务劳动论争，即第二次主妇论争，虽因一些专家的介入而偃旗息鼓，但仍留有未解之谜。矶野第一次在专家面前心生自卑。

> （我的论述）基于"如果主妇劳动产生价值"这一假设之上。原本我提出的疑问是"为何其不产生价值"，但就自己的经济学知识而言，我只是通读了三遍《资本论》第一卷且再无读过其他著作，故而没有资格对经济学理论指手画脚。
>
> ［矶野，1961（上野编，1982：Ⅱ 97）］

由此矶野表明，如果专家们宣称"主妇劳动不产生任何价值"，那么她便立即退出论战。

但在矶野自己进行总结之后，毛利明子（时为小田原女子短期大学讲师）同样表达了不满："劳动力价值与主妇劳动的关系，这一作为中心课

---

1 以婚姻状况划分的女性劳动者比率显示，60 年代时已婚女性占三成，而婚姻之外的女性占七成，如未婚者、离婚者与丧偶者。而这种情况在 60 年代后期出现逆转。有关"新型性别角色分工"，请参考樋口惠子等：《研讨会：女人们的现在及未来》，《世界》，1985 年 8 月号。

题的疑问，在长达一年的数次讨论中从未被直截了当地摆上台面，从未被阐明得让人心服口服。"［毛利，1960（上野编，1982：Ⅱ107）］进而，她指出原因在于"经济学理论的薄弱"。田中丰子（时为日本兵库县劳动研究所成员）也表示，矶野与水田"二人论文的意义在于……指出了必须以经济学理论或社会科学的视角，阐明主妇的家务劳动或妻子的无偿劳动的本质"（田中丰子，1960）。对于毛利和田中而言，这些问题丝毫未被解决。

矶野针对自己的论述表示："坦白说，对于将主妇劳动与《资本论》相结合的正确性，我并非不持怀疑态度。《资本论》所讨论的问题的确未包含主妇劳动。"［矶野，1961（上野编，1982：Ⅱ102）］1981年，海蒂·哈特曼表述了同一事实："马克思主义没有关注性别问题。"（Hartmann，1981＝1991）虽然两人都指出了这一问题，但矶野认为可能是自己将主妇劳动纳入《资本论》这一问题架构有误；而哈特曼则断言，是马克思主义无法解决家务劳动问题。而后者的范式转换具有重要意义。

这场日本第二次主妇论争使家务劳动成为"问题"，挑战了既有理论的缺陷，在问题架构与论点广度等方面均已达到70年代欧洲家务劳动论争的水平，但终因遭到专家否决而宣告退场。之后，论争看似偃旗息鼓，但仍有女性不断在暗地里表达不满："加上补贴家用的工作，我干的活比丈夫多得多；但就是因为丈夫挣得多，总感觉我被包养着。"［渡边多惠子，1960（上野编，1982：Ⅱ49）］但她们在公开场合却"被迫沉默"。

十年后，发生于20世纪70年代的欧美家务劳动论争，成功挑战了家务劳动问题。以女性的沉默而告终的日本主妇论争，与要求完善马克思主义理论的欧美家务劳动论争有何不同？在80年代，竹中惠美子同样指出，"相较于欧美马克思主义潮流中活跃的MF［马克思主义女性主义（Marxism Feminism）的简称］讨论，日本则十分低调"，并认为"孕育出欧美国家的 MF 的基础是阿尔都塞之后的新马克思主义，即马克思主义文艺复兴（Marx Renaissance）潮流"。在此基础上，竹中引用久场嬉子的观点，指出导致两者情况不同的其中一个原因，即"日本作为马克思主义经济学研究的领先国家，反而阻碍了马克思主义理论的发展。一方面，他们难以接受敢于不断自我变革的欧美马克思主义；另一方面，传统马克思主义的准则使他们曲解了马克思主义女性主义"。[1]（竹中，1989b：3）60 年代教条式马克思主义的盛行反而将日本孤立于世界潮流之外。

但事实不仅如此。造成二者差别的最大原因，是 60 年代至 70 年代之间出现的世界变革，即第二波女性主义的登场。基于"个人即政治"的标语，意图将"经验政治化"的女性主义提出了理论革新的重要性——如果"女性经验"无法与"理论"相契合，那么与其割裂"女性经验"，为其强行套上男性创造的"理论"，不如指出这种无法说明"女性经验"的"理论"本身就是错误的。

80 年代的家务劳动论争

进入 80 年代后，在欧美马克思主义女性主义的影响下，日本围绕家

---

[1] 久场还指出了日本其他两点特殊性："一是日本自身的父权制结构与性别分工体制异常坚固；二是日本经济的高速发展实现了令人惊讶的超工业化，导致鲜有学者将女性受压迫问题追溯至资本主义体制，而是从反近代、反工业社会的视角进行分析。"（久场，1987）对于第一点，我本人并不认为日本的父权制与其他国家相比"特别顽固"。关于第二点，由于激进女性主义（radical feminism）流派也曾将性别歧视还原至非资本主义的因素，所以日本并不算特殊。若说特殊之处，我觉得值得一提的是，较之于欧洲的女性主义，日本及美国女性主义关于"马克思主义女性主义的讨论十分低调"。苏可洛夫与哈特曼不过是特例，她们受到了欧洲的影响；但日美两国并没有像欧洲的马克思主义女性主义那样，形成包括论争在内的紧密知识闭环。这是因为在日美社会中，多数女性主义理论家并非在以马克思主义为社会理论的环境中成长起来。美国是因为不存在马克思主义，而日本恰是因为主流传统的马克思主义具有过于顽强的支配力，从而阻碍了女性主义理论家从中诞生。而正如竹中所说，欧洲马克思主义的"马克思主义文艺复兴"为欧洲马克思主义女性主义对传统马克思主义的革新做好了准备。

务劳动的讨论结束了长时间的沉寂而再度掀起热潮。80年代包括我本人在内（上野，1985b；1990；1992），关心女性无偿劳动问题的论者们悉数登场，例如水田珠枝（1991）、久场嬉子（1987），还有马克思主义阵营的渡边多惠子（1960）与伊藤节（1992），以及妇女劳动经济学家竹中惠美子（1989b；竹中＆久场编，1993）等。年轻的男性学者则有社会学家濑地山角（1990a；1990b；1994a）与立岩真也（1994；未刊行）、经济学家伊田广行（1994）、哲学家细谷实（1994）。经济学领域中，还有如山崎馨（1992）与矢野俊平（1994）等学者真诚接受了马克思主义女性主义的问题意识，将其作为对自身研究的一种挑战。此外，大泽真理（1993a；1993b）、伊田久美子（1992）、足立真理子（1987）及古田睦美（1994）等人对理论建构作出了贡献，"家务劳动论争"目前仍在持续。

我们可将错综复杂的讨论内容分为以下六个部分。

（1）仍然从传统的马克思主义立场出发，认为马克思主义女性主义的讨论是对马克思主义理论的"误解"或者"误用"，认为其对"马克思主义的批评"无法构成"批评"，因此无须将其作为真正的对手。（伊藤、矢野）

（2）与前者相反，从现代主义的立场出发，否定马克思主义女性主义

所主张的男性对女性"无偿劳动"的"占有"或"剥削"。[1]（落合&落合、立岩）

（3）质疑将"父权制"概念作为社会理论的妥当性。（濑地山）

（4）接受马克思主义女性主义的问题架构，在此基础上却再次试图将其统一于一元论的经济学理论框架中。（竹中、伊田）

（5）在从私有父权制到公共父权制的理论探讨中，学者试图整体阐释资本主义制度下的"原始积累""国际分工"等问题，它们均割裂了劳动力性别。（古田）

（6）强调"国家"的作用，认为其是决定性的第三方行为主体，但此前却没有被包含在由"市场"与"家庭"的二元论所组成的马克思主义女性主义理论框架内。（大泽、足立）

"家庭主妇"或"家务劳动"被视为学术研究的正统课题，且吸引了男性学者也参与其中，可谓80年代的一种新动向。从中不难看出，女性主义思想对学界影响极大。限于篇幅，本文无法将80年代的"家务劳动"

---

[1] 落合仁司、落合惠美子在合著论文《父权制是谁的利益？——批判马克思主义女性主义》（1991）中，得出"父权制不存在物质基础"的结论。但这只不过是对马克思主义女性主义过度简单化的一种批评，例如，他们未能理解劳动"占有"概念，并将"物质基础"简单还原为"经济利益"。进而，他们还将市场与分配均衡机制画等号，持有一种对近代经济学市场原理的过度乐观主义。第一，市场并非一味追求"帕累托最优"。不存在"纯粹的市场"，现实中有许多非经济要素也介入市场。第二，父权制不是"帕累托最优"，但并不表示父权制"不能成为男性利益"。是否"成为男性利益"须立足于"男性以什么为利益"（他们以此定义了"权力"），只要他们认为货币资源比时间资源更"有价值"，并"偏爱"这种分配差距，那么他们就能从这种"不合理"中"获得相对利益"。第三，即使证明父权制不是"帕累托最优"，也无法证明"父权制不存在物质基础"。山崎馨（1992）从经济学视角出发，详细且确切地指出了他们的问题。

两位落合的论述完全没有触及"帕累托最优"中的核心问题——存在多个最优点，因此论证极不充分。第一，实现追求竞争均衡、相互牵制并寻求利益最大化的经济行为，怎么会是女性主义的目标呢？……两位落合的论述也可用于解释奴隶与奴隶主，前者单纯被迫劳动而无任何闲暇时光，后者完全不劳动且随心生活。借用他们的话来说，奴隶制度存在之时产生"帕累托最优"，双方可共同在最优点获得利益，因此奴隶制度不存在"物质基础"。可是得出这一结论又能解决什么问题呢？（山崎馨，1992：88）

论争事无巨细地进行探讨，只能点到为止。不过，尽管女性主义思想在社会科学的诸多领域批判以男性为中心的知识体系，经济学却是最少应战的一个领域。更确切地说，它是最难将女性主义的挑战正视为挑战并欣然应战的学术领域，这一点相比于政治学或法学有过之而无不及。这是因为该领域中女性学者数量最少，但更主要的原因是，在经济学这个领域，不论是马克思主义经济学还是现代经济学，其理论自成一体，故而较为封闭。但即便如此，其中也不乏接受"女性主义挑战"的经济学者。例如，矢野俊平试图逐一纠正我本人对马克思主义的"误解"，但也在此基础上指出，经济学"丝毫没能说明为什么只有女性承担'再生产'劳动（家务劳动），以及为什么她们作为被雇佣的劳动者时也备受歧视"，也就是说，矢野承认了"女性主义这个异类"对"经济学的超越性批判"。他说："女性主义提出了不同于传统马克思主义或新古典派经济学的劳动论及'价值'论。"（矢野，1994：420）

重构"劳动"概念

20世纪80年代新的历史语境，使"家务劳动"问题再次浮出水面。如果说60年代日本社会的变化是形成了"未婚女性的劳动市场"的话，那么70年代至80年代的变化则是形成了"已婚女性的劳动市场"。当时未婚女性劳动市场已接近饱和，所以70年代以"女性进入职场"为名而步入职场的，大多是结束了育儿期的中老年女性。她们曾处于全职育儿期，即M字形就业曲线[1]的低谷期。1983年，已婚女性占劳动力的比例突破

---

[1] 按年龄层划分的日本女性就业比率数据的曲线出现两个峰值，即呈现M字形，故名"M字形就业曲线"。她们通常在大学毕业至结婚前参与工作，之后多由于结婚生子而辞去工作，就业率下跌；育儿期结束后，她们再次选择外出工作，就业率再次上升，又达到另一个峰值。该曲线反映了大多数日本女性在不同年龄段的就业选择。——译者注

50%；1985年，女性劳动者的平均年龄超35岁，其中已婚率达59.5%；到了1992年，全体女性的劳动力比例超过了五成。"男主外，女主内"的"性别角色分工"不再流行，取而代之的是妻子背负起有偿劳动与家务劳动的"双重负担"。1985年，樋口惠子将这种新型性别歧视命名为"新型性别角色分工"。

问题在于，"女性进入职场"丝毫不意味着女性地位的上升。"劳动主妇"成为普遍现象，即一方面，女性被认为是职场中的"二流劳动力"；另一方面，她们还得百分之百地背负家务重担，丝毫不指望丈夫会为自己分担。在1973年石油危机后的产业结构转换期，企业雇用女性的规模急剧扩大，但其主要是雇用女性打零工，以促进就业形式的多元化发展。"劳动市场的灵活性"主要适用于女性，然而最终却是以"多元化"之名行"低工资、不稳定就业"之实，造成了"女性劳动的边缘化"（上野，1990；Ueno，1987、1989、1990）。

1970年，女性劳动者中打零工的人数比例已达12.2%，并在产业结构转换期不断上升，于1993年达到30.7%。"女性的生活与展望论坛"的数据显示，"超过八成的兼职从业者为女性，这个数字在过去20年内增长了近五倍。其中，接近八成女性已成婚，即'兼职=已婚'的等式基本成立"（1994：34）。而且，其间男女工资差距也不断扩大。假设男性工资为100，女性工资在1970年为42.8，1978年升至56.2，但好景不长，1990年回落至49.6。其主要原因为女性劳动趋向兼职化。始于1975年的"联合国妇女十年"间，日本男女工资差距反而不断扩大，这种情况在各工业强国中实属罕见。

1993年刊行的大泽真理《超越企业中心社会——从"性别"视角解读现代日本》（1993a）一书，详细追述了1973年后产业结构转换期中劳动市场的性别重构过程，运用"职业的女性化比率""性别分离指数"等多个变量，深刻揭示了"女性进入职场"即意味着"女性劳动边缘化"的现实。资本主义的发展不但丝毫未能瓦解劳动力性别的固有结构，反而造成了新的性别歧视。

在"新型性别角色分工"之下，女性"有偿劳动"与"无偿劳动"的双重负担沉重不堪，甚至超过了因长时间劳动而闻名的日本男性劳动者群体。大泽在该书中引入"有收入劳动"与"无收入劳动"两个类别，依照日本总务厅的社会生活基本调查数据，比较男女"有收入劳动"和"无收入劳动"相加后的"二次活动"[1]时间总额，并指出"若要讨论劳动是否过度的问题，则应首先讨论兼顾家务（无收入劳动）与工作（有收入劳动）的妻子的长时间劳动"（大泽，1993a：116）。

> 若根据劳动收入的有无，分别观察1986年夫妻与孩子一家三口的生活时间分配情况，会发现平日里"劳动"时间最长的是双职工家庭的妻子，其"二次活动"的时间每天超过10.5小时。其次是无业妻子的丈夫，近10小时。而双职工的丈夫为9.5小时。……全职工作的丈夫与全职工作的妻子的二次活动，即社会劳动时间的差距，一周超过了10小时，那么一年便为500小时以上。妻子明显是劳动时间更长的一方。夫妻一同全职工作40年的话，二者的社会劳动时间差距将会超过2万小时。……若将其折算成"劳动"时间，则意味着妻子多"劳动"了10年。[2]
>
> （大泽，1993a：109）

---

1 睡眠和饮食等生理上必需的活动被称为"一次活动"，工作和家务等经营社会生活时强制性较高的活动被称为"二次活动"，而在每个人的空闲时间内自由进行的其他活动则被称为"三次活动"。——译者注

2 此处大泽之所以在"劳动"上打了引号，是因为经济学界在概念上未达成共识，大泽认为家务劳动属于"无收入劳动"，而大多数经济学家则不认为家务劳动是劳动。

随着"劳动主妇"的增多,女性感觉到家务劳动的负担不断变重,并经由外出工作意识到"机会成本"的问题。另一方面,由于社会急速的老龄化,照护老人成为无偿家务劳动中难以坚持的一项。于是,所有无偿家务劳动均由女性承担的日本家庭,变得岌岌可危。

令人感到讽刺的是,80年代在女性之间出现了一场阶层分化,全职主妇的地位反而有所上升。"女性进入职场并非解放,而是双重负担",随着这一现状逐渐明晰,"全体女性重新回到公共劳动中去"的传统社会主义妇女解放论的战略遭到了质疑。不论是1985年加纳实纪代与提出"职场总撤退论"的江原由美子之间的"总撤退论争"(加纳,1985;江原,1988b),还是大桥由香子、小仓利丸的《工作/不工作/女性主义》(小仓&大桥,1991)一书,均肯定了"劳动"的重要性,但不再认同"劳动即解放"这一天真的想法。

1985年,日本《男女雇用机会均等法》(以下简称《均等法》)颁布,女性表面上被给予了"与男人同等工作"的机会。然而《均等法》在法律上存在缺陷,在实际运用中也存在问题,加上90年代由于经济长期不景气,公然违反法律的事件接连发生,所以正如多位学者指出的那样,该法显然不具有法律效力。不过,其也带来了一定的"效果"。《均等法》使一部分享有特权的女性,在"综合职务"[1]岗位上实现了"与男性同等工作",从而悖反地揭示出这样一个问题——"像男人一样工作"究竟需要什么特殊条件?(Ueno,1990)

大泽将性别视角引入"劳动"概念中,以指明之前的"劳动"概念是多么偏袒男性。

---

[1] 在日本,综合职务指代企业的核心职务,负责综合职务的人常被作为后备人才培养,未来有可能担任企业管理的要职。一般职务则指代辅助性的职务,通常辅助综合职务处理各类事务,一般职务大多由女性承担。——译者注

>"一般劳动者"的说法看似不包含"性别"要素，但实际上，它指代的是将与人类生活随影而行的家务劳动负担转嫁至妻子身上的男性户主，他们是极为"特殊"的群体……如果女性既要承担家务劳动又必须在外工作，是其进入劳动市场的特殊条件的话，那么我们理应认为，无须考虑家庭责任便可在外工作的男性，其进入劳动市场的条件也同女性一般"特殊"。
>
> （大泽，1993a：75）

在此之前，男性学者的理论装置默认了性别歧视，将女性劳动视作"特殊案例"。因此正如大泽所言："我们应该反省其理论缺陷……战后日本社会科学研究的主流体系中，缺少性别的视角。"（大泽，1993a：78）

一直以来，"男女平等"与"工作机会均等"同义，"男女同工同酬"被视为原则，然而其在现实中并未能实现，从而出现了"可比价值"（comparable worth）[1]，即同值同酬等概念（Sokoloff，1988 = 1994）。1989年阿莉·霍克希尔德（Arlie Hochschild）指出，女性除有偿劳动之外，回家后还要上"第二轮班"（second shift），即"职场妈妈不下班"（Hochschild，1989 = 1990）。在看似是"男女平等的发达国家"的美国，也直到此时才将"家务劳动"作为一个问题公之于众。另外，朱丽叶·斯格尔（Juliet Schor）指出，美国人的劳动强度不断变大，"有收入劳动"与"无收入劳动"相加后的总劳动时长不断增加（Shor，1992 = 1993）。而早已将"家务劳动"视作问题的日本学者则十分清楚其与有偿劳动的关联，如果无视"无偿劳动"的性别分配不均问题，将无法实现"职场"中的"平等"。

从"家务劳动"概念中生发的讨论，如今指向了劳动概念的重构、劳

---

1 指男性与女性所从事的职业虽不相同，但所做的劳动有同等价值，则应获得相同的薪资。——译者注

动组织的重组、家庭的变革以及对国家的反思。这些问题是向父权制国家、市场、企业及男性发起的挑战,而不再仅限于被特殊化了的"女性领域"内部。20世纪60年代开始的日本家务劳动论争,终于在30年后宣告了现有经济学研究的无能,并开始逐步使其瓦解。

第五章　"家庭"的世纪

引言

家庭是永恒的吗?

因为"家庭"过于多样,所以人类学家早就放弃了对其进行定义,而社会学家则围绕家庭的普遍性,试图给出最小限定范围的定义。该定义一是关乎家庭的结构;二是关乎家庭的功能。

就家庭结构而言,社会学家将"母子对偶组"与"性对偶组"结合[1],设定了"核心家庭"这一家庭最小单位。换言之,通过婚姻和血缘联系起来的不同性别及代际的集团成员,是组成家庭最小单位中不可或缺的部分。在家庭社会学的传统中,家庭因婚姻而成立,又因婚姻的解除而解体。一旦设定了最小单位,其他家庭类型就可以用若干个最小单位,即多个性对偶和母子对偶的组合来进行说明,从而出现了扩大家庭、父系直系家庭、联合家庭等多种家庭形式。

另一方面,在家庭的功能上,社会学家定义了与核心家庭这个最小单位相应的、最小限度的功能。根据著名的帕森斯定义(下文详述),核心家庭所发挥的最小功能是"儿童的社会化功能"和"成人的情绪稳定功能"。

---

[1] "对偶"是社会学的专业术语,指"两者关系"。任何复杂的关系都是由两者关系复合而成的。

第五章 "家庭"的世纪

前者对应母子对偶组,后者对应性对偶组。不过,"儿童的社会化功能"目前仅限于儿童三岁前的第一次社会化,且其社会化的负责人仅限于母亲,可谓"现代"以来的特殊情况。而"成人的情绪稳定功能"中则默认包括"性满足"。可是在制度性婚姻中,追求伴侣间情绪上的满足的历史并不久远,而"性满足"成为婚姻的必要条件也不过是现代以后才出现的。由于"性满足"成了婚姻的必要条件,所以"性(性格)不合拍"或"不履行性义务"才会成为离婚理由。

只有性对偶组而缺乏母子对偶组的集团,在社会学定义中不能被称为"家庭"。因此,也有学者从功能角度将家庭定义为"(人口)再生产制度"。但"再生产"活动既可能出现在家庭内部,也可能出现在家庭外部。如果将"再生产"置于优先地位,那么便可以将"家庭"进行最广义的界定,即只要存在母子对偶组便都可称为"家庭"。不过如此一来,"核心家庭"的定义也就随之解体了。

虽然母子对偶组被认为是生物学上的结合,但母子对偶组与性对偶组之间可以没有必然联系。[1] 也就是说,母亲正统的(即得到社会承认的)性伴侣,会被称为"父亲"。人类学研究从一开始就将"生物学上的父亲"(genitor)和"社会学上的父亲"(pater)区分开来。而"社会学上的父亲"可以不是母亲的性伴侣。在母系社会中,"母亲的兄弟"扮演着"社会学上的父亲"的角色。换句话说,所谓亲属结构的规则,无非是追究生下来的孩子归属于谁的规则,其并不追问谁才是真正的生物学上的父亲。"核心家庭"理念认为,母亲的性伴侣"是"或者"必须是"孩子的"生物学上的父亲",但这在人类学中只不过是家庭的一种特殊情况而已。

---

1 "母子对偶"也没有生物学上的必然性。在"收养""寄养"等"交换孩子"的现象频发的地方,"母子对偶"是人为设立的。在这种情况下,"母亲"不过是养育者,因而也没有必要将其性别限定为女性。

关于非西方社会的诸多人类学研究，以及近年来备受瞩目的家庭社会史研究，不断对公认的"家庭"概念发起挑战。家庭史研究不仅赋予其"现代家庭"（modern family）的名称，试图将其"历史化"（historicize），还指出这一概念中存在"西方中心主义"（euro-centrism）思想。于是，"家庭"之普遍性理论无论在空间上还是时间上，都逐渐被相对化。我们也因而得以进一步探讨"元理论"，即在现代西方围绕"家庭"的普遍性展开的极度热烈的讨论，究竟是为何产生的，以及如何产生的？

如前所述，围绕"家庭"普遍性的讨论，一关乎结构，二关乎功能。此外，还有不能忽略的一点，即"家庭"是"人伦"的基础。这样的家庭背负着过于沉重的伦理负担，而这种对"家庭价值"（family value）的赋予，使相关讨论变得禁忌化、复杂化。因此，在谈及"家庭"时，任何人都无法心平气和，往往容易做出过激反应。然而，阻碍家庭"成为问题"（problematization）的这种过度情绪反应，恰恰体现出"家庭"这一意识形态的深入人心。

结构——"核心家庭"的普遍性

"核心家庭"（nuclear family）一词现已成为日常用语，但它最初是由人类学家默多克（George P. Murdock）创造的"专业术语"（technical term）。默多克设计了被称为"HRAE"（Human Relations Area Files）的人类文化之跨文化比较项目列表，而他身处的时代也是人们相信人类学研究之普遍性的"幸福"时代。

在人类学的亲属理论中，"家庭"（family）概念出现较晚。因为学者很难从"亲属"（kinship）中提取出"家庭"，且"家庭"和"亲属"的边界常常发生变化。我们所认为的"家庭原型"，即居所统一、血脉相连，且满足"单婚核心家庭"条件的"现代家庭",在人类学的亲属理论中不过是极个别的特殊现象。

核心家庭由单一且排他的性对偶组构成,其在日常用语中被表述为"由夫妇及其未婚子女组成的家庭"。之所以加上"未婚"这一限定,是因为其以"单婚核心家庭"的排他性为前提,即不允许存在一个以上的性对偶组。因此,子女自结婚那刻起,便与父母的家庭分离了。

"现代家庭"以"婚姻结合"为前提,家庭社会学也沿袭了这一概念,但从人类学的角度来说,婚姻,即性对偶组,并非家庭成立的必要条件。即使不存在婚姻,母子关系也可以成立,且在大多数母系社会中,母亲的性伴侣并不被视为家庭成员。性对偶组本身既可以存在于婚姻之中,也可以存在于婚姻之外;可以是单一的,也可以是复数的。将婚姻视作"家庭成立"条件的家庭社会学的这一定义,本身就深受现代家庭观和婚姻观的影响。[1]

人类学家也开始使用"核心家庭"这一概念的背后,暗含着摩尔根之后的亲属进化模式。在从"原始群婚"开始,经过"对偶婚""一夫多妻",直至"一夫一妻"的婚姻进化模式中,潜藏着把"一夫一妻制"(monogamy)视作人类史最高发展阶段的进化论观念。而现代西方之所以将一夫一妻制视为婚姻规范,是因为其西方中心主义的思想,他们将自身视为人伦的最高发展阶段。

---

[1] 在1996年发行的最新版《家庭事典》(弘文堂)中,有"家庭的定义"这一词条。其中写道,户田贞三在《家庭构成》(1937)中对家庭的定义是:"家庭是以夫妻及亲子关系为中心的近亲,在感情上紧密融合的共产的共同体。"喜多野清一在《家和同族的基础理论》(1976)中给出的定义为"以夫妻结合为核心,联结其直系亲属的小团体"。而森冈清美等家庭社会学者也继承了"以夫妻结合为核心"的这一"家庭"定义。词条的撰写者住谷一彦说:"很明显,如果没有家庭的本质主义规定,任何家庭研究都无法取得充分的理论成果。"(比较家庭史学会,1996:130)但我们有必要质疑的是,阻碍家庭之多样性研究的恰恰是这一"本质主义规定"。

摩尔根基于对夏威夷和北美洲原住民亲属名称的研究而提出的"原始乱婚""群婚""对偶婚"等概念，存在研究对象的混乱问题，其实质是研究者认知的混乱，这在当下看来明显是西方中心主义的产物。[1]而默多克一派的普遍主义，则将"核心家庭"作为操作概念并使其普遍化。默多克认为，依据统计数据，核心家庭不仅在采集狩猎社会和工业化社会中很是普遍，在以复合家庭和直系家庭为规范的社会中也广泛存在。但是，核心家庭这一概念所具有的效果却不尽相同。默多克把"家庭"这一单位当作可观察的实体，[2]代入至亲属、家庭、代际等区别不甚明确的对象领域里。在默多克的研究预期中，我们可以看到现代(西方)家庭概念的根深蒂固性。

"家庭"系统论——帕森斯与弗洛伊德

现代西方家庭被社会学和人类学视为普遍模式，而近年来，家庭的社会史研究对其进行了历史化分析。例如，肖特（Shorter，1975 = 1987）和斯通（Stone，1977 = 1991）等人将其命名为"现代家庭"，并在历史的脉络中将其相对化。拉斯莱特（Laslett & Wall eds.，1972）等学者则根据历史人口学研究的数据，主张即使在工业化之前的前现代，欧洲核心家庭（即现代家庭）也在数量上占据优势。同样的情况在前现代以及战前的日本也得到了证实（盛山，1993）。就连在明治时期的"家制度"下，即几代同堂的直系家庭占统治地位的时代也是如此。统计显示，无论在家庭周

---

[1] 比如，摩尔根以夏威夷土著居民和北美印第安人的亲属称谓体系为对象，以"母亲"和"母亲的姐妹"、"父亲"和"父亲的兄弟"的称谓没有区别为根据，推论当时兄弟姐妹之间实行的是群婚（group marriage）。但这不仅违背事实，而且是基于亲属类别上名称与日常称呼混淆的错误推论。实际上，小孩完全可以区分"母亲"和"母亲的姐妹"。这个错误论调的背后隐含着"从蒙昧到文明"的摩尔根进化模式。

[2] 前田坪内（1977）很早就基于东南亚家庭研究提出了这样的问题：真的能明确"核心家庭"的边界吗？乍一看是"核心家庭"，其实无非就是高度开放的几个家庭联合体中的一部分。

期、平均寿命，还是新生儿数等方面，核心家庭都具有优势。因此，人类学的亲属结构论（认为前现代是直系家庭时代），没有使用"统计模型"（statistical model），而是使用了"理念型"（Ideal typus）（韦伯）和"规范模型"（normative model）。列维—斯特劳斯从"统计模型"中区分出"机械模型"（mechanical model），认为只要直系家庭出现率达三成，就可以被视为模型（Levi-Strauss，1958 = 1972；中根，1970）。[1] 不过，核心家庭在不同历史阶段、不同文化地区的出现率之高，为其"普遍性"提供了依据。

社会学借用了默多克的"核心家庭"概念，提出核心家庭是所有社会结构的最小单位的假说。系统理论代表人物塔尔科特·帕森斯（Talcott Parsons）基于这一假说，设定了阶层结构，包括整体社会系统、中间集团系统、家庭系统和人格系统（Parsons & Bales，1956 = 1981）。因 AGIL 图式[2] 而闻名的帕森斯结构功能主义理论，随着其提倡者的去世而失去了追随者。社会学虽然经历了"宏大理论之死"，但系统理论本身还是被卢曼（Niklas Luhmann）等人继承了下来。不过系统理论这一"形式"里包含了什么样的"内容"，则是另一个问题。

在基于 AGIL 图式的家庭系统中，父亲是"实权型领导"，母亲则是"表面型领导"。女性主义社会学早已批判过帕森斯这一命题中的性别歧视问题（田中和子，1987），但这不过是次要问题。即使消除了系统内的"性别不平等"，系统的封闭性也并没有消除。毋宁说，性别平等的核心家庭是"更理想的"家庭系统。问题是，在系统和单元的层级结构中，家庭总

---

[1] 即从"统计模型"看前近代也以核心家庭为主，而"理念型""规范模型""机械模型"则认为前近代是直系家庭时代，两者的观念相反。——译者注

[2] 帕森斯社会系统理论认为，这些系统在其运行的过程中，必须协调有序地发挥适应功能（Adaptation）、目标达到功能（Goal-attainment）、整合功能（Integration）、潜在模式维持功能（Latency pattern maintenance）这四种基本功能，即 AGIL 框架。——译者注

是被视为社会结构的最小单位,这一假说本身就值得怀疑。

很明显,帕森斯受到了弗洛伊德的影响。弗洛伊德确立了人格系统的发展理论,在以人格系统为单元的家庭系统中,发挥"行动者"(agent)作用的是核心家庭的成员,即父亲、母亲和孩子。母亲成为孩子"自我"(ego)的最初欲动对象;父亲则成为将"快感原则"置换为"现实原则"的压迫者,即"超我"(super-ego)的代理人。不过,从发展过程来看,情况则正好相反——"超我"才是"父亲"的代理人。而缺乏这三种行动者的家庭,在人格系统发展方面被视为"功能不全的家庭"(dysfunctional family)。此处,家庭的最小定义——母子对偶组和性对偶组的结合,也被视为"家庭"之所以成为"家庭"的必要条件。

系统论者认为系统不断"裂变",直至分裂成不可分割的个人,并依据社会生物学决定论将其进一步还原为DNA。不过,帕森斯的社会系统论并没有将个人视为独立变量。毋宁说家庭是个人人格系统的解释变量,同时也是更上层的社会系统的解释变量。换言之,"家庭"被理所应当地视为前提条件。

在弗洛伊德理论的影响下,人类学的文化与人格学派发展了"将家庭作为社会结构的解释变量"的观点。人类学承认人类文化中家庭的多样性,但其有取代生物学本质主义而陷入一种文化本质主义的倾向。文化本质主义相比DNA更注重生育经历,具体来说,吮吸乳汁和排泄的训练被看作人格系统乃至社会结构的决定因素。以弗朗兹·博厄斯为代表的文化与人格学派的学者——包括本尼迪克特和玛格丽特·米德在内,都受到弗洛伊德理论的熏陶。只要想想他们是带着怎样的"使命"前往田野的,我们就能发现弗洛伊德学说对人类学领域产生的巨大影响(Mead,1949 = 1961)。马林诺夫斯基也通过阅读罗海姆的著作,深受弗洛伊德理论的影响。他前往南太平洋,是为了寻找名副其实的"南太平洋的俄狄浦斯们"

（Malinowski, 1924）。他依照弗洛伊德理论开展田野调查，并将弗洛伊德假说的普遍性作为"参照框架"（frame of reference），描写了特洛布雷昂岛民的"特异性"。

这种社会结构的"家庭还原说"，在人类学中被进一步凝练，最终形成了一种决定论。这点可以从许烺光（Francis L. K. Hsu）的《比较文明社会论——宗族、种姓、俱乐部、家元》（Hsu, 1963 = 1971）以及受其影响的学者的比较文化论中看出。许烺光以家庭为社会结构的最小单位，根据亲子关系和同胞关系中占优势的一方，进行了家庭的类型化，即归纳出家庭的纵向优势类型和横向优势类型。既然人格系统是在某个家庭类型内形成的，那么比家庭更上层的社会集团，均可以被解释为是这个类型的延伸。也就是说，他提出了以家庭为最小单位的同心圆型社会结构的假设。

很多名著受到了许烺光的影响，比如中根千枝的《纵向社会的人际关系》（1967）——其英译本出版于1970年，英译名很是直白，为"Japanese Society"，以及滨口惠俊的《日本特点的再发现》（1977）。像土居健郎的《"娇宠"的构造》（1971）这类精神分析专家的日本文化论自然也属于家庭还原说，而村上、公文、佐藤合著的大部头书籍《作为文明的家社会》（1979）也以系统论之名，将亲属结构作为解释社会系统的变量。

近期，就连伊曼纽尔·托德（Emmanuel Todd）的《新欧洲大全》（Todd, 1990 = 1992）[原名为《发明欧洲》（*L'Invention de l'Europe*）] 也使用了家庭还原说，可谓文化本质主义色彩浓厚。人类学家托德借鉴了最新的家庭社会史研究，否定了西方社会中核心家庭的普遍存在性。他一方面援用来自盎格鲁-撒克逊的理论——"地域化"（"家庭"普遍学说在被"历史化"的同时，也确实需要被"地域化"）；另一方面还是述及了家庭结构（认为其即便经过现代化的社会变迁，但仍是五百年来稳定的、长期持续的社会制度），即将家庭的类型化作为解释变量，对社会结构乃至后冷战后的意识形态结构进行了大胆的尝试性分析。托德所使用的解释变量，表现为财产继承上的家庭结构内部纵向型、横向型关系，即"亲子关系是权威主义的还是自由主义的""同胞关系是平等主义的还是非平等主义的"。以这两条坐标为基础，家庭类型被划分为四类：直系家庭、共同体家庭、绝对核心家庭和平等主义核心家庭。在直系家庭中，亲子关系为权威主义，同胞关系为非平等主义；共同体家庭中亲子关系为权威主义，同胞关系为平等主义；绝对核心家庭中亲子关系为自由主义，同胞关系为非平等主义；而平等主义核心家庭中亲子关系为自由主义，同胞关系为平等主义。其地域分布，按顺序依次与北德（直系家庭）、斯拉夫及地中海地区（共同体家庭）、英国（绝对核心家庭）、法国（平等主义核心家庭）相对应。由此，他还引出了"自由主义亲子关系"社会意识形态化的"自由"和"民主"，以及"平等的同胞关系"社会意识形态化的"平等"和"联合"（名为"博爱"的集团主义）。在托德看来，"自由"与"平等"的不可兼得是现代的痼疾，而真正能解决这一痼疾的，只有"平等主义核心家庭"所分布的地区，也就是法国。即使我们暂不追究这种说法的文化帝国主义特征，其解释变量也存在问题——构成这四种类型的亲子关系和同胞关系被认为是独立变量，但它们却无法被其他变量所说明。

面对家庭还原说的泛滥，与其去验证其各种理论的真伪，不如诘问其背后的假设：究竟为何会认为家庭是社会结构的决定因素？家庭是从何时开始成为具有如此排他性、绝对性的社会构成单位的？

功能——"儿童的社会化功能"与"成人的情绪稳定功能"

前文已经提到，帕森斯将核心家庭的最小功能设定为"儿童的社会化功能"和"成人的情绪稳定功能"。从学术角度看，其前提是母子对偶组和性对偶组在理念上的统一,即母亲的性伴侣同时也是孩子生物学上的父亲,孩子的生物学上的父亲与社会学上的父亲一致。换言之,由父亲、母亲和孩子组成的"神圣家庭",即爱、性和生殖三位一体的单婚核心家庭被视为不言自明的存在。

然而,以社会心态为研究对象的家庭社会史研究告诉我们,无论是"儿童的社会化"还是"成人的情绪稳定",均非家庭的普遍功能,而是历史的产物。菲利浦·阿利埃斯(Aries, 1960 = 1980)和伊丽莎白·巴丹泰尔(Badinter, 1980 = 1981)等人认为,现代家庭的特征是"儿童中心性",并论证了母性也是历史的产物。中世纪的家庭对子女并不十分关心,子女的死亡率颇高。他们指出,现代化带来的人口增长,不仅仅是因为卫生状况和营养状况的改善降低了婴儿死亡率,更重要的原因是,人们对孩子的关注发生了变化。而"成人的情绪稳定"(也是"性满足"的委婉说法)功能的生成,有着爱德华·肖特(Edward Shorter)所说的"浪漫革命"的推动(Shorter, 1975 = 1987)。人们以"爱"的名义选择配偶,从而形成了符合工业社会的个人主义婚姻。而且"恋爱结婚"(love marriage)的概念,把恋爱和结婚这两个长久以来不相容的观念结合在一起,实现了历史性的突破。(井上俊,1976;上野,1995)。

米歇尔·福柯在《性史》(Foucault, 1976—84 = 1986-87)中,列举了现代西方社会的四种性装置。第一是儿童的性教育化(pedagogization of children's sex),第二是女性身体的歇斯底里化(hysterization of women's bodies),第三是生殖行为的社会管理化(socialization of procreative behavior)或家庭的性化(sexualization of the family),第四是性的病理学化(medicalization of sex)或性反常的精神病理学化(psychiatrization of perversive pleasure)。以上四种装置分别衍生出"禁止孩子自慰""压抑女性性欲""马尔萨斯式夫妇"和"性倒错"。"家庭的性化"也被称为"夫妻的情欲化"（eroticization of a conjugal couple）。性的满足具有排他性，必须在婚姻之中、夫妻之间寻求，因此，夫妻之间的性满足成为婚姻的"最高命令"（imperative）。现代的性话语中描述了婚姻里的性满足及性技巧，着实令人讶异。（荻野，1994）。

随着性被封闭在婚姻之中，"正常的性"与"不正常的性"之间也被划分出界限。"正常的性"是指公认的夫妻之间以生殖为目的的交媾。因此，婚姻外的一切性行为，与生殖无关的性活动，从同性恋到自慰，从口唇性交到肛门性交，甚至连前戏，都被看作"变态""异常"的行为。清教主义中充满现代的性压抑元素，在清教主义盛行的美国，直到最近，部分南部州还有将口交和肛交视为"犯罪"的法律。如果性满足成为婚姻的目的，那么不能得到性满足的婚姻就是错误的婚姻，便应该解除。婚姻与性的结合，具有如此强烈的排他性，这在历史上恐怕还未曾有过。对于性成熟的男女来说，正确的做法是从异性恋的交媾中得到快乐，如果无法获得这种快乐，就会对人格的发展产生某种阻碍。可见，左右"快乐应该是什么"这一问题答案的，并非性的病理学，而是性的政治学。

福柯将上述"压抑假说"归为四类并试图解构之，虽然他没有明确表示，但我们能看出，他的假想敌是弗洛伊德。因为用病理学术语将这四种"压抑假说"体系化的，正是弗洛伊德。

在弗洛伊德的理论中，家庭是儿子成为父亲、女儿成为母亲的再生产装置。[1] 如果我们假设弗洛伊德的俄狄浦斯情结普遍存在，那么母亲所生的每一个孩子都无法从俄狄浦斯的故事中逃脱。而且，弗洛伊德发明了"无意识"这一强大的解释装置，"无意识"由于原初欲望的压抑而形成，我们既无法论证其存在，也无法证其伪。于是，个人的所有心理现象都被还

---

[1] 家庭不仅是"人口"的再生产装置，也是家庭制度本身以及其中"人格""角色"等规范的再生产装置。

原成无意识，还原成由父、母、子三角形构成的俄狄浦斯故事。结果形成了一种颠倒的因果律，即当一个患者诉说自己受到了性骚扰时，精神分析师最先询问的竟是他的童年。

事实上，在非西方世界中，早就有学者对俄狄浦斯情结的普遍性提出了疑问。20世纪20年代，在弗洛伊德门下留学的第一位日本精神分析家古泽平作指出，俄狄浦斯情结不适用于相对缺乏"父亲压迫"的日本家庭，并根据佛教的传说提出了"阿阇世情结"这一概念。古泽在弗洛伊德那里提交的这篇论文一直无人问津，直到20世纪80年代，"日本人论"盛行时才被小此木启吾（1978）重新发现。古泽将"阿阇世情结"作为俄狄浦斯情结的文化功能等价物（cultural counterpart，functional equivalent）"发明"出来的原因，不仅在于他主张日本文化的特殊性，还源于他对西方中心主义的批判。如果说俄狄浦斯情结是通过"父亲的禁止"这一阉割恐惧来抑制欲望和形成超我的机制，那么缺乏这一机制的日本人，在人格发展上便缺乏确立"超我"的决定性契机，从而被认为是不成熟的、（伦理上）低劣的存在。古泽指出，在"超我"的形成中，除了"父亲的压迫"之外，还存在"母亲的自我牺牲"这一替代性条件，以此来对抗弗洛伊德的普遍理论中隐含的西方文化的优越性。

古泽的说法并非只与"日本特殊性"有关。在"母亲的支配"相对较强的南欧圈，也早就有人对弗洛伊德俄狄浦斯情结的普遍性提出过疑问。另外，古泽从印度佛教传说中选取了"阿阇世"这一神话人物，而"阿阇世情结"概念不仅在日本，在整个亚洲圈都被广泛使用。

早有学者指出，弗洛伊德学说带有性别歧视，从这一点上看，被视为弗洛伊德理论之母系版本的古泽说也同样如此。在儿子成为父亲的故事中，"压迫的父亲"与"自我牺牲的母亲"的"性别分工"乃是历史的产物，而正是这一历史产物带来了"现代家庭"中的性别分工。帕森斯所说的父亲（实权型领导）和母亲（表面型领导）的性别分工，也无非是以更加世俗的方式，将弗洛伊德式的家庭观置换为专业术语罢了。而且，帕森斯把"家庭"作为系统论的普遍概念，从而将"现代家庭"的特质去历史化。进一步来说，帕森斯提出的核心家庭的最小功能，即"儿童的社会化功能"与"成人的情绪稳定功能"中也包含性别歧视。这些"普遍性概念"看似不涉及性别，但我们只要追问其功能的提供者是谁？便会看清隐含其中的性别非对称性。在三岁之前的第一次社会化过程中，"儿童的社会化功能"明显专门由女性来承担，而"成人的情绪稳定（以及性满足）功能"也倾向于以丈夫一方的"满足"为衡量标准。艾米·博罗沃伊（Amy Borovoy）以这种需求和供给的性别非对称性为武器，对日本文化论中土居健郎的"娇宠"理论展开批判（Borovoy, 1996; Ueno, 1996）。在博罗沃伊看来，双方看似在"相互"提供"情绪满足"，但本质上绝不是对等的。

然而，问题不在于针对俄狄浦斯情结提出各种各样的替代方案，也不在于指出家庭系统内的性别非对称性。我们需要诘问的，是家庭还原说本身的合理性。家庭还原说认为，"父、母、子"这种单婚核心家庭中的童年经历，决定了之后的人格、性取向，甚至是伦理观，但为何这种说法会被认为是合理的呢？也就是说，我们需要质问家庭之自我完备性的逻辑及历史依据，即家庭何以独立运转，成为"儿童的社会化"和"成人的情绪稳定"的排他性的供给者？

伦理——作为"爱的共同体"的家庭

一些学者将家庭视为一个完整的系统，以及解释其他系统的前提，而赋予家庭以伦理责任则进一步强化了这种看法。黑格尔把家庭作为人伦的基础，弗洛伊德的"俄狄浦斯情结说"把家庭作为人格和伦理形成的根源。

而且,将家庭视为"爱的共同体"的观点,使家庭成为无法被进一步分割的融合性实体,我们因而难以从中提取个人作为分析单位,也很难将其中的性别非对称性和权力关系对象化。

在将家庭视为"爱的共同体"之观点出现以前,伯吉斯(Ernest Burgess)和洛克(Harvey J.Locke)已经提出"从制度家庭到友爱家庭"的假说。这一假说认为,制度家庭中包含着生产、保障、祭祀等多种功能,但这些功能随着工业化而不断"外化(社会化)",结果只剩下最小限度的两种功能,即上述的"儿童的社会化功能"与"成人的情绪稳定功能"。

在以工业化社会变动为前提而提出的这一假说中,包含着"友爱家庭"是历史产物的认知,其从反面证明了"友爱"并非家庭形成的必要条件。但同时,"从制度家庭到友爱家庭"的范式也暗含着家庭进化论的观点,即认为"友爱家庭"相对于"制度家庭"来说具有伦理优势。"友爱家庭"才是最纯洁的家庭,是家庭发展的最高形态。因此,没有"友爱"的"制度家庭"不仅是压抑的,而且是不道德的。

不仅如此,在寄托于家庭的情感被神圣化的背后,还存在着家庭世俗化的倾向及民族国家的诞生。"上帝已死"之后,只能在家庭情感及其延伸——家国之爱,即爱国主义(patriotism,也可译为乡土爱或爱国心)——中寻求超出个人的超越性伦理。本尼迪克特·安德森(Benedict Anderson)有力地论述了世俗化与"民族国家"这一"想象的共同体"的成立之间难以分割的关系(Anderson,1983 = 1987)。正如许多学者所指出的那样,在"家国"的意识形态下,"国家"模仿"家庭"而建立起来,反之亦然。民族国家互相参照,按照与他者类似的形象塑造了自己,所以"家国"的意识形态并非日本的专利。(伊藤干治,1982;Hunt,1992 = 1999;Surprisingly,1991、2000)

"友爱家庭"被普适化、去历史化,即将现代的事物反向投射至过去,认为其古已有之。在充斥着个人主义和残酷竞争的"法理社会"式的现代社会中，作为唯一的"共同体（礼俗社会）"，"友爱家庭"与过去的连续性被虚构，不再是现代的产物。在此，我们可以追问社会学中最基础的一对概念，即礼俗社会（gemeinschaft）和法理社会（gezelschaft）的由来。社会学是"现代化"这一社会变动的产物，是记述和分析这一变化的学科，并因此烙上了深深的历史印记。滕尼斯（Ferdinand Tönnies）为了描述现代社会而创造出了"法理社会"的概念，并将无法被囊括在内的剩余部分命名为"共同体（礼俗社会）"，与虚构的过去关联，实现了"传统的发明"（hobsbaum & ranger，1983 = 1992）。而社会史研究则证明，中世纪和前现代包括家庭在内的共同体也同样具有制度性和契约性，也就是说，共同体与法理社会并非二元对立的关系。与"自然"之于"人工"、"田园"之于"都市"一样，滕尼斯试图在"法理社会"中发掘"共同体"这一怀旧的产物，虚构出其与"过去"的关联。而近年来与情感相关的社会学研究指出，怀旧是对现代的一种条件反射。因此，我们可以将怀旧定义为"应激"（不安）情绪的产物。

一旦"对家庭的眷恋之情"被神圣化为"人伦的基础"，我们便难以与之抗衡。"家庭"是主体性和身份认同的基础、道德的源泉、个人主义的基石，同时也是超越个人的价值基础所在。只要在"家庭"一项中加入"神""自然"等家庭以外的要素，就会明白将家庭神圣化是多么荒谬。而"家庭"拥有如此排他性的特权，并非久远之事。

如此，与其说"家庭"是"一种现实"，不如说它更像是一种"规范"。这种"规范"具有遮蔽家庭"现实"的效果。而且，这种效果甚至带有强制力，即我们如果想要质疑家庭内的压迫性和权力关系，则必须首先表明自己承认并信奉"家庭"的价值。女性主义者因揭露"现代家庭"内部的父权制压迫问题而被冠以"家庭破坏者"的污名，但事实恰恰相反。女性主义者的家庭研究指出，"家庭"可能成为"暴力的温床"，揭示出家庭内部暴力是"现代家庭"自律性（或称为封闭性或孤立性）的产物。

结论

"现代家庭"的历史化研究出现于"家庭"的解体期。正因为"现代家庭"的普遍化、规范化言说不再有效，历史化才成为可能。仔细想来，一直以来的"家庭"研究都在"颠倒因果"，"家庭"本应是被说明的对象，却反而变成了用于说明的变量。这种解释体系一旦确立，论证其中各类解释之合理性的"常规科学"（normal science）就会诞生，形成新的研究门类，且无人会追究其诞生的原因。所以，我们需要说明的是，这种"颠倒"究竟是如何发生的？

不过，以上表述并不意味着还原主义，我们无须溯源至"个人""DNA"等，将它们作为"家庭"的替代性变量。另一方面，以上表述也不意味着决定论，即以"普遍性社会系统"的优越性为前提，将下层系统全部视为上一层系统的函数变量。例如，将"现代家庭"视为"工业化"或"民族国家"之函数变量的观点，忽略了"工业化"及"民族国家"成为"普遍性社会系统"的历史脉络。"国民经济""民族国家"成为高层级的封闭系统，是历史之产物，与现代家庭的历史化同步。近来，后殖民式的民族国家研究还提出了历史语境的复合性，即无法在一国史观的框架内讨论民族国家问题。

在"家庭"内部发生的事情，也并非只有"家庭"参与。例如，弗洛伊德所研究的"人格发展"模式，就牵涉到家庭以外的多个变量。当涉及"伦理"和"性"时更是如此。文化与人格学派的研究，反而证明了人格成因无法还原为童年经历。家庭绝不是社会的最小单位，社会结构也不是以家庭为中心形成的同心圆结构。正如近年来的行动者网络理论所示,每个行动者可同时面对多重维度的场域。而且,各场域之间未必总是相互协调,也会出现矛盾或对立。

"家庭"不仅在理论上,而且在实践上也存在问题。无论是在家庭内部还是在家庭外部,均会发生"再生产"活动。也就是说,人即使离开家庭也能生存下去。在"现代家庭"成为封闭性、排他性的存在之后,"没有家庭就活不下去"的想法才成为事实。我们常常把结果误当作原因,但这也正是"家庭"话语所产生的意识形态效果。

如此,我们可以把"家庭"诞生的"现代"相对化,因为它严重束缚了人们的行动和思想。而今后,人们或许会将20世纪,称作"家庭"的世纪。

第六章　日本的女性解放
——其思想及运动

日本女性解放运动的印象

"女性解放"一词，总让人觉得既虚伪又土气。臀部肥硕、举着标语牌四处游行的家庭主妇大妈们（这么表述或许不太合适），就是女性解放运动给人的印象吧。若是追根溯源，则会发现其与明治以来妇女解放运动中那些女斗士给人的印象不乏相似之处，她们通常外表中性且有些歇斯底里。[1]

[田中美津，《女性解放的个人视角》，1970（沟口等编，1992—95：Ⅰ 196）]

这一段摘录于田中美津1970年8月写下的文章。

江原由美子指出："很少有运动像初期的女性解放运动那样，因其主

1　1992—1995年间出版的《日本女性解放运动史资料》（全三卷）（沟口等编，1992—95）发挥了巨大作用。如若没有这一资料，岩波书店的选集《日本女性主义》（全七卷和别卷一）便无法完成。在感谢三位编辑的辛劳工作的同时，也要感谢出版商松香堂书店（女性书店）中西丰子女士的大力支持。本文是岩波系列第一册《女性解放运动与女性主义》的解说篇。此外，1993年，劲草书房出版了加藤秀一、坂本佳鹤惠、濑地山角编写的《女性主义文集》（全三卷）。作者在编撰《日本女性主义》时，尽量避免与《女性主义文集》的内容有所重复。在此建议大家同时参考这两个系列的著作。

张而引起社会各界反感的。"（江原，1985）就连日本女性解放运动当事人也对女性解放运动持否定印象，所以我们也就不难理解为何年轻女性如此反感女性解放运动了。20年后，从日本女性解放运动以后出生的年轻女性的口中，常常说出"女性主义太逊了"这样的话来。

日本女性解放运动受到了来自媒体的各种谴责、中伤、谩骂及谐谑，诸如"丑女联盟""不受欢迎的女人的歇斯底里症发作"等等。我们有理由怀疑，田中对"女斗士"抱有的负面印象，或许也是历史歪曲所致。一些颇有心机的女性为了撇清与女性解放运动的关系，会在开场白时说道"我不是女性解放运动者，但我是……"，女性之间因而产生了分裂。而如今，与之类似的，"与女性主义者不同，我……"也成为女性被赞美的一种表述。就这样，我们身处在令人焦躁的、被扭曲的现实之中。

要想从历史性的误解和扭曲中还原女性解放运动的真实形象，并传达给世人，唯有倾听女性解放运动者的心声。从那些阅读了女性解放运动原著的年轻人口中，我曾多次听到这样的感想："这和我所知道的女性解放运动完全不同。"而在对他们的"出乎意料"感到诧异之前，我想应当先诘问他们口中"我所知道的女性解放运动"之印象从何而来，由怎样的权力场形塑而成。

首先，我将对"女性解放运动"和"女性主义"这两个术语加以说明。通常，我们将20世纪70年代分为前半期和后半期，从1970年第一届妇女解放大会到1975年这段时期，为女性解放运动（women's liberation）时期；而1975年国际妇女年之后则称为女性主义（feminism）时期。前期的中坚人物自称开展的是"女性解放运动"，而后期的人们却不再使用这一说法。另一方面，"女性主义"一词早在第二次世界大战前便由"青鞜社"的女性们使用，历史悠久，且在国际上广为流传。

在日本，"女性解放运动"之所以被"女性主义"的说法所取代，首先是因为人们想要回避颇具负面印象的"女性解放运动"一词。但更重要的是，人们想要建立与二战前日本第一波女性主义运动之间的历史关联，并将日本置于全球第二波女性主义的浪潮之中。20世纪70年代前半期，在英美国家，历史感更强的"女性主义"（feminism）一词取代了原先的"女性解放运动"（women's liberation, women's emancipation）的说法。1975年以后，在"联合国妇女十年"内，由于女性主义得到了社会的认同，所以被一部分人视作一种将社会体制内化了的思想，与女性解放运动呈对立关系。也有学者，如江原由美子等，以1975年为界，提出1975年之前与其后存在"运动组织的交替和主体的交替"（江原，1985：108），强调"女性解放运动"与"女性主义"之间的断裂。还有些人故意称自己为"女性解放运动者"，她们宣称"我不是女性主义者，而是女性解放运动者"，以回应和反驳那些后来加入运动、刻意避开"女性解放运动"一词的人。但我想从包含女性解放运动在内的更广阔的视角，来理解女性主义这一概念。其原因有三：第一，女性解放运动的领导人在1975年以后也没有停止活动；第二，女性主义的倡导者直接或间接受到了女性解放运动的影响，并欲将其言语化，进一步扩大运动规模；第三，如此便可以将日本的女性解放运动置于国际语境中加以把握。

日本女性解放运动与现代

在对于女性解放运动的种种误解中，有一个误解至今仍存在，即认为女性解放运动"是一种女性要求男女平等，以期获得与男性同等权利"的运动。然而从女性解放运动这一术语来看，虽然其中包含"解放"一词，却出乎意料地没有出现"平等"一语。对于女性解放运动者来说，在二战后的改革过程中赢得的法律上的男女平等，已经是一个不言而喻的事实。

田中美津在《明治以来开展妇女解放运动的女斗士们的拙劣言行》一文中写道:"这是一条迂回的道路,但无论如何都要走一次,因为我们急切地想要获得有别于牲畜的、属于人类(即男人)的权利""在女斗士们愤怒的背影中,我感受到了同志般的情谊和身为女人的悲哀"。(沟口等编,1992—95:Ⅰ196)

日本女性解放运动提出的问题不同于之前的女性运动。我们之所以说在70年代以前,日本虽有"女性的运动",却没有"女性解放运动",是因为女性解放的范式在70年代发生了决定性的转变。在那之前,女性运动的核心人物是工会妇女部和社会主义运动中的女性,以及主妇联盟、母亲协会中的女性,她们是"想获得男性认可的"或"被男性允许存在的女性",扮演着"主妇""妻子""母亲"等"女性角色"。而在这些"精英女性""普通女性"背后,还有被排除在外的、被视为侮蔑和救济对象的女性——"娼妇"。

正因如此,女性解放运动者直接选择了"女人"一词,来取代"妇女""女性"的说法。女性解放运动者拒绝因制度造成的女性之间的分裂,她们认为,正是这种分裂深深撕裂了活生生的女人,所以,她们想通过"女人"一词来接纳自己的全部。[1]

1970年10月,田中美津写下《从厕所中解放》一文。该文作为最早的日本女性解放运动宣言,其中的肺腑之语至今仍振聋发聩。

> 无论在怎样的状况下,对于只能作为女人而生的我们来说,唯有通过不停追问"女人"这一概念,才能将"女人"转化成普遍的"人"。
> 〔团队作战的女性,《从厕所中解放》,1970(沟口等编,

---

[1] 田中和上野均反对性的双重标准,即将女性划分为圣女与娼妇,她们认为一个女人是这两种属性的结合体。——译者注

1992—95：Ⅰ 205；井上辉子等编，1994—95：① 49）]

虽然田中美津经常被作为女性解放运动的代名词，但这并不意味着女性解放运动仅围绕田中美津这一领袖人物展开。事实上，女性解放运动是由许多小团体组成的、缺乏核心和指挥者的运动。但不可否认的是，田中身体力行地参与了运动，成为70年代女性解放运动的重要代表人物之一。正因有田中美津，日本的女性解放运动才拥有了"发自肺腑的呐喊"。这个历史的偶然，我们应该称之为幸运。

"厕所"是男学生背地里对女学生的称呼，男性污蔑女性是其性欲处理机器，将发泄性欲比作在厕所排泄。在为学生运动搭建的街垒背后，一场年轻男女学生的"性革命"正在进行。在世界各地同时开展的学生运动中，政治与性同等重要。1968年的巴黎五月革命里，甚至出现了"性高潮对我来说和革命一样重要"的标语。

然而，"性解放"对于男性与女性的影响大相径庭。对男人来说，性经验是他们的勋章，拥有越多的性经验越是荣耀，但对女人而言，性经验却是一种污名（负面烙印）。在街垒背后，"随便与男人发生性关系的女性"在男学生内部被称为"公共厕所"。直到20年后的90年代，我才得知，这个词也是日军用来指代"慰安妇"的隐语。

"厕所"一词是对女性的蔑称，指代作为男人性欲对象的女人。"公共厕所"这一隐语在战争时期曾被用来指代"慰安妇"，而在新左翼学生运动时期，男性革命家私下里也将"随便与男人发生性关系的女性"称作"公共厕所"。（运动时设置的）街垒后方的所谓"自由性爱"，无非是"对男人来说方便的性爱"的别名。田中之所以使用"从厕所中解放"这一略带刺激性的话语，是为了表达其对恢复包括"性"在内的"女性整体性"的愿望。女性的整体性被由男性设定的双重标准，即"贤妻"和"娼妓"

所割裂。因为明确了女性解放同时也是"性"解放，所以女性解放运动与之前的女性运动迥然不同。

然而，这条"解放"之路，她们走得一点也不"潇洒"。田中因发现了"想被男人认可的自我"而惊慌失措，她只能背负起"女性的历史性"，从现在"真实的自我"出发，迈出艰难的一步。同时她断言，只有直面自己内心的"奴性"，只有在"纠葛挣扎"的"狼狈"奋战中，才能获得"解放"。人们常说，女性解放运动的语言"难以理解"，但那些话语中却寄托着她们真切的期望。身处在没有女性话语的现实中，她们试图用自己的方式将迄今为止未曾被言说的内容表达出来。

为何即使有平等，压迫也不会消失？为何女人不能只作为"女人"而活？为何"身为女人"本身便是一种耻辱？……这些疑问反映出对"转女成男"[1]式救赎的拒绝，即对"不被男性标准认可的女人无法生存"的观点提出疑问。

日本的女性解放运动从未以"男性化"为目标。不仅如此，运动者还深刻地意识到，社会按照男性的标准建立，故而若在其中以"男性气质"为目标，便是与工业社会的价值观同流合污，便会成为对亚洲他国的排外主义思潮和侵略行为的帮凶（在越南战争和日本《移民管制法》中可看出对亚洲他国的排外主义和侵略倾向）。

江原由美子就女性解放运动与现代的关系发表了下述观点，我深表赞成。

> 现代女性解放思想试图在"人＝男性"的框架中定位女性解放，而女性解放运动则在其进程中反其道而行之，她们于女性解放的框架

1　"转女成男"是中世纪的佛教术语，内含对女性的歧视思想，即认为由于女性存在五种缺陷，故无法成佛，只有在后世转生为男性后才能成佛。

里,对"人类解放"的逻辑展开批判,实现了范式转换。

(江原,1985:154)

本文试图解开以下四个关于日本女性解放运动的"误解",从历史的角度重新认识日本女性解放运动的特殊性。这四个误解分别是:(1)女性解放运动是一种外来的意识形态;(2)女性解放运动是"受害者正义";(3)女性解放运动是女版的新左翼运动;(4)女性解放运动是对母性的否定。

日本女性解放运动是舶来之物吗?

在对女性解放运动的众多误解中,下述这个误解被反复提及——(日本的)女性解放运动是对美国的模仿,是一种"舶来之物"。家庭社会学家有地亨在其90年代出版的著作中提到,1970年10月21日,即国际反战日当天,在日本,由"团队作战的女性"等组织发起了只有女性参加的示威游行。同时他声称,"在美国妇女解放运动的示威游行结束两个月后,女性解放运动终于开始在日本出现"(有地,1994:173)。这种想法的背后,不仅存在仇外保守派的陈词滥调,即认为一切负面的东西都来自国外;还存在着性别歧视,即不把女性视为独立思想的承载者。与女性解放运动相比,在60年代末广泛爆发的日本学生运动,虽然被称为"世界性的",却从未被视作"欧美的舶来品"。

女性解放运动之所以被误认为是舶来品,原因之一是采用了片假名词汇的表述形式(借用了英文说法)。但事实上,直到1971年8月举办"女性解放运动合宿"[1]之后,其核心成员才愿意接受这一名称。从那以后,运动的引领者们以"女性解放运动"为名,成立了相关组织,比如"女性

---

[1] 合宿指多人在一定的期间一起生活,进行共同的练习和进修等。——译者注

解放运动新宿中心""女性解放运动大会"等,但这并不意味着在此之前不存在女性解放运动。

日本"女性解放运动"诞生于1970年10月的示威游行,这几乎已成定论,不过当时她们尚未使用"女性解放运动"这一说法。直到翌年8月的"女性解放运动合宿"这一名称出现,才开始被积极使用。之后,在1972年5月召开了"女性解放运动大会",运动的负责人们多次将其称为"第一届女性解放运动大会"。但只因"第一届女性解放运动大会"的说法就将其视作运动的开端,并认为在1972年之前日本不存在女性解放运动的话,并不符合实际情况。这种误解源于将日本的女性解放运动视作舶来之物。但事实上,不论是女性解放运动的引领者,还是女性解放的思想,在此之前都早已出现。

"女性解放运动"一词最早出现于田中美津在1970年8月发表的《女性解放的个人视角:从自身出发》以及同年10月发表的《从厕所中解放》中。田中美津所说的"女性解放运动"是指"美国女性解放运动",她在著述中对其进行了批判。根据《日本女性解放运动史资料》所示,日本女性最早用"女性解放运动"表述自己,是在1970年11月"团队作战的女性"组织撰写的《从斗争女性到三里冢农民》中。不过她们采用了缩略语或带括号等的形式,显得不太自信。[1] 可以说,日本女性选择"女性解放运动"这一名称,有着迂回曲折的过程。

在1970年10月的《从厕所中解放》一文里,田中提到了"美国女性解放运动",但内容较为负面,比如将其视为"日本过去争取女性权利斗争的美国版本",认为该运动是"为了建立一个充满歇斯底里的仇视男性

---

[1] Women's lib 是 Women's liberation 的缩写,所以正确的日文译法应按照 Women's liberation 一词写作日文片假名。但由于对英语认知的偏差,最终 "Woman lib" 一词对应的日语俗称在日本扎根,并被略写为"lib"。

的女权国家"。日本男权媒体对美国女性解放运动的报道一直有失公允，常常将其歪曲，但即使不考虑这一点，1970年写下《从厕所中解放》的田中美津对美国女性解放运动的看法，也并非肯定的。美国女性解放运动存在着历史及文化的特殊性，其始于60年代的民权运动，旨在获得"如男性一般"的权利。对此，我们需要另文专述。

藤枝澪子在承认国际影响的基础上，指出女性解放运动"在工业化国家几乎是同时开始的"，并提出了以下四个女性解放运动的共同点：（1）工业化国家创造了庞大的中产阶级；（2）60年代世界范围内激进主义的高涨和新左翼运动的兴起；（3）既有女性运动的固化和形式主义化；（4）女性主导的信息网络和人脉网络的扩大。（藤枝，1985：47—48）

除了藤枝所指出的共性外，日本女性解放运动还有其个性。日本女性解放运动具有特殊的历史背景以及属于自己的声音和文体，而这些也被后来的日本女性主义运动和理论所继承。然而，即使到了90年代，仍然有男性学者指出："从20世纪60年代末到70年代开展的女性解放运动，虽然因部分过激的行动在媒体上引起了轰动，但运动本身却未能被理论化。"（有地，1994：174—175）对此我不禁感叹：看来要把女性解放运动从被歪曲的历史中拯救出来，还有很长的路要走。

"受害者正义"

女性解放运动还被误解为"丑女的歇斯底里"，或是高举受害者正义大旗的"怨妇的女权主义"。女性解放运动对于"受害者正义"的过度强调，是其引起世人反感的原因之一。而该负面印象又因"中避联"[1]的夸张行

1　"中避联"是"反对禁止堕胎的法律并要求解禁避孕药的女性解放联盟"的简称，"中"为"中绝"，表示堕胎；"避"表避孕药；"联"为联盟的意思。——译者注

为——头戴粉色安全帽，在男性职场进行游行示威，而被放大了。

"全共斗"世代[1]的两位男性批评家，竹田青嗣和小浜逸郎在《力量的思想》（竹田、小浜，1994）中，对这种误解进行了再生产。

> （小浜）：将女性歧视等同于民族歧视、残疾人歧视，认为自己是受虐者、弱者和少数群体，由此建立起牢固的连带意识。这是女性主义式教条的表征之一。
>
> （竹田、小浜，1994：146）
>
> （竹田）：女性主义者认为由于存在男女性别差异，所以女性在社会上处于不利地位，故而应否定性别差异本身。也因此，她们觉得不否定自身的性和诱惑性（女性性）是错误的。……可以说，我现在所说的这种极端女性主义仍旧停留在思想的旧制之中。
>
> （竹田、小浜，1994：150-152）

基于上述对女性解放运动（女性主义）的误解，他们批评道，"这种思维方式在根本上是错误的"（小浜），"我认为这是非常糟糕的推论"（竹田）。他们二人通过自己的想象捏造了所谓"女性主义式教条"，并按照自己的逻辑"推导"出了女性主义的逻辑。这不过是一种偷梁换柱式的攻击，即贬低批判的对象，将之转换成有利于自己的方式进行攻击。直接阅读过关于女性解放运动和女性主义的文本的读者们，一定无法理解为何会产生这种误解。这只能说明他们对女性主义的"无知"，或是"为了曲解而曲解"。而这种误解的盛行，正体现出了男性想象力的局限性及"思想旧制"的顽固性。

不过，女性解放运动者的主张也存在着复杂的一面。

---

[1] 指20世纪60年代后半期发生在日本的学生运动。——译者注

以"因为是女人所以被压迫"来将自己的立场普遍化,这样抽象的"女人"无处可寻……如果你认为女人斗争的出发点在于受害者意识,且止步于此的话,那你应该抛开性别看一看女性的斗争。当女人直面自己悲惨的一面时,能够清楚知道自己可以变得多么排外,在保护家、丈夫和孩子时可以变得多么丑陋。正因为意识到自己的"共犯性",才能审视自己与男人的关系、自己的婚姻、自己想要加入丈夫的户籍以确保妻子的地位等问题。女人倘若不了解自己根深蒂固的奴性,便无法开始反思这些问题。被压迫者与压迫者截然分离的社会并不存在,而战斗始于女性无法忍受自己的丑陋和悲惨之时。

[S·O,《我的自我批评:与以革命之名违背全学联第三十次大会主旨的核心派们的诀别和背叛》1971(沟口等编,1992—95:Ⅰ132)]

女性解放运动者认为"'军国之母'[1]和'从军慰安妇'支援了战争",也意识到作为日本人的自己侵略亚洲的罪责。与《从厕所中解放》一样,以下这篇文章也是最早提及日本是"从军慰安妇"加害者的文章之一。

我作为女性被压抑的性欲,作为压迫者(日本人)的丑陋,以及作为孤独的统治者的苦难与悲哀,并不是相互独立的存在,而是一个整体。……90%的日军"慰安妇"是朝鲜女性。……日本和朝鲜的"慰安妇"都是受害者,她们的女性属性本质上都被撕裂了。然而,日本"慰安妇"只不过因为自己是压迫方的日本人,就将自己与朝鲜"慰安妇"区分开来。通过这种区分,她们越陷越深,陷入无尽的深渊之

---

[1] "军国之母"是日本在军国主义时期塑造的一种女性形象,宣扬女性应当为国家的利益和战争需求作出牺牲和贡献,包括鼓励她们的丈夫和孩子参军并为国家献身等。这一形象与国家主义和军国主义思想紧密相连。——译者注

中。从她们身上,我看到了女性的、女性间的最为决裂的关系。

[佚名,《在全学联第三十次定期全国大会上表明与性歧视、排外主义斗争的决心》,1971(沟口等编,1992—95:Ⅰ 123;井上辉子等编,1994—95①:89)]

在加害与受害复杂交错的现实中,女性解放运动的话语不仅抨击了"压迫者",还抨击了依据受压迫程度不同来划分等级的"受害者正义"。

日本女性解放运动与新左翼

田中美津写道:"女性解放运动是新左翼怀胎十月生下的怪胎。"

有关女性解放运动的另一个误解是,女性解放运动的中坚力量为新左翼的女革命家、女斗士。女性解放运动的初期领导人中的确不乏原为新左翼的革命家,所以女性解放运动早期的文体十分生硬,从中可以窥见新左翼的影响。其在描述女性的状况时,直接使用了"勃起""克服阳痿"等男性用语,显露出一丝悲哀的滑稽。但她们后来对新左翼感到失望,并与之分道扬镳。因为新左翼建立在女性的奴性及对"女性性"的蔑视和压迫的基础上,是一种男权主义。女性解放运动者的这一转变过程在1971年的《在全学联第三十次定期全国大会上表明与性歧视、排外主义斗争的决心》一文中得到了充分的展现。

通过模仿堕落的敌人,我,一个女人,怎能取得胜利呢?

(沟口等编,1992—95:Ⅰ 122)

这里的"敌人"并非指外部的,而是指内部的敌人,即新左翼运动中的男性同志。男性干部对女性的这一质疑作出了回应,他们指责其为"分裂主义"行为，表露出一贯的男权主义做派。而在这点上，新左翼的父权性质与旧左翼并无二致。

在街垒之中，女人被撕裂成"可爱女孩"和"暴力罗莎"[1]、"救对（救援对策）[2]天使"和"公共厕所"，这种二元对立的构图与战前日本共产党暴露出的"女保姆"[3]问题如出一辙。同时，其还折射出社会上的家妇与娼妇、主妇与娼妓之间的对立。新左翼中的男权主义与社会上的男权主义并无多少差别，女性解放运动不仅批判了男权主义，也批判了女革命家的"反体制精英主义"，她们不过是以男权理论武装了自己。

随着新左翼运动走向武斗主义，其与女性之间的矛盾也越来越深。1972年2月发生了联合赤军的"浅间山庄事件"[4]。在武斗路线的背后，联合赤军以"清算"为名谋杀几位成员的事实，给女性解放运动带来了巨大冲击。在同年5月召开的女性解放运动大会上，她们以"全体负责人"之名（据说出自田中美津之手），发表了题为"联合赤军的现实给女性解放运动带来了什么"的声明。

> 联合赤军进行"清算"的现实揭示出新左翼的本质，即男权社会的生产力逻辑。在这样的逻辑下，无益于实现"目的"的存在便会被抹杀，而这也决定了新左翼运动的败局。
>
> （沟口等编，1992—95：Ⅰ 344）

---

[1] 对于在东京大学校园斗争中表现出"男子气概"和暴力行为的女性革命家，男性革命家和媒体讽刺地称其为"暴力罗莎"。这一绰号源于德国和波兰工人运动的著名女革命家罗莎·卢森堡。

[2] 作为救援对策的一环，动员女学生参与援助在示威运动中受伤和被逮捕的人士，简称为"救对"。

[3] 指与男性党员一同生活的女性党员。详见本书第十一章。——译者注

[4] 1972年，日本极左派组织联合赤军的五名成员绑架了轻井泽"浅间山庄"疗养院的管理人作为人质，并持枪困守浅间山庄10天，警方机动部队突击攻入，引发枪战的事件。——译者注

有学者指出："权力当局想一举掐灭所有反体制的苗头,于是意图给女性解放运动贴上'新左翼女斗士'的标签。"女性解放运动是"女版新左翼运动"这一误解便从那时起被刻意制造出来。

1973年3月,一名女子带着刚出生四个月、头部还无法立直的婴儿去旁听了联合赤军的审判。[1] 一个因怀孕而被杀害的女人,一个把孩子留在据点后逃走的女人。[2] 她们用身体对否定"女性性"的联合赤军发出抗议。"在新左翼极端的现实之中,女性被杀害……女性解放运动肯定女性性,因此与联合赤军水火不容。"[3](沟口等编,1992—95:Ⅰ 345)

然而,负责清算行动的始作俑者,除了森恒夫以外,还有一个叫永田洋子的女人,这令女性解放运动者备受打击。田中美津在《致鲜活的女性》中写道:"比男人更积极主动地献身于'男人的革命理论'的女人,都是永田洋子""世界上所有向男人摇尾乞怜的女人,都是永田洋子"。(田中美津,1972a)她一边这样指出,一边又自问道:"永田杀害了身怀六甲的女性,而我则投身于女性解放运动。她和我到底是在哪里分道扬镳的呢?"后来,田中留下一句"永田洋子就是我",便于1975年去往墨西哥,直到1979年才回到日本,可见她受到的打击之大。(田中美津,1983)而我们则可以从字里行间窥见田中美津的想象力,她指出永田洋子与自己相差无几,即意味着所有女人都有成为永田洋子的可能性。

---

[1] 匿名,《为什么我们带着孩子去参加了联合赤军审判》,《阿修罗》1973年4月13日(沟口等编,1992—95:Ⅱ 86)

[2] 指因怀孕而被处死的联合赤军成员,以及因丈夫被处死所以丢下孩子逃离的另一位成员。——译者注

[3] 后来大塚英志就联合赤军的"女性士兵"及其"女性气质"的问题发表了颇有见地的评论(大塚,1996)。而本人对大塚的反驳,请参见《联合赤军与女性主义》(上野,2000)。

日本女性解放运动与母性

"母性"是男人的弱点、女人的王牌,是社会最为赞赏却又肆意榨取的女性"圣域"。由于现实中人们大多认为女性受压迫的原因在于其"生育性",所以任何一个国家的女性解放运动都不得不与"母性"进行抗争。

如此,有一种误解反复出现,即武断地认为女性主义将"母性"问题化、拒绝"母性"。在新左翼男性中颇具影响力的思想家吉本隆明指出,女性主义通过拒绝生殖,将女性引向"泥沼般的虚无主义"。(吉本、芹泽,1985)[1]

1972年,在阻止《优生保护法》修正案的斗争中,女性解放运动迎来了一个小高潮。"生不生育都是女人的权利"的标语、"杀害孩子的女人是我"的呐喊、解除避孕药禁令的要求等,听起来确实有些像是对堕胎的承认、杀婴的拥护。但将其刻意曲解为"不想成为母亲的女人的利己主义""暗地里想成为男人的女人的虚无主义"的,却是男人的伎俩,是男性话语(discourse)的体现。

日本的女性解放运动对"母性"的态度具有两面性。可以说,与一些西方女性主义朝向"拒绝母性"的方向发展相比,日本的女性解放运动者从未放弃过"母性"[2]。

---

[1] 对吉本的批判,参见吉本与上野千鹤子的对谈《对幻想与女性的无意识》(《现代思想》1985年6月期,青土社)(上野,1988b)。

[2] 早在1970年,美国学者舒拉米斯·费尔斯通就把依靠技术将女性从生殖中解放出来看作是"女性解放"的必要条件(Fierstone 1970 = 1972)。在德国,出于对根深蒂固的母性主义文化传统的反对,早期的女性主义者中出现了拒绝生育的倾向,并把她们的同伴生孩子的行为称为"资敌行为"。在意大利,达拉·科斯塔将女性拒绝生育的行为称作"与国家之间的斗争"。但在法国和瑞典,女性主义从一开始就与母性主义联系在一起。"母性"的文化束缚和女性主义对"母性"的回应因社会而异。美国的女性主义曾朝着拒绝母性的方向发展,但后来又不得不与母性和解,这一过程并没有出现在日本。当然,对于各国多样化的女性主义,我们需要专门进行比较研究。

"谁也不能谴责杀婴女性",女性解放运动者呼吁女性们团结起来。但这并不意味着对"母性"的拒绝,而是旨在诘问究竟怎样的社会状况将女人逼成杀害孩子的凶手?深见史在其书中揭露了"有过生育经历的女性"的境遇:"几乎所有的家庭都是单亲妈妈家庭。除了钱,男人在家里起不到任何作用。那些无法自理的男人们什么时候才能意识到这一点?"(深见,1975:18)。深见的这一指摘至今仍发人深省。

女性解放运动高呼"杀害孩子的女人是我",之所以使用这句容易招来误解的表述,是因为她们想要反过来建立一个"女性能够,并且愿意生育的社会"。对堕胎的态度也不仅仅是要求权利那么简单。"堕胎即杀子"的说法看似"资敌行为",但事实上女性解放运动通过这一话语,对迫使女性堕胎的社会进行了强烈谴责。

> 我想让自己意识到,当我在被迫堕胎的客观情况下,以自己的主观意识选择堕胎时,我便是一个杀人犯。……是啊,我就是个杀人犯,凝视着被切成碎片的胎儿,我想要切断将女人逼迫至此的社会的后路。
>
> [田中美津,《明知故问:堕胎是既得权利吗?》1972(沟口等编,1992—95:Ⅱ 62)]

这本以"女性解放运动新宿中心"名义编写的小册子,立即受到了支持"堕胎权"一派的批评[中避联,《对一份名为"集会传单"的奇怪传单的回应》,《自由主义女性解放运动》1972年第6期(沟口等编,1992—95:Ⅱ 246—247)]。据井上辉子回忆:"关于反对修改《优生保护法》的运动应朝着哪个方向发展的问题,女性解放运动新宿中心与中避联之间产生了严重的对立。"(井上辉子,1980:211)江原认为这种矛盾引发了女性解放运动的"分裂",但亲历这一对立的秋山洋子却不赞同江原的观点,因为她觉得女性解放运动原本便由不同的团体组成。

第六章　日本的女性解放——其思想及运动

事实上，很多女性解放运动者抱着孩子参加了运动。"东京产社"是一个集"公社"与"产子"于一体的共同体。其成员武田美由纪写道，"如果不生育是自我选择，那么生育也是自我选择"，体现出女性生育权具有鲜明的两义性。[1] 运动者们将孩子称为"小鬼"，直面孩子的自我与女性的自我相对立的日常。"你这个擅自让我把你生下来的家伙，有权反抗我"，这种试图接受"他者"的觉悟，将奉献式、自我牺牲式的"母性幻想"化为泡影。女性解放运动虽然想要解构"母性幻想"，但最终还是在质疑之后接受了"母性"。针对《优生保护法》的修改（往不利于女性的方向），她们用自己的实际行动作出回应："东京产社创造出一个女性可以安心生育的环境。"而建立女人、孩子和男人的共同体的实验本身，也是对一夫一妻制的现代家庭内部式育儿的批判。

不仅是东京产社，当时日本各地都在尝试协同育儿，以摆脱现代家庭的社会孤立问题。一是因为保育所数量不足，二是出于对公立保育所的管理主义式教育的反对，以建立"女人、孩子和男人的共同体"为目标的尝试十分盛行。但是，以减轻育儿负担为动机参加的人们与希望更多地参与育儿的人们（包括男性在内）之间产生了分歧。同时还有人存在一些过激想法，草率地否定了母子之间存在的羁绊。随着孩子们长大，协同育儿不再被迫切需要，于是自发消亡，几乎未能传承下来。[2]

女性反对《优生保护法》修正案的运动与维护残障儿"出生权"的运

---

[1] 东京产社，《开门开门，芝麻开门》，1971（沟口等编，1992—95：Ⅱ 27；井上辉子等编，1994—95：① 94）俗称小武的武田美由纪怀上了美国黑人士兵的孩子，在冲绳回归之前，她让恋人原一男在冲绳拍摄了自己生下孩子的过程。这便是《绝对隐私的爱欲恋歌1974》。

[2] 留存至今的是始于 1975 年的 "Enfant"（法语单词，意为"养育孩子"）。泽登信子与一家保险公司合作开发了 "Enfant 保险"，提供事故赔偿，以缓解普通女性在照顾他人孩子时的焦虑。

动产生了激烈的对立[1]，不过女性解放运动的主张，并非仅限于"不生育的权利"。

　　这个弱肉强食的世界，生产力是其底层逻辑。想想那些为优先汽车通行而让行人吃力行走的立交桥，想想总被生产与发展无情抛弃的老人、孩子、病人和残疾人吧。以对企业是否有价值来贬低人的生命尊严，这种逻辑时刻侵蚀着我们的生活和意识。这次的《优生保护法》修正案（禁止堕胎法），自然是要将生产力的逻辑、价值观更加强烈地植入女性的意识之中……女人在连一家令人满意的疗养设施都没有的"现实"中被迫做出选择！女性的生命尊严无法得到保障，残疾人同样如此，在这个毫无人道主义可言的世界里，两者能有怎样的相遇呢？

　　　　　　　　　　（田中美津，1972a；沟口等编，1992：Ⅱ 61-62）

我试图将日本女性解放运动对"母性"的强调，视作半个世纪前《青鞜》以来的日本女性主义的"传统"。[2] 在《女性解放运动的轨迹》中，江原承认了日本女性解放运动所具有的母性主义的一面，同时她又如此分析：在基督教文化圈中，获得"堕胎权"是女性优先考虑的课题，而在日本，堕胎很是容易，所以反而出现了女性主张"生育权"的动向。不过，江原的分析还不够全面。在我看来，母性崇高的文化价值使得日本女性解放运

1　《优生保护法》修正案删除了因经济原因导致的堕胎行为，却增加了对于身体或精神不健康的胎儿允许堕胎的条款。对此，女性解放运动者提出"不允许国家控制子宫""女性自己决定是否生育"的口号，但遭到了残疾人的质疑：女性决定是否包括可以决定在胎儿残疾的情况下堕胎？——译者注

2　上野千鹤子《恋爱结婚意识形态和母性意识形态》（1985a）。此文最初于1983年在美国女性研究协会（NWSA）的年会上发表，题为"Individualist-vs Communalist-Version of Feminism: in Search for Indigenous Feminism"，文章对日本女性主义与美国女性主义进行了比较。

动者将其作为一种"文化策略"为己所用。众所周知,《青鞜》的平冢雷鸟后来走向了母性主义之路。她在"包括国家母性在内的公共母性（public motherhood）"的名义下,主张女性参与社会活动,这一主张具有不容辩驳的合理性且容易得到男性的支持。日本女性运动利用母性的文化价值,[1] 在战前为国家主义服务,在战后为和平服务。但如此一来,其也难逃"文化的禁锢"。

日本女性解放运动论

日本女性解放运动批判新左翼运动,并创造出了属于自己的运动论。这在其"不设唯一领导人"的运动风格及"女性解放运动新宿中心"的命名方式（预想各地可以各自成立独立自主的女性解放运动中心）上均有所体现。

例如,思想集团 SEX 这样写道：

> 不知道《小妇人》的作者奥尔科特女士有没有如此表述过,那么就让我们这么说吧："不被那些试图革命的人享受的革命就不是革命。"可怜的左翼女人连享受的方式都忘了,总是认为没有大义名分的享受是市民社会式的机会主义,这样的她们是从未踏足欲望之地的处女。
>
> ［SEX 集团,《无止境的纵欲　无止境的攫取》1971（沟口他编,1992—95：Ⅰ 177；井上辉子编,1994—95：① 197）］

1971 年 8 月的女性解放运动合宿也"不受统一管理",而是任由参与者自发进行,即"做自己想做之事"。或者可以这么说,主办方"团队作战的女性"从一开始就不打算进行统一管理。据参与者之一的井上辉子

---

[1] 关于"母性"在日本第一波女性主义热潮中起到的作用,参见上野（1993）。

所说：

> 女性解放运动没有把高效实现既定目标放在首位，因为其认为实现目标本身就是一个值得思考的问题。她们各自在设定自身目标的过程中寻找意义。不论是日本女性解放运动合宿以"如何开展女性解放运动合宿？"的问题开场，还是其没有一个类似领袖的人物进行强有力的领导，都显现出女性解放运动不存在统一管理的特征。
>
> [《对主体变革者的意思表示》，《女性的叛逆》1971年第3期（沟口等编，1992—95：Ⅱ 387）]

后来，随着美国女性解放运动的组织论和运动论被译介，"意识觉醒""非结构化结构"的表述在日本流传开来。但早在从美国引入这些概念以前，日本女性解放运动便已经用行动在践行了。

日本女性解放运动中罕见的"有领导人"的集团，是中避联。中避联的行动引人注目，她们戴着粉色头盔，来到国际小姐大赛现场和不履行婚约的男性职场进行示威活动，[1] 受到了媒体的关注，因而在男性主导的媒体中成为女性解放运动的代名词。许多人也因此对女性解放运动抱有负面印象。

20年后，曾与中避联有过短暂合作的"沃尔夫之会"成员秋山洋子，在其个人回忆录中写道："当我重新思考中避联在女性解放运动中的位置时，坦白说我无法将其视为志同道合的伙伴。"（秋山，1993：137—139）

秋山曾经尝试过这样的实验——服用中避联的主席榎美沙子不知从哪

---

1 中避联，《"国际小姐大赛"殴打事件纪实》，《新女性解放运动》1972年第6期（沟口等编，1992—95：Ⅱ 245）。

里弄来的避孕药,但她得出的结论是,"避孕药绝对不是什么好东西"[1]。20 世纪 80 年代,当避孕药的禁令再次出现时,"女性诊所筹备协会"(现在的大阪女性中心)于 1987 年出版了一本名为《我们坚决不选择避孕药》的小册子(大阪女性中心,1987),而这一论断秋山早在 1972 年便已得出了。

家庭主妇的女性解放运动

虽然女性解放运动无论在成员还是范围上都存在局限性,但其影响并不仅限于一部分激进女性。女性解放运动的"当事人"是谁?凡是接收女性解放运动的讯息,对其产生共鸣并冠以其名的女性,都是"当事人"。在此,我想强调女性解放运动"当事人"群体的延展性。

比如有这样一个沉默的多数派群体,对"激进女性"给予了无声的支持。女性解放运动的中坚力量主要是未婚的年轻女性,[2] 但来自于她们的信息也传递给了已婚女性和家庭主妇,从而深深震撼了她们。尽管未曾与女性解放运动有过直接的接触,可对于这些女性来说,经由媒体传递而来的女性解放运动的主张,打破了其所身处的封闭环境,引发了她们的共鸣。1973 年,杂志《女人·情色》创刊,其第 6 期上有一个题为"深度剖析家庭主妇现状"的特别专栏。1972 年,以齐藤千代为首的《广场》杂志创刊,到 2001 年底,在札幌广场、京都广场等各个中心的支持下,其已发行了 272 期。高桥正美(一位丈夫时常调职的无业妻子)在东海广场工作,她写下了《女人,从 40 岁出发》(1996)一书。1963 年,主要刊登家庭主

---

[1] 秋山洋子,《避孕药真的是好东西吗》,《从女人到女人们》1972 年第 2 期(沟口等编,1992—95:Ⅱ 266)

[2] 深山夏子为 1971 年 8 月的女性解放运动合宿写下了记录,她报告道:"参与者的一个重要特点是,她们中的许多人是没有固定工作的女性""是学生或者学生的延伸"。[深山夏子,《我的女性解放运动合宿报告》,1971(沟口等编,1992—95:Ⅰ 280)]

妇投稿的杂志《妻子》创刊,田中喜美子从1976年起成为主编,培养出了一批女性作家,如木下律子(1983)、铃木由美子(1992)和结木美砂江(1991)等。

如此,在日本女性解放运动中,存在"主妇解放运动者"这样一个群体,她们有着超乎想象的规模。这意味着中产阶级的家庭主妇们确实被女性解放运动的主张所震撼。她们既不毁坏家庭,也不选择离婚,而是坚持在婚姻制度中生儿育女。但与此同时,她们却开始诘问自己身处的"主妇现状"中存在的问题。在多样化的主妇解放运动中,她们体会到了贝蒂·弗里丹所说的"无名问题"[1]。这一问题将"幸福幻想"中的"女性标准人生"本身,视为压迫的根源。

进入70年代后半期之后,女性学得以成立,原博子在《女性学的开端》(原、岩男编,1979)中写下《主妇研究的邀约》一文。在那之前,已经存在一个名为"妇女问题论"的研究领域,但原博子等人却试图建立"女性学"这一崭新的领域。有些研究人员对此感到困惑,但正如字面所示,"妇女问题论"倾向于研究偏离普通女性规范的"问题妇女",比如从良的娼妇、单亲家庭的母亲等等。"女性学"则从一开始就对社会上不言自明的女性生存方式提出疑问,引发了研究范式的转换。而家庭主妇们的自问自答为这一范式转换奠定了良好的基础。

伊藤雅子是一位在国立市(东京郊外)的公民馆工作的职员,1965年,她为前来聆听讲座的人提供托儿服务,这在日本属首次。在国立市公民馆市民大学研讨会的记录《主妇女性》(国立市公民馆,1973)中,有女性如此写道:为了参加一周一次的讲座,即使有人在背后谴责自己(哪怕把孩子托给别人照顾你也要去吗?),即使被孩子的哭喊声牵动着心弦,她

---

[1] 即"unnamed problem"。其描写了郊外中产阶级的妻子不如人意的状况。(Friedan,1963 = 1965)

们也要在摸索中求得改变。其中,伊藤这样写道:

> 我认为,主妇问题是思考女性问题的一块基石。不论是当下身为主妇的女人,还是尚未成为主妇的女人、不想成为主妇的女人、不能成为主妇的女人、曾经是主妇的女人,都为"主妇"这一身份而困。社会认为"主妇"是女人应有的姿态及幸福的标准,如此一来,无论是好是坏,她们都难以从这一身份中逃脱。至少,很多女性会用与主妇的距离来衡量自己。
>
> (国立市公民馆,1973:215)

从一介主妇出发实现转型的是高桥正美。她从40岁开始工作,这个年纪在当时已经很难寻到工作了,而她吃惊地发现有许多女性与自己处境相似,于是主办了"打破主妇壁垒的研讨会"[1](高桥,1986)。凭借其出色的才智和行动力,以及在女性之间建立起的关系网,她创造出了有别于被企业雇佣的"另一种工作方式"。高桥的事例鼓舞了日本各地"想做些什么的家庭主妇们"。

20世纪80年代,主妇踏出家门变得理所当然,而"不工作"也不再等同于"宅于家中"。恰在此时,由芝木好子命名、经金井淑子打造的"专职活动主妇"群体登场了。"专职活动主妇"指的是一个特权群体,她们虽均为家庭主妇,却并非专注于家务,而是为了专职从事地区活动才主动保留了无业主妇的身份。尽管女性主义者和专职活动主妇都拥有着令人羡慕的社会形象,但事实上,两者之间存在着潜在的分歧。在80年代的阶层分化进程中,依靠丈夫的单一收入维持生计的主妇,其身份变成了一种

---

[1] 高桥后来与东海BOC(Bank of Creativity 创造力银行)的伙伴一起成立了一家名为WINN(Women's International Network Nagoya)的股份有限公司。之后于2000年,这家公司更名为"NPO法人WINN女性企划"。

特权。虽然她们之中不乏由于参与维护食品安全活动和反核行动而变得急进之人，但她们清楚地知道，一旦自己脱离了主妇身份，便无法继续开展活动。不过悖反的是，主妇活动家也成了支持草根女性主义的主要力量（上野，1988a；天野，1988）。

田中喜美子通过《妻子》杂志与这些主妇打交道多年，她指出，主妇们不为冠冕堂皇的口号所动。"女性主义的思想在她们那里起不到任何作用，能打动她们的唯有现实。"

但是，我们也不能说女性解放运动者是"不现实的"。田中美津在《致鲜活的女性》一书的后记中这样写道：

> 女人总是"现实的"。最重要的是公然行动——我们不管别人怎么想，而是无所畏惧地在左派与右派间来回摇摆地开展行动，才得以提出这一结论。既然女性解放运动需要承接迄今为止被各种运动（从主妇联合会运动到新左翼运动）所抛弃的一切，那么我们便不可能轻装上阵。然而，试图将女性解放运动特殊化，并以某种方式将她们与"普通女性"分开的男权，忽略了这样一个事实：他们的妻子也无法摆脱引发女性解放运动的现状。
>
> （田中美津，1972a：325）

可见，她把"主妇解放运动"也纳入到女性解放运动之中。

而通过《妻子》杂志与日本主妇长期打交道的田中喜美子，在1992年回顾过去时说道："日本的女性主义和基督教、马克思主义一样，都是'舶来品'，不可能在日本扎根。"（田中喜美子、木内，1992：201）这句话很是沉重。上文我们已就不可简单地将女性主义视作"舶来品"的理由进行了说明，不过田中的观察也不乏与日本现实相吻合的地方。比如她认为日本女性"绝对不会放弃'家庭'和'孩子'"，就很符合日本的状况——

离婚率和非婚生育率都不怎么上升。同时,田中也注意到在不变的表象背后,也就是"家庭"和"孩子"的内涵,存在严重问题。而当她说出必须培育"本土思想"时,我感到我们殊途同归。

日本女性解放运动的助跑者们

我们不能忘记那些与日本女性解放运动者生活在同一时代,且与之同行的本土女性思想家。在男性形塑的思想盛行的社会中,女性解放运动者们如同想要抓紧救命稻草般寻找着属于"女性的话语"。森崎和江和富冈多惠子成了她们的领路人。而 1965—1967 年间由理论社出版的《高群逸枝全集》也对她们产生了重大影响。日本各地因此召开学习会,以探寻"女性的历史"。

1970 年前后,森崎陆续出版了《第三性》(1965)、《斗争与爱欲》(1970a)、《非占有的占有》(1970b)等著作。在摸索性爱、怀孕和分娩的过程中,森崎用自己的语言将只属于自己的女性经验化作思想,她的艰苦奋战给予女性解放运动者以深刻的影响。

森崎在怀孕时发现,自己突然无法使用"我"这个第一人称单数形式了。对这一身体感觉,她描述道:

> 我第一次意识到,"我"这个概念、术语中包含着人类的某种状态,而这种状态与身为孕妇的我相去甚远。我第一次知晓了女性的孤独,那不是 100 年、200 年的孤独,而是在我死后也会延续下去的孤独。
>
> (森崎,1994:28)

在谈及女人的经历时,森崎如此说道:"我们缺乏语言。使用的概念也过于浅显。"她的这一真切想法得到了下一代女性的共鸣,而后者当时正在苦思冥想，试图凝练出女性解放运动的思想。

1983年，富冈多惠子出版了《我的女性革命》一书。同森崎一样，她也指出日本没有"生产的思想"[1]。但不同于森崎对男性"一代完结主义"思想之贫瘠的批判，富冈则直截了当地揭露事实道："除了生孩子，女性无事可做。"（富冈，1984）森崎在不可能作为单独个体存在的女性身上发现了价值，而富冈则表达出作为人类的觉悟——无论女性是否生育，最终都只能回归单独个体的状态。[2]

日本有位女演员曾表示自己"想如母鸡下蛋般生孩子"，富冈认为其话语中包含着新"思想"。作为一位曾经的诗人，富冈敏锐的语感不允许她错过任何"女性话语"的创作现场。再后来，当诗人伊藤比吕美说"胎儿是粪便"时，我们再次见证了新的"生产的思想"的生成，伊藤的"女性话语"将胎儿视为异物，从而解构了母性神话。（伊藤比吕美，1986）

少数派女性主义

即使是女性主义者，也大多未能反思异性恋、国籍、民族、健康等问题，于是出现了主张少数人权利的女性主义派别，她们对这些不言自明之事提出异议，我们姑且称之为"少数派女性主义"。由于没有找到其他合适的用语，所以不得不采用这个称呼，但其实这一说法并不妥当。因为，一旦被称为"少数派"，人们便会反问"是谁把我少数派化了？"，可见其中包含着身份政治。[3]女性主义不是万能药，无法一下消除"各种歧视"，

---

1 此处特指生孩子的思想。——译者注
2 关于森崎和江与富冈多惠子的思想，上野千鹤子在《女性的思想》（浙江大学出版社，2022）一书中有更为详细的描述。——译者注
3 正因如此，1994年日本女性学研究会《女性学年报》第15期的《少数派女性主义》特辑，向原住民、在日外籍人士和女同性恋的女性们约稿时，她们对特辑名称表示了强烈的反对。

其内部也存在残疾人歧视、部落歧视、民族歧视等问题,因而时时出现关系紧张的局面。

前文已经提及,女性反对《优生保护法》修正案的斗争与残疾人主张残障儿出生权的运动相对立,其实在那背后还存在另一个问题,即女性残疾人被剥夺了"生育权",她们的"女性性"遭到了否定。岸田美智子就女性残疾人被"摘除子宫"的问题提出了控诉。女性解放运动的斗争,揭露了残疾人中也存在的根深蒂固的女性歧视问题,并将其言语化,从而与女性残疾人的斗争实现了联动。[1]

女同性恋在日本也并非不可视的存在。从女性解放运动初期开始,就有人公开表示自己是女同性恋者;进入80年代后,"Re组""女同性恋工作室""YLP"等女同性恋团体的活动则更加活跃。

女同性恋女性主义者传达出这样的信息:即使不经由男人的视线,也可以直接实现"从女人到女人"的女性间的爱恋。虽然也有如挂札悠子那样认为"女同性恋"有别于"女同性恋女性主义者"(挂札,1992)的论者,但许多早期文章都显示了女同性恋与女性主义的关联性。

众所周知,美国的女性运动因少数民族女性,特别是非裔美国女性的抗争而四分五裂;进入90年代后,日本也出现了名副其实的"在日外国人女性主义"。例如金伊佐子(1992)和梁容子(1993)等在日韩国、朝鲜人发布了女性主义宣言,同时还出现了丽莎·高(Go,1993)等在日菲律宾女性主义者。如同对女性解放运动的误解那样,也有人认为这些"在日外国人女性主义"是美国的少数民族女性主义在日本的"登陆",这种观点并不正确。而且,"在日外国人女性主义"的出现也并非仅是因为日

---

[1] 岸田美智子和《我是女人》(岸田、金,1984)的合著者金满里组建了残疾人剧团"态变",创造了一个划时代的身体表现场所,在那里,残疾人可以展现自己的真实状况。安积游步在《治愈的性感旅行》(1993)这本自己的半生记录中讲述了作为残疾人与作为女人之间的矛盾。

本终于实现了国际化，从而使外国人口急剧增加的。早从战前开始，日本国内便定居着数十万外国人[1]和阿伊努人这样的原住民。也就是说，日本自战前起就是一个多民族国家。在日第二代朝鲜人郑咲惠质问道："问题一直存在，可为何在日韩国人、朝鲜人的女性主义至今尚未形成？"（郑、上野，1993）当然，其中包含20世纪80年代的国际化、单一民族国家幻想的解体、少数民族问题的出现等诸多因素，但女性主义运动本就是源于社会少数派的运动，而少数派提出"我也可以发声"的主张需要一个漫长的过程。

民族歧视与性别歧视交错生成的一个严重问题，便是金学顺（原"慰安妇"）揭露的"从军慰安妇"问题。半个世纪以来，这一事实虽一直为大众所知晓，却没有被问题化。日本及韩国国内的女性主义运动的高涨，使我们获得了将"慰安妇"问题化的语言和思想。金学顺的问题跨越了国界，但不仅限于此。少数民族女性主义以女性主义之名，与民族运动内部顽固的父权制进行对决。如此，少数派女性主义不仅动摇了极具压迫性和排他性的多数派一方的单一身份认同，还挥刀指向自己，试图解构少数派内部的身份政治陷阱。

女性解放运动与女性主义

在日益复杂而多元的世界中，任何问题都不能单靠女性主义来解决，但反言之，若缺少女性主义，也无法解决任何问题。"民族""阶级""政

---

[1] 定居在日本的外国人中有暂时定居的外国人和拥有永久居住权的外国人。二战前，外国人大多是从朝鲜半岛、中国台湾等旧殖民地被强行拉来日本的。受到"皇民化"政策的影响，他们被强制变更为日本国籍，所以在法律上并不属于"外国人"。随着国际人口流动的增加，许多国家都出现了区分"国民"和"市民"的动向，即赋予没有本国国籍的定居外国人以地方政治参政权和各种社会保障的权利。

治"等概念需要用"社会性别"的术语来重新定义。女性主义是震撼了20世纪的思想，若是绕过它，我们便会陷入无可言说的境地。

从女性解放运动到女性主义，术语或许被细化，概念可能被细分，却并未取得飞跃式的进步或发展。女性解放运动的语言虽具有多义性和矛盾性，但并非"不完整"。当一种思想被孕育——我想大胆地使用"怀胎"一词——它便如同胎儿一般，蕴含了所有的可能性。而我们所需要做的，便是接受和培育它。

第七章 "生殖权利／生殖健康"与日本女性主义

女性主义和"堕胎权"

1994年9月，国际人口与发展大会（简称开罗会议）在埃及首都开罗召开。女性的"堕胎权"成为大会的政治性焦点，似乎"堕胎"才是本次会议的主题。一方面，在此次人口问题的国际大会现场，女性主义非政府组织云集，会议首次将女性视角引入"人口与发展"议题。另一方面，以梵蒂冈为首的宗教和政治保守派，则试图利用国际政治舞台进行"反堕胎"宣传。因此，开罗会议成为女性主义者与保守派围绕"堕胎自由"这一女性权利展开政治较量的场所。而原本应该在会议上讨论的人口与发展问题，特别是第三世界国家的人口控制问题及发达国家的能源浪费问题，反倒成了次要议题。

在20世纪90年代的日本，女性拥有"堕胎权"业已成为政治共识，因而对享受着"堕胎自由"的日本女性来说，没有堕胎权简直是件难以想象的事。日本女性可以选择安全且费用低廉的堕胎渠道，日本甚至得到了"堕胎天堂"这一令人不齿的称号。对于日本女性来说，因堕胎而失去生命、不得不花大价钱出国做堕胎手术等等，都是别人的故事，与自己毫不相干。现在世界上还有很多国家在法律上禁止堕胎，连强奸导致的怀孕也

第七章 "生殖权利/生殖健康"与日本女性主义

在禁止堕胎之列。爱尔兰曾于1985年就堕胎合法化问题举行过全民公决，但提案因遭到包括女性在内的大多数选民的反对而被否决。到了1992年，一名爱尔兰少女因被朋友的父亲强奸而怀孕，围绕该少女的堕胎问题，社会舆论产生了两极分化。一开始爱尔兰法庭仍然不允许该少女堕胎，不过后来终于同意其去别国堕胎。在罗马教廷的统治下，意大利的圣职人员不被允许避孕及堕胎。1971年之前的意大利，连利用公共媒体宣传避孕都属于犯罪。直到1978年口服避孕药解禁，堕胎才开始合法化。而在那之前，意大利女性想要堕胎，就得依靠"家庭计划协会"这样的民间团体，由其组织旅行团，把需要堕胎的女性带到国外去接受手术。

这样的情况不仅限于天主教国家，也出现在德国。随着东德西德的统一，德国东部被规定一律适用西部法律。因为西部法律严禁堕胎，所以东部女性失去了她们曾经拥有的自由堕胎权。"刑法218条问题"，即堕胎自由化问题，使利益关系并不完全一致的东西部女性团体联合起来，为共同的目标抗争。1990年德国统一后，设置了两年时间作为统一法律的缓冲期。这两年相关方经过激烈争论后，达成了一致意见，并最终形成了法案。法案规定：女性怀孕12周以内可以堕胎，但条件是必须接受专业人士指导。这对西部女性来说是"前进了一步"，但对东部女性来说却是"后退了两步"。堕胎虽然合法化了，但与日本的怀孕22周以内（堕胎合法）相比，内容颇为严苛，而且之所以强制性要求孕妇接受专家指导，是为了诱导其产生对生命的责任感，引发其良心的不安，从而使其改变想法。这种强制性指导如果运用不当，可能会造成对女性的另一种巨大压迫。实际上这项法律刚通过不久，就被保守派议员告上了联邦法院，并于1993年被判违宪从而失去了法律效力。[1]

---

[1] "刑法第218条问题"可参考《德国看不见的墙》（上野、田中、前，1993）第七章第六节"保卫堕胎权"。

堕胎自由问题在号称"自由之国"的美国也不例外。美国各州的法律各不相同，就算保守的南部地区禁止堕胎，想要堕胎者也可以去其他允许堕胎的州，接受堕胎手术。但如果医生是保守的宗教信徒，便有可能会拒绝实施堕胎手术。而且女性主义者经营的堕胎诊所经常会遭受激进反对派的冲击（纵火或枪击）。所以身处"枪支社会"的美国，维护堕胎"自由"需要拼上性命。

"禁止堕胎"绝不是基督教国家的专利。即便在日本，明治四十年（1907）《刑法》中规定的堕胎罪名至今仍阴魂不散。1948年日本政府通过了《优生保护法》，并于1949年在该法案不得已堕胎的理由中增加了"经济理由"一条，从而使日本女性的"堕胎自由"得到了保护。日本的法律规范大多是表面文章，与现实应用相去甚远，但《优生保护法》却切实发挥了作用。不过一旦形势发生变化，日本有可能会严格按法律条文执行，这一点从《出入境管理法》的实施中可见一斑。而且二战后，宗教团体及保守派要求删除"（堕胎的）经济理由"条款、对堕胎进行严格限制的呼声不断卷土重来。1972年，为了阻止《优生保护法》按保守派意见修改，日本女性解放运动掀起了一个新的高潮。1996年《优生保护法》删除了优生条款，改名为《母体保护法》。但至今日本对堕胎仍有限制，即规定只有损害母体安全的怀孕、强奸导致的怀孕，或出于个人经济原因才可以堕胎。[1] 可见，"堕胎自由"并非理所当然被拥有或无条件被赋予，而是必须奋力守护的一种自由。

---

[1] 产检发现胎儿异常时可进行人工流产，因此即使法律条文中不再有"优生"一词，但在现实中，法律运用上的"优生"思想并没有消失。1997年，日本人类遗传学会要求增加胎儿条款，允许对患有遗传性疾病的胎儿进行堕胎手术。可见优生学思想之根基深厚。

第七章 "生殖权利/生殖健康"与日本女性主义

日本女性解放运动与"生育/不生育自由"

日本女性解放运动对"堕胎权"的态度从一开始就包含不确定因素。虽然运动打出了"生不生育都是女人的权利"的标语,但其中包含着两义性,并不能简单被还原为"堕胎权",而是要置于女性解放运动的语境中进行考量。

20世纪70年代初,日本女性解放运动阻止《优生保护法》修改的斗争迎来了高潮。在这次斗争中,"生不生育都是女人的权利"之标语,被改换为"追求性和生殖的自由"之口号,而且女性解放运动者要求政府取消对避孕药的禁令,听起来确实像是在主张"堕胎权"。

在堕胎问题上,日本女性解放运动并非简单地要求堕胎权。当时发生过利用储物柜弃婴及杀婴等引发媒体轰动的事件,但日本女性解放运动组织却坚定地站在了杀婴女性一边。她们以"杀害孩子的女人是我"这一刻意为之的说法,谴责了令女性想生却不能生,生了又无力抚养的现实社会。

女性解放运动的领导人之一深见史,呼吁杀婴女性团结起来,她说:"谁也不能谴责杀婴的女性(男性更不要发表意见,一句也别说!)。"应该诘问是怎样的社会状况将女人逼成杀害孩子的凶手?她批评男性道:"几乎所有的家庭都是单亲妈妈家庭。除了钱,男人在家里起不到任何作用。那些无法自理的男人们什么时候才能意识到这一点?"(深见史,1975:18)。即使在今天,深见的批评仍然具有现实意义。

田中美津是20世纪70年代日本女性解放运动的代表之一,在其题为《明知故问:堕胎是既得权利吗?》的文章中,也有"堕胎即杀子"的表述,乍一听像是一种支持堕胎反对派的"资敌行为",但实际上她故意使用这种说法,强烈谴责迫使女性堕胎的日本社会。

> 我想让自己意识到，当我在被迫堕胎的客观情况下，以自己的主观意识选择堕胎时，我便是一个杀人犯。……是啊，我就是个杀人犯，凝视着被切成碎片的胎儿，我想要切断将女人逼迫至此的社会的后路。
>
> （田中美津，1972b；沟口等编，1992—95：Ⅱ 62）

但是，即使在女性解放运动组织中，"堕胎即杀子"的表述也未能被所有人理解。以"女性解放运动新宿中心"名义撰写的这篇文章，立即遭到了拥护"堕胎权"的中避联的强烈批判（中避联，1972；沟口等编，1992—95：Ⅱ）。井上辉子表示："关于反对修改《优生保护法》的运动应朝着哪个方向发展的问题，女性解放运动新宿中心与中避联之间产生了严重的对立。"（井上辉子，1980：211）浅井美智子说："正如'团队作战的女性'提出的口号'想生……，但不能生'所示，她们选择了'母性'这一视角，而中避联则选择了'生不生育都是女人的权利'来强调自我决定权。"（浅井美智子，1990）

尽管媒体将戴着粉红头盔的中避联报道为女性解放运动的代表，但事实上其并不是当时女性运动的核心。不过，媒体对中避联的大肆渲染和讽刺性描述，令女性解放运动受到了巨大的打击。秋山洋子与中避联的主席榎美沙子有过直接接触，秋山在二十年后的个人回忆录《女性解放运动私史笔记》中写道："当我重新思考中避联在女性解放运动中的位置时，坦白说我无法将其视为志同道合的伙伴。"（秋山洋子，1993：137—139）。

日本女性解放运动呼吁"生不生育都是女人的权利"，但相较"不生育的自由"，她们更强调"生育自由"和"能生育的自由"。这点在其运动标语"我们希望创建一个人们能够，并且愿意生孩子的社会"中也可窥见一斑。"不生育的自由"常常被人们武断地理解为"拒绝母性"，但日本女性解放运动却从未放弃过"母性"。

不仅如此,很多女性解放运动者抱着孩子参加了运动。东京产社是一个集"公社"和"产子"于一体的共同体。其成员武田美由纪的文章强调了女性生育权的两义性,她说:"如果不生育是自我选择,那么生育也是自我选择。"(东京产社,1971;沟口等编,1992—95:Ⅱ 27)。她们对堕胎保护法的修改作出回应:"东京产社创造出一个女性可以安心生育的环境。"[1]

女性主义与"性和生殖的自主决定权"

对于日本女性解放运动,即第二波女性主义浪潮来说,"性和生殖的自主决定权"问题是女性解放的核心课题之一。正如"个人即政治"这一口号所言,对堕胎进行法律约束本身就表明了这样一个事实——女性私人的身体处于公共权力的管理之下。对女性来说,身体政治学是个极其重要的课题,她们需要夺回原本属于自己的身体权,包括从性无知中解放出来。(荻野,1994)其中,"堕胎权"在任何一个国度都是政治争论的焦点。

在美国,"选择自由"派和"生命权利"派互不相让,甚至发生了暴力对抗。"生命权利"派用胎儿的"出生权"对抗女性的"不生育权"。当然,谁也无法为未出生的生命代言,所以这种对抗其实是政治斗争的一部分。围绕胎儿的"出生权",神职人员和专家也加入了公开讨论,试图

---

[1] 不仅是东京产社,当时日本各地都在尝试协同育儿,以摆脱近代家庭的孤立问题。一是因为保育所数量不足,二是出于对公立保育所的管理主义式教育的反对,以"女人、孩子和男人的共同体"为目标的尝试十分盛行。但是,出于减轻育儿负担的动机而参加的人们与希望更多地参与育儿的人们(包括男性在内)之间产生了分歧。同时还存在一些过激想法,草率地否定了某些母子之间存在的羁绊。随着孩子们长大,协同育儿不再被迫切需要,于是自灭消亡,几乎未能流传下来。留存至今的是始于1975年的"Enfant"(法语单词,意为"养育孩子")。泽登信子与一家保险公司合作开发了"Enfant保险",提供事故赔偿,以缓解普通女性在照顾他人孩子时的焦虑。

对"生命的起点"进行定义。这看似是伦理或医学问题,实际是基于女性身体的政治性论争。在1988年的美国总统选举(布什与杜卡基斯竞选)中,女性团体呼吁广大女性根据总统候选人是否承认"堕胎权"来进行投票。

在法国,人们也在争取"堕胎权"。包括波伏娃在内的多名知名女性都声称自己也有过堕胎的经历。她们说:"我触犯了法律,来逮捕我吧。"以此向《禁止堕胎法》发起挑战。

无论在美国还是法国,"选择"一词首先意味着堕胎的选择权。意大利的女性主义者们也一直在对抗罗马教会,要求有避孕和堕胎的自由。德国也不例外。与此相比,日本的女性主义者显得有点格格不入,她们更强调拥有"生育权",而非"不生育权"。

江原由美子在《女性解放运动的轨迹》一书中分析了原因:在基督教文化圈中,获得"堕胎权"是女性优先考虑的课题;而在日本,堕胎很是容易,所以反而出现了女性主张"生育权"的动向(江原,1985)。但原因不仅限于此。

日本的女性主义,从平冢雷鸟的第一波女性主义时代开始就有强烈的母性主义倾向。甚至可以说,与曾对"拒绝母性"感到疑惑的西方部分女性主义者相比,日本的女性主义运动的母性情结更甚,始终未曾放弃过母性。出于对根深蒂固的母性主义文化传统的反对,早期的女性主义者中出现了拒绝生育的倾向,并把她们同伴的生子行为称为"资敌行为"。在意大利,达拉·科斯塔将女性拒绝生育的行为称作"与国家之间的斗争"。但在法国和瑞典,女性主义从一开始就与母性主义联系在一起。平冢雷鸟对女革命家埃伦·凯(Ellen Key)一派的北欧女性主义表示认同并非偶然,[1]

---

[1] 三宅义子结合日本女性主义的母性倾向,有力地论述了日本战前的第一波女性主义之所以高度评价北欧派的埃伦·凯,而非英美语系有影响力的夏洛特·帕金斯·吉尔曼的理由(三宅,1994)。

因为日本女性主义与北欧肯定母性文化价值的观念颇有渊源。

"选择自由"与优生思想

关于女性"生育/不生育的权利"的讨论中，争议最激烈的是残疾人的"出生权"问题。在避孕药普及的同时，自主选择胎儿性别、产前羊水检查等生殖技术也得到了飞速发展。因此，舒拉米斯·费尔斯通将生育"从子宫中解放"的梦想正在逐渐成为现实。

生殖技术不仅与人口数量，而且与人口质量管理，即优生思想相关。当然，避孕和堕胎有赖于生殖技术的发展，但其背后隐含着"在理想的时间有选择性地生育理想的孩子"的想法。如果生殖技术被应用于"选择不生育"，那么女性在产检中发现胎儿有残疾或并非自己所希望的性别，就有可能堕胎。在曾经鼓励生育"一个孩子"的中国，近年来男女出生性别比为115：100，与发达国家的自然性别比105：100相比，男婴的出生比例要高得多。由于存在重男轻女的倾向，所以人们认为"如果只生一个孩子就要生男孩"。性别歧视不仅会让刚出生的女婴面临死亡威胁，也会令尚未出生的女胎儿遭到扼杀。

另一方面，生殖技术被积极应用于"选择生育"时，优生思想会以更加明确的形式呈现出来。例如，在人工授精技术中被选用的精子，其提供者通常是在人种、阶层、健康、智力等方面较为优秀的男性。而在找代孕母亲时，优生思想则更为明显。因为从签约到代孕完成有一段较为漫长的时间，如在此期间因事故或其他原因代孕母亲生下有残疾的孩子的话，委托人可能会拒绝接收。在美国就曾发生过这样的案例。婴儿像商品一样被要求进行品质管理，有缺陷的婴儿会被视为"残次品"。一旦婴儿有残疾，委托人会以违约为由拒绝接收孩子，而代孕母亲会因此起诉委托方不履行合同约定，但初生婴儿的人权则完全被双方无视。

优生思想曾出现于纳粹的人种政策中，是人类不久前的噩梦。纳粹试图灭绝"不应出生的人"，并强制"不配生育的人"绝育（米本，1989）。残酷的历史鲜活地留存于我们的记忆中，为避免使用令人联想到纳粹优生政策的词语，人们已习惯使用替代性的委婉表述。在这样的历史背景下，日本政府却在战后仍将堕胎法称为《优生保护法》，这种无知着实令人汗颜。

如果选择堕胎是基于优生思想，那么有缺陷的婴儿就会成为不应出生的人。事实上，各类调查表明，面对"发现胎儿有缺陷时，你会怎么做"的问题，不少女性都回答说"会选择堕胎"。残疾儿出生后，父母的育儿手记中也会详细记述如何与"不生这个孩子就好了"的想法作斗争，并最终接受自己孩子的心路历程。内心挣扎的不只是父母，残疾儿本人也是如此。他们不仅会遭受周围人的偏见，还会因"我不应该出生"这样的自我否定性认知而痛苦不堪。残疾人的"生存权"与优生思想完全对立，因为后者将生命划分为"有出生价值的生命"和"没有出生价值的生命"两类。

日本女性主义其实也助长了优生思想。平冢雷鸟要求国家保护母性，这一要求与母性对国家的贡献紧密关联。平冢认为优秀的女性应该通过生育为国家作贡献（并因此理所当然有权要求国家给予保护），其观点背后隐藏着没有资格当母亲的女性就不应该生孩子的优生思想。强调"公共母性"，常常会导致母性被国家管理的风险，而平冢雷鸟的母性主义就有这样的风险。[1]

阻止《优生保护法》修改的女性解放运动遭到了残疾人团体的口诛笔

---

[1] 关于平冢雷鸟的优生思想可参考《开拓女性史1》（铃木裕，1989a）中《解读平冢雷鸟的'母性主义'》一文（古久保，1991）。呼吁限制生育与优生思想的关联可参见《生殖的政治学》一书（荻野，1994）。

第七章 "生殖权利/生殖健康"与日本女性主义

伐。但女性解放运动并非单纯地拥护女性"不生育的权利"。田中美津在其1970年写作的《女性解放的个人视角》中写道:

> 这个弱肉强食的世界,生产力是其底层逻辑。想想那些为优先汽车通行而让行人吃力行走的立交桥,想想总被生产与发展无情抛弃的老人、孩子、病人和残疾人吧。以对企业是否有价值来贬低人的生命尊严,这种逻辑时刻侵蚀着我们的生活和意识。这次的《优生保护法》修正案(禁止堕胎法),自然是要将生产力的逻辑、价值观更加强烈地植入女性的意识之中……女人在连一家令人满意的疗养设施都没有的"现实"中被迫做出选择!女性的生命尊严无法得到保障,残疾人同样如此,在这个毫无人道主义可言的世界里,两者能有怎样的相遇呢?
>
> (田中美津,1972a:61-62)

事实上,生殖技术对女性来说具有双重意义。对费尔斯通这样的女性主义者而言,生殖技术意味着将女性从子宫这一重负中解放出来,使女性摆脱怀孕和分娩这一"雌性动物的屈辱"(波伏娃)。最终,女性应该可以获得与男性一样更加高效的身体。美国式的极端效率优先原则认为,怀孕和生育毫无效益可言。对该原则以及被其洗脑的女性主义者,我们需持谨慎态度。在现代主义式的女性主义中,确实有一部分女性主义者倾向于与男性一样进入工业化社会,并主张女性和男性具有同样的生产力。

在这一点上,日本女性主义有其固有理念。虽然在日本,对于美国女性主义的译介颇受瞩目,日本本土的女性主义反而易被忽略,但事实上,日本女性主义从成立之初就对工业主义和现代性进行了批判。毋宁说,美国女性主义才是个特殊存在,其为20世纪60年代公民权运动的延伸,是一种现代主义的表征。与美国不同,日本的女性主义中包括了母性主义的内涵，与欧洲女性主义有更多共同点。

日本女性解放运动是新左翼运动的产物，却与其大相径庭。运动者早就批判新左翼的理论："认为'女性不算战斗力'、将女性从'革命战士'中淘汰的论调，不过是对'工业战士'[1]论的一种模仿罢了。"同时，对于在联合赤军的山岳基地中因怀孕或有孩子而受到"清算"的女兵们，以及发生在男权逻辑代言人永田洋子身上的悲剧，女性解放运动也率先作出了回应。

"在新左翼极端的现实之中，女性被杀害……女性解放运动肯定'女性性'，因此与联合赤军水火不容。"（田中美津，1972a）。田中在此所说的"女性性"，是指被排除在男性中心的生产力逻辑之外的一切事项。

同样的逻辑也体现在女性解放运动对1985年《均等法》的反对上。当时，很多女性团体都反对该法案，所以《均等法》的颁布被视为女性解放运动的失败。对于国外的女性主义者来说，这种反对似乎难以理解，因为男女雇用机会均等是她们追求的目标。日本女性解放运动对《均等法》的反对并不仅仅因为其是只规定义务而无罚则的漏洞百出的法律，也不是仅仅由于《均等法》取代了之前的《雇用平等法》，偷换概念式地用"机会的平等"取代"结果的平等"。相比之下，借用田中在1970年的话说，对于日本的女性主义而言更为严重的失败是，《均等法》的出台"将生产力逻辑及相关价值观更为牢固地植入了女性的意识中"。

控制生育率与家庭政策

20世纪60年代的十年间，日本成功实现了"总和生育率"（女性一

---

[1] 日本政府在二战期间将国内主要的煤矿公司指定为军工企业，使开采煤炭的煤矿工人与在战场上作战的士兵地位相同，并称其为"工业战士"。——译者注

生中平均生育子女人数）的转变，从 4 人下降到 2 人左右。国际社会将日本视作控制生育率的"优等生"。一是因为其在短时间内迅速控制了生育率，二是因为没有为此采取任何强制性的政策或宣传性的引导。饱受人口暴增之苦的发展中国家为了控制生育率绞尽脑汁。比如，孟加拉国利用经济手段对接受绝育手术的人进行奖励；而在印度，倘若持有绝育手术证明，则可以被优先录用为公务员。印度政府由于强制性推行此类人口政策，遭到了国民的反对，这也是甘地政权被推翻的原因之一。

从表面上看，日本的男男女女似乎自发行使了"不生育的权利"。只要这种行为基于当事人的自主决定权，那么生育率的下降就是一种理想结果，没有任何问题。而日本的"堕胎自由"为生育率的降低作出了贡献。

即使说二战后的日本已经实现"堕胎自由"，但日本女性也并非心甘情愿地行使该权利。由于缺乏避孕的知识和方法，加上男性的不合作，女性只能通过堕胎来应对不受待见的怀孕和生育。因此，将堕胎作为一种避孕方式的简单粗暴的想法在当时非常盛行。从 20 世纪 50 年代到 60 年代，行使"堕胎自由"权的主要是已婚女性，她们生完两个孩子后，若怀上第三、第四个孩子，会进行堕胎。这看似有利于女性，但实际上她们的丈夫才是最终受益者。

二战以后，日本女性的"现实生育数"较"理想生育数"往往少一个左右。芹泽俊介认为，日本人通过牺牲"未能出生的另一个孩子"，实现了富裕和中产化（芹泽，1997）。政府虽然没有在政策上控制生育率，但从经济上进行了引导。虽然《优生保护法》中的"经济理由"并不是指只有贫困程度处于警戒线以下才可以堕胎，但养育孩子的成本空前提高，生了也养不起、想生也生不了的环境自动引导人们选择最多只要两个孩子。

养育孩子的成本除了教育费和住宅费等可见成本之外，还有女性的再生产劳动这一隐性劳动成本。工业化使得女性被迫成为家庭主妇并专职育儿，而她们失去的不仅仅是机会成本。由于共同体的解体和育儿环境的小家庭化（社会孤立化），孩子的数量虽然减少了，但对女性来说，养育孩子却成为负担沉重的劳动，这是历史上从未有过的情况。而且在"少生优育"的少产少死社会中，育儿对母亲来说是绝对不允许失败的事业。[1]

1989年，日本的"总和生育率"只有1.57。这个数字被称为"一五七冲击"，反映出政府和商界在面对生育率下降超出心理预期时的不知所措。1.57这个数字之所以令人震惊，是因为其比1966年（昭和四十一年）明显人为捏造的低生育率还要低。但事实上，这个数字是通过之前逐渐下滑的生育率趋势可以完全预料到的一个结果，不至于事到眼前才惊慌失措（上野，1991b）。

有学者认为，生育率低下除了因为孩子难养以外，还因为女性的状况发生了变化。比如女性参加工作的比例上升、受教育程度上升、不婚和晚婚的情况增加等。因而也出现了很多针对女性的指责，这些自以为是的话语归纳起来就是："受过教育并拥有工作的女性，越来越以自我为中心，不再感受到结婚和生育的魅力。"

我认为女性受教育程度的提升和参与工作比例的增加是不可逆转的历史潮流。因此，应该为"职场妈妈"提供更为人性化的育儿环境，这样才能在一定程度上抑制生育率的下滑。实际上，受到"一五七冲击"的影响，日本政府于1991年匆忙出台了《育儿休业法》作为应对之策。虽然该法律存在诸多问题，比如规定育儿休假只有一年，休假期间没有工资（从1995年开始，根据雇佣保险的补充解释，产假期间可发20%的工资），但有假总比没有强，所以该法律受到了女性职工的欢迎。如此，日本女性不用再担心因生育失去工作，可以专心育儿了。而且《育儿休业法》的出

---

[1] 关于无偿再生产劳动及其负担问题，可参考《父权制和资本主义》（上野，1990）。

第七章 "生殖权利/生殖健康"与日本女性主义

台并非源于女性运动奋力抗争的结果,她们因而感觉好像天上掉下了馅饼一样。

在瑞典、法国等地,国家拿出巨额预算积极推行家庭政策。这些国家的公共性育儿扶持政策,以支持"职场妈妈"的育儿为目标,对维持生育率起到了一定的作用,因而备受好评。瑞典将代际更替的生育率维持在2.1左右,法国也维持在1.8的相对高位水平。法国专家认为,如果没有此类强有力的家庭政策,将很难维持这种水平。

在意大利,家庭属于自我管理的私人领域,国家无权介入。在这一不成文的规定下,国家无从实施家庭政策。随着近年来女性的高学历化、堕胎和避孕药的解禁、女性进入劳动市场等风潮在意大利快速兴起,社会环境并未与之匹配,其女性生育率仅为1.2,在欧洲仍处于最低水平。

20世纪90年代,德国的生育率仅为1.4,低于日本,但随着日本少子化倾向的加剧,近年来生育率之低已反超德国。虽然德国政府针对家庭及儿童的财政支出巨大,但与政府的热情相比却收效甚微,从而被质疑政策方向有误。由于德国家庭政策的制定以全职妈妈的育儿模式为基础,所以职场妈妈这一群体成了政策的弃儿。对比统一前的西德与东德的女性生育率不难发现,女性参加工作未必会导致生育率下降。东德的女性大多有工作且有堕胎自由,但由于国家针对育儿女性出台了优厚的保护政策,所以生育率反而比西德高。

各国专家一致认为,影响生育率走向的决定性因素是该社会"是不是适合育儿的宽松型社会",在20世纪90年代的今天,我们还要加上"对职场妈妈而言"这一前缀。人们普遍认为生育率的高低与诸多因素(包括未知因素)有关,难以人为进行调控,但其在发达国家之间呈现出的多样性,是值得深思的问题。而且在思考日本未来的家庭政策时,欧洲各国的事例也可以作为重要参考。[1]

避孕药的解禁与日本女性主义

人口政策的相关研究已经证实，运用法律手段来禁止堕胎和避孕没有任何效果。强权政府经常试图通过禁止堕胎来提高生育率，但从东欧改革前的罗马尼亚的案例可以看出，政府出台禁止堕胎法案后，生育率虽有短暂回升，但很快又恢复了原状，其长期走向并没有太大变化。不仅如此，禁止堕胎反而带来了诸多负面效应。极其危险的黑市堕胎盛行，致使女性处于生命安全无法得到保障的危机之中。从20世纪60年代开始，欧洲各国的生育率呈现出长期下滑的趋势，由此可见，无论政府是否施行了禁止堕胎政策，各国的女性生育率都在走低。

生育率的低下与避孕药是否解禁无关。意大利直到1978年才解除了避孕药的禁令，但在此之前生育率早已开始下行。生育率的长线变动状态表明了这样一个事实：不管堕胎有多么困难，无论是否有可靠的避孕方法，女性都不会生下不想要的孩子，即她们会采取一切手段避免怀孕或终止妊娠。

在日本，即使没有避孕药的解禁，自20世纪50年代起，生育率的下降也已经开始。50年代堕胎数占总出生数的三分之二，之后堕胎数逐渐减少；到了20世纪80年代，堕胎数接近总出生数的三分之一。由于出生人数减少，堕胎数也急剧减少。在堕胎合法化的日本，人们上报的堕胎数的可信度很高。由数据可知，日本女性一生中的怀孕次数在减少。如果性行

---

[1] 上述关于欧洲生育率比较的调查数据，可参考 NIRA（综合研究开发机构）出具的报告书《日本生育率变动因素及其未来走向之研究》（1994），其中的提案部分由上野执笔（上野，1994d）。

为的频度并没有减少的话,那就意味着避孕的效果变好了。

再看一下日本避孕药解禁的政治历程。20世纪70年代初,日本将解禁避孕药提上日程,中避联成立。大多数信奉自由主义的女性主义者也都支持解禁避孕药,因此"避孕药"成为女性解放的象征。

口服避孕药成为"最优选择"有以下几个理由。第一,只要不忘记服用,就能百分之百成功避孕;而一旦停止服用,就可以回到能够怀孕的状态。此前的避孕方法都存在不确定性,就连上环避孕的成功率也不是百分之百。曾有媒体报道说,一婴儿出生时戴着避孕环。第二,由于避孕药是内服药,所以与子宫帽、避孕套不同,不会接触性器官,更容易为人们所接受。而且其不像子宫帽的佩戴那样要求熟练度,也不像安装避孕环那样需要专家的帮助。第三,避孕药使避孕的主导权从男性转移到女性。之前,日本男女性行为中最常见的避孕方式是男性使用避孕套,但使用避孕套避孕不仅成功率不高,而且讨厌戴避孕套的男性非常多。在男权主义的性关系下,很多女性都不敢对自己的伴侣提出佩戴避孕套的要求,甚至在已婚女性中,也有不少女性抱怨说因害怕怀孕而无法享受性爱。第四,20世纪70年代不仅是女性解放的时代,也是性解放的时代。口服避孕药这种可靠的避孕方法的出现,使女性能够将"生殖的性"与"享乐的性"区分开来。因此,口服避孕药成为女性获得性行为主体性的象征。

然而,避孕药的使用也带来了诸多问题。首先,关于口服避孕药的副作用,当时人们并不充分知晓。因为那时还没有足够的临床案例可以说明,当体内的激素环境长期处于人为控制下会带来怎样的副作用。其次,避孕药需每天服用也很麻烦。理论上避孕的有效率应是百分之百,但实际上因某次忘记服用而导致避孕失败的案例层出不穷。再者,虽然避孕药使避孕的主导权从男性转移到了女性,但结果却使得男性越发不用承担避孕的责任。它甚至令男性产生了这样的心理预期——服用了避孕药的女性身体一直在为性爱做准备，以致出现了违背女性意愿的性行为。也就是说，女性因为服用了避孕药而被男性认为随时都可以发生性关系。

秋山洋子及同伴曾经尝试过这样的实验——服用榎美沙子不知从哪里弄来的避孕药。因实验中出现恶心感和身体状况变化等症状，她们得出了结论："避孕药绝对不是什么好东西。"但尽管有这样的结论，榎美沙子本人还是主张解禁避孕药，后来她还成立了中避联。在1974年的参议院议会选举中，榎美沙子以"女性党"的名义参选，结果惨败，从此彻底从公共视野中消失了。

20世纪70年代，日本政府未能通过解禁避孕药的议案，但其理由并非担心女性身体受到伤害。当时在围绕避孕药解禁问题的国会讨论中，有保守派议员发言说，避孕药的解禁"会招致年轻女性的伤风败俗"。所以虽然当时各发达工业强国都解禁了避孕药，日本却在专家言论的支配下，成为"避孕药落后国"。

然而，在避孕药解禁后的一段时间，各国都出现了关于避孕药副作用的报道。报道指出，服用避孕药的女性出现了脑血栓、恶心、肥胖等各种不良反应。为此，各国专家们开始限制女性长期使用口服避孕药，或着手研发副作用小的低剂量避孕药。他们利用女性的身体，对口服避孕药进行了大规模的人体实验。所以日本厚生省的保守判断，反而产生了意想不到的结果——保护了日本女性免受人体实验的伤害。

除避孕套外，[1]几乎所有避孕方法都受到了女性主义者的批判。她们认为以女性身体为对象开发的生殖技术存在性别偏见。武田美由纪指出，以男性身体为标准，将女性身体视为有别于男性身体标准的异类，这种妇

---

1 除此之外，还有一种名为输精管结扎的男性绝育手术。该手术安全性高、无副作用、手术简单，且复原性高。但由于男性在心理上会害怕因手术丧失性和生殖能力，因此实际实施的案例少之又少。

科医疗中的身体观本身就包含着性别歧视（武田，1995）。一直以来，女性被认为具有"生育属性"，怀孕、不孕、避孕都是女性的责任。可在现实生活中，如果没有男性的参与，女性就不会怀孕，所以原本就应该开发出针对男性的更为可靠、安全的避孕方法，但事实并非如此。生殖技术的开发大多由男性专家负责，他们始终将女性的身体视作"客体"，从而妨碍了其将自己的男性身体对象化。而且，男性作为生殖技术消费者也不愿意承担避孕和不孕的责任。换言之，生殖技术的生产者和受益者实际上都不是女人，而是男人。

无论在发达国家还是落后国家，女性的身体均成为生殖技术的宏大试验场。不过，落后国家更多使用的是避孕针（Depo-Provera）等效果持久但副作用偏大的避孕方式。日本也曾发生过人为导致的药害事件，例如沙利度胺药害事件、"斯蒙病"（亚急性视神经脊髓病）等，所以厚生省未必总能作出"有利于国民健康"的选择。如前文所述，日本政府之所以对避孕药特别慎重，并非因为关心国民健康，而是出于其他原因。

20世纪70年代后半期，连对避孕最为保守的意大利也解禁了避孕药。日本成为发达国家中仅剩的"避孕药落后国"。在那之前，副作用小的低剂量避孕药已经普及。但与此同时，随着艾滋病恐怖席卷全球，避孕套作为预防性病的手段重新得到肯定。二战后的几十年间，日本人最流行的避孕方法是使用避孕套。因此，避孕套非常普及，以至于无须为预防艾滋病而重新宣传"性行为时要使用避孕套"。在艾滋病时代的性卫生方面，"避孕药落后国"的日本一跃成为领跑者，这颇具讽刺意味。

到了20世纪80年代，解禁口服避孕药再次成为日本的政治议题，而具有女性健康自觉意识的柳泽由美子等女性主义者，明确表示坚决反对口服避孕药。1987年，"女性诊所筹备协会"（现在的大阪女性中心）发行了一本名为《我们坚决不选择避孕药》的小册子。同一时期，女性主义者还开始关注生态问题，而女性身体也是孕育生命的环境，所以她们越来越抵触对女性身体进行人为管理或药物污染。由于没有来自女性的强烈要求，解禁避孕药的政治议题也就不了了之了。可见，直到20世纪80年代，日本依然是"避孕药落后国"。

有趣的是，20世纪70年代支持避孕药解禁的女性主义者，与80年代明确拒绝避孕药的女性主义者并非同一群体。80年代，很多人对口服避孕药提出疑问，而曾经支持解禁避孕药的许多女性主义者却选择保持沉默。日本的女性主义者对口服避孕药表现出了与其他西方国家不同的特殊反应。

到了1999年，避孕药终于在日本解禁。从引发争议到1990年医药公司向厚生省提出申请经过了30年，后又经过了近10年，日本政府才终于摆脱了与朝鲜相同的"避孕药落后国"的称呼。1999年男性勃起促进剂万艾可同时获批上市。与万艾可的迅速获批相比，避孕药的解禁花费了漫长的时间，其中的性别歧视一目了然。这说明公共权力极为重视对女性身体的管理。

以下是我本人对口服避孕药的看法。对于某种避孕法，自己选择不用和被法律禁用完全是两码事。尤其是像口服避孕药这种令世界上很多女性都受益，且副作用和效果都已得到检验的避孕法，完全没有理由从法律上禁止它。只要是当事人在充分了解其副作用后做出的选择，便无可厚非。另一方面，像女用避孕膜这类明显会破坏阴道组织的杀精剂，却堂而皇之地在市面上销售，而其副作用并未向消费者充分传达。不仅如此，女性主义者也未能对其进行有效的反击。即使是看似完全无害的避孕套，也会因为高失败率导致女性有被迫堕胎的风险。就像在知情同意书中所写的那样，每种避孕法都有其利弊，而女性有权自主决定选择哪一种。

有人可能会用以下说辞来反驳我的观点：那些无法要求男性采取避孕

措施的女性，即使知道会伤害自己的身体，也会去使用避孕膜之类的阴道避孕药；口服避孕药只会给将女性身体视为泄欲工具的男性提供可乘之机；没有道理要求女性承担重任，为不可预知的性关系时刻做好准备；在男性占据支配地位的性关系中，女性使用口服避孕药只会导致男性主导的权力性关系得到进一步加强。

即使我承认以上见解百分之百正确，也不能将其作为法律上限制避孕药的依据。因为哪怕道路崎岖，女性主义也要追求女性的成熟，令女性成为能够行使自主决定权的主体。

从"生殖权利"到"生殖健康"

开罗会议上的"生殖权利/生殖健康（性与生殖健康和权利）"概念备受关注。"生殖权利"即是我们熟知的"生育的权利/不生育的权利"，而加上"健康"二字，便会产生以下含义。

第一，正如WHO（世界卫生组织）对健康的定义那样，其既有积极的方面也有消极的方面。健康的消极定义主要指排除干预和控制，而积极定义则包含了"安全满足的性生活"，其中自然也包括女性"快乐的权利"。第二，"生殖权利/生殖健康"的概念试图将"健康"置于"性与生殖"这一更为广义的环境中进行定义。第三，将"生殖权利/生殖健康"定义为包括男女在内的"人权"，而不仅将其作为女性的权利。由于生育率低下，女性被母性束缚的时间不断减少，而怀孕、生育价值的稀缺性则在上升。同时，男性对生育、育儿的参与度也在提高。"生殖权利/生殖健康"的说法迫使人们改变观念，承认避孕、怀孕、生产、育儿不只是女性的问题。

即使拥有完备的社会条件和完善的育儿援助体制，妊娠及生育也不一定会自然发生。一方面，有可能会发生不被期待的意外怀孕；另一方面，期待之中的生命未必能如愿平安降生。有一份关于职业女性生育状况的报告称，从事护士及教师这种需要长时间站立工作的职业女性，难产和自然流产的比例均高于平均值。即使怀孕了也未必能保证孩子平安出生。不仅如此，即便有性交也不一定会受孕。从性交到生殖，一个新生命需要在体内环境中克服诸多困难才能诞生。

为了对生育率进行国际比较调查，1994年我去了一趟欧洲。一位瑞典专家说的话，令我至今难忘。他以"虽然还没有得到证实"切入话题，然后说道："不只是生育率下降的问题，我总觉得受孕率本身也在下降。切尔诺贝利核电站事故（1986年）之后，森林里的蘑菇都受到了高强度的辐射污染，很难说这种污染不会对人类的身体产生影响。"

末了，他补充道："只是谁都不想明说罢了。"

日本学者原田正纯率先开展了水俣病的研究，他在研究中也提到环境污染对人类体内环境的影响。原田推测，除了被生出来的"胎儿性水俣病患者"外，极有可能还存在更多因自然流产而未能出生的胎儿。他说："不如说坚持到出生的'胎儿性水俣病患者'是一种幸运的例外，是冰山一角。反言之，我们或许可以猜测，环境污染影响了精卵结合的受胎，甚至影响了受精卵的着床，使许多生命无法顺利萌芽。"（原田，1989）。

作为一名社会学家，我一直认为只要有良好的社会环境，女性就可以行使性和生殖的自主决定权。但如果人的"身体"这一"自然环境"也是社会环境的因变量呢？在社会环境的激烈变化中，不可能只有"身体"之"自然"全然无损。因为人的"身体"也是连接自然与社会的重要场所。

威胁女性自主决定权的不仅仅是直接的法律规定和不利于生儿、育儿的社会环境。还有更大的环境变化正在威胁着生命的萌发、威胁着母腹中的胎儿、威胁着出生后的婴儿。即便孩子能顺利出生，有些母亲还得与孩子的遗传性过敏症做斗争，所以她们对养育孩子之不易深有体会。

生命的再生产既非百分之百的社会现象，也非百分之百的自然现象。关于"生殖权利／生殖健康"这一概念，我的看法如下：

想生的时候，拥有充分的生育权利和能力；不想生的时候，拥有充分的不生育权利和能力；了解到自己不能生育时，有接受现状的权利和能力；而且无论自己生出怎样的孩子，都有接受的权利或承受的能力。

性和生殖的自主决定权意味着女性既不会被生殖禁锢，也不会被生殖疏离。

第八章 男性学的邀约

引言

　　岩波书店出版的《日本的女性主义》系列丛书(全七册),附有题为《男性学》的别册。该套丛书的编者为四位女性,分别是井上辉子、上野千鹤子、江原由美子以及天野正子(编辑助理)。《男性学》一册竟然由女性来编辑,或许也有人会对此表示抵触。女性学并非"讲述女性的学问",而是"由女性讲述的学问"。换言之,其最大限度地尊重以女性为主体的当事人视角。岩波书店出版的这套女性主义文集中所贯彻的编写方针之一,也是立足女性的当事人思想。而在编辑《男性学》时,我们也同样秉持了尊重男性当事人视角的立场。事实上,原本应等待男性编者来编撰《男性学》,但基于以下几点理由,包括我本人在内的四位编者,还是决定将《男性学》作为附册纳入系列丛书之中。

　　第一,男性学是"女性主义出现之后男性的自我反省",是女性主义的产物。迄今为止,大多数社会科学都自称"人类的学问",并把男性视为具有普遍性的"人类"。在此观点下,女性仅被视作"特殊"的剩余人群。在"女性学"出现之前,女性论中的女性都是经由男性之手、被作为他者描绘的客体,且男性研究者坚定地将自己视为主体。女性学研究便是从这种男性中心主义的视角中夺回女性主体性的一种尝试。而男性学研究,则是透过这一女性学的视角,即通过女性眼中的男性形象来进行自我反思的记录。

第二,女性主义出现之后的男性解放运动(Men's Lib)存在多样性,但往往是在两端之间摇摆。一端是反女性主义者(Anti-feminist)要求的父权复兴运动,另一端是亲女性主义者(Pro-feminist)倡导的男性解放运动。当今美国男性解放运动(Men's Lib)的各个团体,由于立场不同经常分分合合,处于一盘散沙的状态。而想要从各式各样的男性解放运动团体中,分辨出哪个团体真正能与女性主义者并肩作战,并非易事。美国的男性解放运动中既有反女性主义者,也有亲女性主义者,不能一概而论。例如,"美国自由联盟"(National Coalition of Free Men)的劳伦斯·迪克斯(Lawrence Digges)反对女性主义中"抨击男性"(male bashing)的思想,并提倡恢复男性以往的尊严。鲁思·林顿(Ruth Linton)于"父亲论坛"(Father Forum)这一团体中,帮助男性构建对父亲身份的自我认同。同时还有"争取离异父亲平等权利协会"这类维护单亲爸爸权利的团体。沃伦·法雷尔(Warren Farrell)长期参与了"美国改变男性组织"(NOCM, National Organization for Changing Men)以及"美国男性代表大会"(NCM, National Congress for Men)等团体的男性解放运动,他主张男性与女性一样也受到了压迫,并认为女性对要求男性"成功"负有一定的责任,其造成了男性的压力。而"美国男性反性别歧视组织"(NOMAS, National Organization for Men Against Sexism)便是为了对抗NCM,由NOCM更名而来。其更名的目的在于明确反性别歧视主义以及亲女性主义的立场。杰克·斯特雷顿(Jack Strayton)作为该组织的领导人之一,对法雷尔的观点持批判态度。同时,该组织也遭到了其他男性团体的批判,被认为是"为女性运动服务的男性团体,而非真正的男性运动组织"。可见,男性解放运动团体内部的矛盾错综复杂(上野,1991:114—116)。此外,有一些著作被译介到日本,例如法雷尔的《为什么男人应该是这个样子？》(Farrell, 1986 = 1987)、戈德伯格的《男性危机》(Goldberg, 1976 = 1982)等, 但以"美国男性反性别歧视组织"的标准来看, 这些作者都算不上亲女性主义者。伊藤公雄的《"男性气质"的未来》一书, 为我们勾勒出美国各男性团体的思想脉络。

第三, "社会性别"(gender)一词, 并非展现男女"两种性别", 而是表示"(男女间的)一种差异"。此概念被明确以来（Delphy, 1989 = 1989; Scott, 1988 = 1992; 上野, 1995b）, "女性学"便迈向了"性别研究"(Gender Studies)。性别研究不能仅把与女性相关的领域作为研究对象, 而是必须关注男女性别关系本身。因此, 在性别研究中, 男性学研究不可或缺。女性学迈向性别研究意味着女性学的"发展性消亡", 对此, 也出现了不少批判的声音。之所以使用中立的"性别研究"一词, 取代"女性学"这一具有派别性（失之偏颇）的用语, 是为了更容易在学术之林中站稳脚跟。但那些勇于战斗的女性主义者, 却拒绝使用"性别研究"的表述, 她们反对女性学的保守化倾向, 并故意将自身从事的研究称作"女性主义研究", 从而比"女性学"的说法显得还要旗帜鲜明（早川, 1991b）。然而, "性别研究"的含义, 并不仅限于保守的一面。一些期望打破女性学边缘化地位的学者, 积极运用"社会性别"概念的包容性来拓展研究的宽度（Scott, 1988 = 1992）。不过, 从这一意义上来说, 作为分支学科的"男性学"也同样处于发展性消亡的宿命中。

第四, 随着关注女性主义的男性逐渐增加, 出现了这样的疑问和需求: 既然有女性学, 为何不能有男性学？如果说女性学是女性对身份认同的自发性探求, 那么对于男性的类似尝试, 我们也有必要为其梳理相关文献, 使其能够按图索骥。"女性学"一词如今在大学内外已变得耳熟能详, 但"男性学"却仍是不常听闻的术语。在美国, 男性学书籍已占据书店一角;

而在日本，甚至对于男性学存在与否，都没有一个共识。"男性学"这门学问确实存在，并且我认为，我们有必要向世界展现日本男性用自身话语表述的思想。

男性学的诞生

为什么存在女性解放运动（Women's Lib），却不存在男性解放运动（Men's Lib）呢？估计各位读者中，也有不少人持有这一质朴的疑问。

所谓女性解放运动，是指针对性别二元论及其引发的"女性气质"压迫，女性提出抗议和控诉的运动。按理说在同样的性别二元论的压迫下，男性也应苦于"男性气质"的禁锢，但为何我们却迟迟听不到男性解放运动的声响呢？他们之所以不肯从"男性气质"的禁锢中走出来，难道不是因为能够从中获利吗？我们有理由怀疑，男性哪怕拼到胃溃疡、不小心过劳死[1]，依然能从中获得符合成本的回报。

渡边恒夫是日本最早提出《男性解放宣言》的学者，他开创了日本男性学的先河（渡边，1986）。渡边认为，迄今为止男性确实获得了利益，但从文明史的角度看，男性的收获与付出逐渐变得不相称。因此，伴随着女性的解放，也注定会出现男性的解放，这是文明发展的必然。

渡边还指出，随着工业化的推进，出现了男性"被生产禁锢"、女性"被生产驱逐"的现象。他的上述分析与女性主义一致。男性的身体被赋予效率性和生产性的特征，其结果便是与"美"疏离。美成为女性的专属。渡边运用历史学及人类学的资料，揭示出历史上存在过"美并非女性专属品"的时代。

---

[1] "过劳死"指的是日本男性因长时间劳作而猝死。其与"寿喜烧""柔道"等词一样，是无须翻译仅凭读音就能在全世界流通的日语词汇。

渡边曾是一名专业研究异性装扮爱好者（男性的女装癖）的心理学家，其经历颇具启发意义。女装爱好者们一直自我认同为男性，并且经常与女性结成常规的两性关系，比如结婚。他们并不像跨性别者那样，会对自身的性别认同感到混乱与恐惧。女装爱好者羡慕女性之美。他们尽管对性别二元论感到了某种不适，却没有考虑从中解脱出来，也不想改变当前的性别秩序。他们在享受身为男性的利益的同时，采取了暂时性的"代偿行为"[1]。从结果而言，他们仍维护着现存的性别秩序。虽然渡边指出与女性受"女性气质"压迫一样，男性也受到"男性气质"的压迫，但他却忽略了二者间的不对等问题。当男性"被美排除在外"时，女性则"被美深深束缚"。不仅如此，对"美"的定义权也牢牢掌握在男性手中。[2]

除了"美"以外，"作为客体的身体"也被排他性地分配给女性。根据现象学的知识可知，对于主体而言，身体被视作"客体"，并逐渐成为连接主体与外界的媒介。在性别二元论下，女性被过度囚禁于"作为客体的身体"中，而男性则经历着"远离自我身体"的过程。茑森树以一种与渡边完全不同的视角来分析异性装扮爱好者。他曾做过一本面向女装爱好者杂志的编辑，在他看来，女装癖并非男性想要暂时性、代偿性地转变为女性，而是男性努力让身体回归自我的一种尝试。茑森同时也是《男性也渴望变美》（茑森，1990a）一书的作者，该书附有男性脱毛指南。但他深知，消费社会下"男性身体的回归"，同时意味着男性主动把自己囚禁于"被凝视的客体"中。在"主体"与"客体"之辩证法的论坛中央，茑森奉上了自己赤裸裸的身体。这表明他已经走出"男性即主体"的舒适圈，准备全身心迎接性别秩序的动荡。

---

1 当人遇到难以逾越的障碍时，有时会放弃最初的目标，转而通过实现类似目标的办法寻求满足，这种做法被称为代偿行为。——译者注

2 请参考《日本的女性主义》（井上辉子等编，1994—95）中的第六册《性》及其解说部分（驹尺编，1985；上野，1995a）。

我意识到在提及男性作者时，很难再使用"他"这一专门指称男性的第三人称。因为这些作者已经主动接受了性别秩序动摇的事实。茑森在《"男性"与"非男性"——性别差异的语言政治》（1990b）一文中，细致分析了人称代词中所隐含的性别束缚。

性别秩序的动摇与男性解放运动

对于日本的男性解放运动来说，桥本治功不可没，他的研究早于渡边四年。桥本所著的《莲与刀》（桥本，1982）一书，是对弗洛伊德理论的解构，其文风通俗易懂。弗洛伊德理论是"儿子如何成为父亲的父权制故事"，而桥本却从儿子的立场出发进行了反驳。《莲与刀》的副标题为"为何男性会恐惧'男性'"，该书揭露了男孩所受的压迫，并建议男性放下"父亲"之权威。《莲与刀》的书名，无疑模仿了鲁思·本尼迪克特所写的日本文化论著作《菊与刀》（Benedict，1967 = 1972），但其同时也是对"日本文化论"的解构。桥本在意识到"菊"与"刀"的性别象征后，[1]对日本社会这一由"父亲"们构成的"男性同性社会性欲望型"社会进行了批判。桥本既是以女性口吻创作了《桃尻娘》系列作品（1979）的女性文体的作家，也是推广以日本女子高中生语言为开端的"平成言文一致体"[2]的先锋旗手。[3]他率先向世人展现了性别秩序的动摇，以女性文体嘲讽性别秩序，轻而易举地越过了性别的边界。

---

[1] 在日本悠久的"男色"（即男同性恋）传统中，"菊"暗喻男性的肛门，"刀"则暗喻阴茎。

[2] 言文一致体指的是将日常的口语运用于文章书写中，使文章表述通俗易懂。日本曾在明治初期出现过言文一致运动，这里是效仿该运动的一种说法。——译者注

[3] 桥本将清少纳言视为平安时代的"职业女性"，他用"现代的女性语言"将《枕草子》翻译为现代日语，使之成为了一部畅销书（桥本，1987—95）。关于"平成言文一致和性别"的内容，请参考《上野千鹤子的文学社会学研究》（上野，2000）。

海老坂武是另一位拒绝成为父权制家长的男性。作为萨特（Jean-Paul Sartre）和波伏娃的同代人，他执着于成为一名现代主义者。海老坂希望与女性构建自由的、无束缚的关系，结果却一步步走向了"单身"。可见，"成双入对"的要求不仅仅针对女性，也同样纠缠着男性。海老坂极力主张解放单身男性，在其《单身生活》（1986）一书的"痛恨单身歧视"部分，他风趣辛辣地揭示出反对父权制的男性们所蒙受的歧视。

但即使选择不婚，或拒绝娶一名女性为妻，也不意味着男性可以从父权制压迫中免责。同样，女性即便出于个人选择而拒绝结婚，也无法逃离父权制的压迫。现代主义崇尚浪漫主义的爱情观，作为其极致体现，产生了"自由恋爱"的观念。身为一名愚直的现代主义者，海老坂身体力行地践行了这一"自由恋爱"观。到了20世纪初，随着"新女性"群体的出现，"自由恋爱"的观念已席卷全球。但即便如此，由于性别秩序的不对等，在以"两个自由个体的两情相悦"为名的性行为中，女性仍是受到剥削压迫的一方。在日本也曾发生过著名的"日荫茶屋事件"[1]，该事件的起因是神近市子与大杉荣以及伊藤野枝之间的三角关系。目前，女性作为性（sexuality）之主体尚未成熟，且不具备容许其成熟的社会环境，所以海老坂的策略即使着眼于婚姻之外，却依然是父权制的产物。而其策略之所以未对女性造成压迫，是因为女性解放走在了前头。从这个意义上说，男性多出一个"单身生活"的选项，也是女性主义的直接产物。

山崎浩一与细谷实同为20世纪50年代出生的人。据山崎说，他们都是"直接接受了女性主义洗礼"后成长起来的年轻一代。自女性主义出现

---

[1] 日本大正时期的无政府主义者大杉荣奉行"自由恋爱"观，他一边与身为女性记者先驱的神近市子交往，一边又与伊藤野枝保持暧昧关系，从而招致了神近的嫉妒，导致1916年在叶山地区的"日荫茶屋"中发生了神近对大杉的行刺事件。该事件被视为自由恋爱观的挫败。当时，大杉已有一位名为堀保子的正妻。所以，所谓"自由恋爱"，不过是男性为所欲为的代名词。明治、大正时期的"新男性"，为了实践自由恋爱的观念，需要"新女性"的配合。关于这一点，黑泽亚里有极为精辟的论述（黑泽，1995）。

以来,这代男性就被处于过渡期的同年代女性牵着鼻子走,而那些女性常常摇摆不定、难以捉摸。山崎以直率且幽默的文笔,描述了自己这代男性的困惑及愤懑。他指出:"'主张女性权利的女性主义者'和'试图从女性气质中获利的心机女',并存于同一名女性身上。"对于他的这一观点,很多女性也只能苦笑着表示认同。但生活在性别秩序发生动摇的过渡时期,借用山崎的话说,"在这样一个原有的男女关系框架逐渐瓦解的世界里",不论男性还是女性,"反而应当欢迎这种不牢固、不稳定的关系"。(山崎浩一,1993:239)

细谷也在《"真正的男人"是怎样的家伙?》一书中,以诙谐轻快的口吻,论述了年轻一代男性所面临的角色范本缺失问题,他们"不再想成为像'父亲'一样的人"。这一代男性坦率地承认女性主义的影响,他们的文笔毫不浮夸,令人印象深刻。他们深知,自我表达的方式再也不能遵从以前的男性范本。同时,他们敏锐地洞察到,眼下越是践行"男性气质",越是只能止步于怀旧的模仿,所以唯有全力找寻新的范本。然而新的范本却迟迟未出现,他们因而苦恼不已。

被形塑的男性之性(sexuality)

"男性要主动、女性要被动""美女与野兽"之类的神话以及对于性的双标,一直以来如何扭曲和压迫了男性之性(sexuality)呢?彦坂谛(1991)对该问题的分析最为深入和透彻。彦坂指出,"男性其实也深受男性气质的压迫",这句话看似在说男女对等,但他却并非要为男性的性行为洗白。因为男性的压迫性性行为在压抑男性自身的同时,也确实制造出了备受其蹂躏的受害者。"从军慰安妇"问题中就存在男性的加害性问题,彦坂所著的《男性神话》(1991)一书,是为数不多的从男性视角分析其加害性的著作之一。随着"从军慰安妇"研究的推进,学者们开始"重新审视"日军士兵的回忆录及战记,从中发现了诸多有关"从军慰安妇"的记录,而这些发现再一次震惊了世人。大部分记录不仅丝毫不见愧疚感,甚至对不该诉诸笔端的内容也毫不掩饰。早期由男性撰写的"从军慰安妇"苦难史中,还有千田夏光所著的《从军慰安妇》(1978)一书。但千田与彦坂不同,他并未质疑被建构的男性之性(sexuality)。而其余许多同情"从军慰安妇"的作者,在谈及男性的性欲时,也往往采用了"生理需求"或"就算是根树杈(对女性双腿的想象)也想要紧紧抱住的男性本能"的说法,为男性犯下的罪行辩解。[1]"公共厕所"[2]这一背地里对"从军慰安妇"的称呼,反映了男性的性欲观,即将"从军慰安妇"视为"不得已的泄欲所"。

而彦坂却阐明了这样一个事实——正是战场制造了士兵们的性欲。因恐惧而瑟瑟发抖的慰安妇们毫无反抗之力,士兵们"如同野兽般"压在她们身上发泄性欲,此时男性的性行为实际上全然不是出于本能。而男性轮奸一名受害者的行为,也绝非性欲使然。为了证明男性之间的团结,女性才被抛出来作为"献祭的羔羊"。"男性气质"推动男性奔赴战场,而战场又反过来决定了何为"男性气质"。其中,男性的性欲就只能被定义为"攻击性"。

金塚贞文(1982)指出,即使不是在战场这类极端环境下,而是在日常生活之中,男性的性欲也与"物化"对象紧密结合在一起。金塚是为数不多主张将"男性的性"作为正规哲学课题看待的学者之一,但他并不认

---

[1] 我曾在1993年1月13日的《朝日新闻》上发表了题为"慰安妇问题是性犯罪"的文章。而后,我收到了许多自称有过军旅经历的男性们的私信,他们反驳说我"不理解男性的生理问题"。即使是最为同情"随军慰安妇"的一些人,也认为"那是不得已而为之的恶"。

[2] "公共厕所"指的是为男性性欲服务的女性,这一说法也在20世纪60年代的新左翼运动中得到延续。田中美津的《从厕所中解放》一文正反映了这一点。在这篇文章中,田中美津也提到了"慰安妇"问题。详细内容请参考《日本的女性主义》(井上辉子编,1994—95)的第一册《女性解放运动与女性主义》。

为物化他者是男性性欲的"宿命"。"现代"和"消费社会"强行制造出个体化的身体，而物化他者（性爱）便是作为"个体"的身体与他人身体相关联的唯一方式。那么，如果不与他人的身体相关联呢？之后，金塚在《自慰者宣言》（1992）中指出：在消费社会里，"现代化个人"所能拥有的最高效的身体状态，是"自慰的身体"，即让自己成为"自慰者"（onanist）。那是属于辣妹高中生及宅男的世界，是一个女性自我陶醉性身体与男性自慰性身体永远不会相遇的空间。金塚是一名忠实的现代个人主义者，与其说他在宣扬"解放"，不如说他试图将读者卷入现代个人主义的死胡同中，与其一同陷入绝境。

谷口和宪（1994）通过详述自身的"买春经历"，论述了男性的性欲如何被形塑。由女性写作的男性买春报告中，有福岛瑞穗与中野理惠共同编写的《买春的男性与不买春的男性》（Pandora 编，1990）一书。根据其记述可知，"买春男性"都是随处可见的普通男性，他们大多不认为嫖娼是件坏事。也就是说，他们并没有像谷口那样困扰于自己的买春经历，因此也从未考虑过要从中走出来。由此可见，这些男性是如此的"普通"。在消费社会的性幻想中，没有自主决定的内容。同消费欲一样，性欲也是被建构和激发出来的。消费社会的性文化教授人们如何消费性，而色情书刊正是这方面的教科书。谷口认为，男性的性既非"出于本能"，也非"命中注定"。既然性由社会形塑，那么同样也可以被重塑。谷口周游亚洲各地的旅行，就像是在寻求未知之性的朝圣之旅。

小浜逸郎以男性当事人视角探讨了男性的性，并主张"性磁场的存在方式具有普遍性，其本质是一种'凝视与被凝视'的不对等状态"（小浜，1990：47）。但在福柯的《性史》问世之后，仍用"本质"和"普遍"来说明与性相关的问题，不仅显得落伍于时代，更是一种逆历史潮流的行为。因为福柯以后的性研究，已经揭示出性的"自然化""本质化"是现代的产物。小浜提及了我所写的《裙底下的剧场》(上野，1989)一书，夸赞我（上野）深刻认识到在性的形成过程中存在"性别非对称性"，虽然其夸赞并不贴切。同时，他还对我未能理解性之"本质性"进行了批判。小浜的论调是一种本质主义的保守性言论，对现状全面肯定，毫不质疑。他在充分了解女性主义的同时，撰写了多本著作，诸如《男性存在于何处》（小浜，1990）、《中年男性论》（小浜，1994）等。其著作可谓出自男性之手的男性论。小浜非常认真地对待女性主义提出的议题，在这一点上，他是为数不多的男性论作者之一，显得弥足珍贵。但其论调又不乏与女性主义的背离之处，说明"女性主义出现之后男性的自我反省"未必一定是亲女性主义的。小浜的言论可谓过渡时期男性气质的危机论，是逆历史潮流的产物，但其研究作为该时期的民族志资料具有一定价值。

进入20世纪90年代后，男性的性（sexuality）认知产生了动摇，于是市面上接连出现了许多倡导"对男孩进行性教育"的书籍。例如，村濑幸治所著的《剖解男性新论》（1993）、桥本治所著的《我们的性行为》（1993）、田崎英明所著的《性行为并不可怕》（1993）等等。桥本认为自慰与性交是完全独立的两种行为，并明确表示二者不可能相互"替代"。男性可以把自己永久地封闭在一个"自慰的身体"里，但若希望与他人发生"关系"，便需要打开一扇未知世界的大门，寻求另一种自己身体的存在方式。

私人领域里的男性

提起能够理解女性主义的男性，我们脑海中首先浮现的便是那些"做家务和带孩子的男性"。所以男人与其沉默示爱，不如用实际行动来表明爱意。一些男性冒着沦落为"二流市民"的风险，承担起无偿的家务劳动，其原因多种多样。他们或是迫于妻子的压力，或是处于无人帮忙照顾孩子的环境，抑或是出于自己的意愿。

村濑春树（1984）是推广"家庭主夫"（househusband）一词的功臣。他的妻子长井由美子很早便开始使用"由美子·长井·村濑"这样的叠加姓氏（而不是随夫姓），以追求一种全新的夫妇形态。同时这对夫妻也是实践家，他们从生活者的立场出发，对如何打造便于男性使用的厨房，以及如何与儿童或老年人一同生活等提出了有益的建议。作为"全共斗"世代的一员，村濑常常自问："未能从特警机动队眼前逃脱的自己，能逃离妻子和家庭吗？"在他看来，奉行公司中心主义（以工作为中心）的丈夫们，都是一些逃避家庭责任的卑劣男性。

女性解放运动者把下述事实摆在男性眼前：家庭对于男性来说并非单纯的"安逸"之所，而是一个无处可逃的名为"日常"的战场。星建男（1977）是应下这一挑战的男性之一。育儿是无法回避的日常，而那些积极面对的男性才更加勇敢、更具男子气概。他们在迷茫与困惑中，重新审视所谓的男性气概，展现出令人感佩的真诚。同时我们还应注意到，正是女性的强烈意志促成了这一改变，她们将男性逼入日常生活的战场，不让其逃离。

与村濑不同，其他一些家庭主夫倾向于将自身的实践理解为"自由选择"或"家庭角色分工的互换"，即"夫妻双方都有自己擅长与不擅长的领域，因此无论是去工作还是全职照顾家庭，都应该取决于各自的选择"。但村濑作为一名有过真实家庭主夫经历的男性，得出了与众不同的结论，他认为自己既不是主妇也不是主夫。即使家庭角色可以互换，只要性别分工的结构依然存在，即迫使人们在"工作和家庭"中二选一的社会结构本身没有被打破，压迫便不会消失。村濑注意到自己在专职做家庭主夫期间，时常会不由自主地对孩子唠叨，并变得很爱抱怨。可见，"家庭主妇综合征"并非女性的固有属性所致，而是角色分工的结果。

为了维系家庭生活的正常运转，无论出钱还是出力，都应由男女双方共同分担。将上述立场简明扼要地阐述出来的，便是日本的"育时联"（男女共享育儿时间联络会），他们提出了"'对半分'主义"。女性主义者倡导的"不管是有偿劳动还是无偿劳动，男女都要共同承担"这一主张，被育时联的男性群体简单地命名为了"'对半分'主义"。并且，针对那些不允许男性获得育儿时间的职场，育时联采取了游击战的方式，他们或是推行局部罢工战术，或是将媒体卷入其中，灵活多样地进行对抗。

根据日本《劳动基准法》的规定，育有一岁以下婴儿的劳动者，有权获得每天总计一小时的"育儿时间"，分别包括上午30分钟和下午30分钟。过去，女性们用这一小时的育儿时间来给孩子喂奶（其余时间孩子交由单位托儿所照顾）；而如今，这一小时主要被用于接送孩子上保育园，所以也时常被作为迟到、早退的正当理由。如果只是接送孩子去保育园，那么无论是父亲还是母亲，都可以完成。但一直以来，当家有婴儿的男性劳动者要求获得育儿时间时，雇主一方都会以"设立育儿时间的主要目的是为了给母乳喂养提供方便，所以其并不适用于不能哺乳的父亲"为由进行反驳。

此后，围绕是否将这一规定的适用范围扩大至男性的问题，男性劳动者在职场采取了一系列行动。1985年，东京都田无市认可辖区内的劳动者不分性别都能够获得育儿假。这在日本全国为首例，但其影响却并不足以令当时的自治省[1]改变政策。直至1992年，《育儿休假法》终于在没有太多阻力的情况下顺利颁布。该法律规定，男女双方可以平等享有育儿假。正如日本经济团体所预测的那样，日本男性要求休育儿假或获取育儿时间的人数极少，男性参与育儿这件事仍然迟迟未能形成气候。田尻研治在其

---

1 日本的国家行政机关，原中央省厅之一，负责主管地方自治的事务。——译者注

《躺平哲学》（1989）一书中描述的骑自行车上班时后座带着孩子的父亲形象，生动地体现出这一点。

从"男性气质"的标准来看，"躺平的男性"是"没出息的男性"。那么这样的男性终究只能沦为职场的累赘吗？事实上，育时联中的一名成员，在休了整整一年育儿假后，仍然与同事同步晋升。他爽朗地笑着说道："像我这样优秀的男性，是不可能不出人头地的。"1992年是实施《育儿休假法》的第一年，在这一年里实际申请休育儿假的男性，放眼日本全国也不过14人。而这一人数比起日本都道府县[1]的数量要少得多，他们也因此迅速成为了地方媒体上的名人。育时联的男性们带头引领了社会变革的方向，使得休育儿假的男性既不会受到歧视，也不会在职场中受到处罚。

身为父亲的男性

拉斯·亚尔默特（Lars Jarmert）是斯德哥尔摩大学的心理学家，同时也是"思考男性角色之会"的成员之一。他对瑞典男性进行了问卷调查，并根据调查资料著写了《瑞典的男性》一书。亚尔默特在书中指出了"男性出现重大转变的五个契机"，分别为：

> 成为父亲时、成为祖父时、择校择业时、服兵役时以及直面危机时。

（善积，1989；上野，1991：160）

遗憾的是，以上五个契机均与女性无关。瑞典男性危机中心的咨询案例表明，在足以改变男性的"危机"中，虽然也包含与妻子或恋人的突然

---

[1] 日本行政区划制度，共47个一级行政区。分别为1都（东京都）、1道（北海道）、2府（大阪府、京都府）和43县。——译者注

别离，但这种情况下，当男性意识到需要做出改变时往往已无可挽回了。在上述五个契机中，与幼儿相关的就占了两个。亚尔默特的调查表明，男性比起通过女性，更能通过自己的子女发生改变。

日本的调查也进一步证实了这一点。自日本《男女雇用机会均等法》实施以来，男性对女性受到的就业歧视采取了因人而异的态度。他们大多在自己的妻子受到不公对待时闷不作声，而如果是女儿，便会如同自己遭遇了"不公"一样大发雷霆。近来妻子分娩时到场陪同的丈夫逐渐增加，也陆续有一些公司允许丈夫休三天陪产假。据调查，见证孩子出生的父亲与孩子的关系会更好。

然而，当男性越来越认同私人生活的价值，并越发珍视与自己孩子的关系时，他们遇到了新的难题——找不到"育儿参与式父亲"的范本。女性望着自己母亲的背影，通过模仿她成为母亲。同样，当男性尝试参与育儿时，会在记忆中找寻自己的父亲是如何与自己相处的，但他们往往一无所获。难道仅仅向孩子展现"父亲永远是孤独的"这样的背影，便已足够吗？与私人生活疏离的父亲形象或父子之间的隔阂（即使与孩子共度时光也没有共同话题），并非男性的"宿命"。毋宁说，这是现代社会孕育出的、扭曲的"男性气质"之产物。

美国的男性学研究弄清了这样一个事实：那些选择积极与孩子相处的男性，通常迫切需要重新演绎自身的"父子故事"。在此过程中，儿子向父亲伸出想象之手，触碰他的孤独，继而重新认识父亲，并与父亲和解。这与女性主义踏上"寻母"之旅，并最终"与母亲和解"的剧情十分相似。正如女性由父权制下的"父亲的女儿"，转变为以女性间的连带关系为基础的"母亲的女儿"那样（田岛，1986），男性也同样需要从受压迫的"（父亲的）儿子"，转变成一位温柔的"（儿子的）父亲"。也就是说，男性必须斩断父权制家庭的生产链（family chain），从而发现自己体内的"抚养性（父母性）"。这与提倡家庭内"父权的复权"的保守派呼声针锋相对。

公共领域中的男性

迄今为止的男性学研究，主要关注男性作为"丈夫""父亲""恋人"与女性关联时展现出的男性气质。"女性"原本就一直被视作相对于男性而言的一种"关系范畴"（relational category），所以当下将"男性"视为相对于女性而言的一种互补性"关系范畴"的动向，可谓合情合理。加藤秀一指出，"男性论"是一种尝试，它并不把男性视为"普遍的人"，而是将他们视作在性方面与"女性"相对的一方。（加藤，1993：426）

然而，如此一来，公共领域中的男性反而容易被男性学研究忽视。浅间正通为梶谷雄二所著的《男与女——擦肩而过的幻想》（梶谷，1994）一书撰写了书评，他在书评中表达了同样的意见："遗憾的是，名为'男性气质'的幻想在本书中仅被从男女交往方式的层面加以考量，而社会性、教育性、道德性的视角则被排除在外。"（浅间，1995）这是因为，活跃于政治及经济领域的男性，总是假装自己是在性别上处于中立的"个人"。性别研究犀利地指出，"性别中立性"的神话本身，才是构成不对等性别秩序的关键所在。因为性别秩序一直将男性作为"人类"的普适性范本，而将女性视为"二流市民""特殊的存在"，即对女性造成了结构性压迫。

长期以来，以大泽真理（1993a）为代表的许多女性学者，揭示出正是公共领域孕育了诸如"竞争""求胜""英雄主义"之类的"男性气质"，而这样的"男性气质"又反过来定义了公共领域。不过也有几位男性学者，从企业社会的核心入手，剖析了"男性气质"的病理。

守永英辅（1986）认为，企业社会的症结即为男性的症结，并指出男性想要从中走出是何其的艰难。他还进一步指出,男性若依旧故步自封,将会面临毁灭性的结局。守永的观点与渡边恒夫提出的文明史推测一致。眼下我们可以看到,随着企业社会根基的动摇,男性以"过劳死"为代价收获的财富及权力等回报,正在逐渐萎缩。

鹿岛敬(1987)与斋藤茂男(1982)二人皆为新闻工作者。鹿岛是日本经济新闻报社负责官方新闻(御用部门)的记者,而斋藤就职于共同通信社的社会部门,这个部门也是报社中的主流保守派群居的地方。他们二人所关注的问题,在于日本股份有限公司的阴暗面,以及助长了这一阴暗面的男女不平等关系。他们在一线的纪实报道,描述了"上一个好学校、进入一个好公司"这一"企业社会的思维逻辑",是如何一步步侵蚀家庭以及个人的。然而,最早嗅到了这一扭曲逻辑的腐臭气息的,却是女性们。斋藤所写的《妻子们的思秋期》(1982)一书,一经发售便成了当时的畅销读物,同时还衍生出了"思秋期"[1]这一流行语。不过,他原本的出发点是对"丈夫们"的关怀,但之后却将重心转向了隐身于丈夫背后的"妻子们"。斋藤的"采访笔记"(斋藤,1993)中生动地记录了这一转变的来龙去脉。

鹿岛与斋藤二人均就职于大众传媒部门,是名副其实的大企业职员。但他们并没有从内部人的视角来批判自己单位的工作方式及组织结构。在阅读这些基于旁观者立场而非企业内部人员视角所撰写的企业批评时,我不免感到失望。在日本,难道就算有员工以自杀的方式来为其上司背黑锅,也没有人会站出来揭发企业的罪行吗?不仅如此,企业中心主义还蔓延于家庭中,形成了所谓的"家庭企业主义"(而非"企业家庭主义")。木下律子在《王国的妻子们——于企业城邑之中》一书中,以"社宅妻"(即

---

[1] 日语中用"思春期"一词来表述青春期,斋藤与其相对,创造了"思秋期"一词来表述更年期。——译者注

与丈夫一同住在职工宿舍的妻子）的视角，运用"参与观察法"[1]对家庭企业主义进行了论述。因丈夫的过劳死而成为遗孀的女性们，也将自己的控诉诉诸文字出版发行（全国关注过劳死家属协会编，1992）。此外，佐高信对日本的非人性化企业社会进行了强烈批判（佐高，1990、1991），但遗憾的是，他未能清晰地呈现这样的观点：当下企业社会的病态实质是性别秩序扭曲的结果。据说，佐高也曾收到过来自企业内部人员的揭发信，然而这些员工并没有公然批判自己企业的勇气。唯有男性当事人的声音才能引发关注，可男性们却依然噤口不言，沉默得令人胆寒。

男性同性恋研究

《私密同志生活》（*Private Gay Life*）（伏见，1991）的作者伏见宪明，是日本面向大众媒体宣称自己为同性恋者的第一人。他发明了"性别二元论"这一独具匠心的术语，并道破所谓异性恋，即是"男性制度与女性制度的同床共枕"。在此之前，从未有人如此简洁地将异性恋表述为"制度"而非"本能"。而两种"制度"耳鬓厮磨下的男女房事，也不过是缺乏沟通的制度性行为。

我们最初计划将伏见宪明的文章收录至《男性学》别册中，但因他本人的拒绝而不得已放弃了这个想法。伏见认为，"男性学"应由男性当事人亲自执笔，我深以为然。我也期待着，在不久的将来伏见的愿望能够成真，我们有朝一日能看到由男性同性恋者自己编撰的同性恋研究文集。

弗洛伊德虽然认可婴幼儿的性欲是形式多变、错乱反常的，但他在性的发展心理学理论中，最终还是将异性间除性器官交合以外的其他所有性

---

[1] 研究者深入研究对象的生活背景，在实际参与研究对象日常社会生活的过程中进行观察的方法。——译者注

行为，都看作是"错乱反常"的。近来，关于"性史"的诸项研究表明，弗洛伊德的观点契合了现代对于性（sexuality）的要求，即夫妇间不以生育为目的的所有性行为，都是"异常"行为。

受福柯所著《性史》（Foucault, 1976—84 = 1986—87）的触动，西方也涌现出阿兰·布蕾（Bray, 1982 = 1993）、威尔弗里德·威克（Wieck, 1987 = 1991）等学者，他们的研究清晰地揭露出现代"恐同现象"（homophobia）的由来。在日本，古川诚（1993）的研究与之类似，他以日本国内为田野，立志开展"同性恋社会史"的研究工作。[1] 正如异性恋并非"自然而然"那样，同性恋也并非出于"本能"。二者皆由文化和社会形塑而成。而且，我们也不可将欧洲的"性史"等同于日本的"性史"。"同性恋"一词传入日本的历史并不长，且日本有着"众道"[2]及"男色"[3]等传统，所以日本学者必须书写出一部不同于欧洲的《性史》。

男同性恋与女性主义之间的关系，与男性学内部各流派之间的关系相似，极为错综复杂。因为历史上男同性恋往往与厌女症紧密结合在一起。这点在福柯关于希腊"少年爱"的论述中也有所体现。在古希腊社会，对作为"自由民"的男性来说，"少年爱"非但不是人生污点，相反其地位远在异性恋之上，是最为崇高的性爱。这种性爱观中包含了对女性及奴隶毫不避讳的歧视。事实上，在男同性恋的谱系中，反复出现了对女性的蔑视和对男性气质的赞美。法西斯主义、男性结社等反映男性同性社会性欲望的集团，都与同性恋密切相关（Mosse, 1985 = 1996）。而在日本，三

---

[1] 《男性学》别册中收录了古川诚的论文。除此之外，他还著有更为翔实的长篇论文。古川的论文也有英文版（古川 1994；Furukawa 1994）。

[2] 众道是男同性恋之爱，并延伸着武士道的忠诚信念，主要发生在日本战国和江户时代。——译者注

[3] 男色同为男同性恋之爱。在1892年之前，无论同性、异性、肉欲之欢、柏拉图恋爱，在日本均统括为"色"。异性间恋爱为"女色"，男性同性之恋则为"男色"。——译者注

岛由纪夫的言论也明目张胆地表达出对女性的厌恶及对男性的赞美。

然而，女性主义浪潮之后出现的新式男同亚文化群体，则觉察到了男性气质的压迫性。所谓男同性恋者，并非能够不顾性别自由恋爱的人，而是只能爱上男性的人。伏见自知，自己对于性对象的选择，或许会强化"性别二元论"中的"男性制度"。男同性恋者生于恐同的社会，深受现代父权制的压迫，在这点上与女性主义者相同，也就是说，两者有着共同的斗争对象。如若男同性恋者抵制结婚，则将与海老坂一样需要面对单身歧视；假如他们不生孩子，便是背叛了"现代家庭"的期望；而若是"出柜"，便会被污名为"变态"，遭受冷眼和嘲笑。

由青年男同性恋者创作的一本名为 Kick Out 的草根杂志，真实记录了作为新生代的他们发自肺腑的声音。铃木彰[1]（1993）向亲朋好友宣布自己为同性恋，并竭尽所能尝试与周围人构建真诚且顺畅的人际关系。这一行为或许不仅会改变铃木自己，也会改变其周围的人们。鸣海贵明（1992）坦言了自己对于现实的烦恼纠结，即在现实社会中，不论性别，只要去爱，就一定会产生嫉妒或占有欲，引发人与人之间的爱恨情仇。无论是男同还是女同，同性恋的恋爱经历带给他们的切身体会，是自己被毫无保留地暴露在与他人的关系中。因为没有了性别的遮掩，同性恋者与他人的关系便缺少了范畴分类的掩饰，显得更为紧张。异性恋者将人际关系交托给名为性别的陈规旧套，而伏见等同性恋者所憎恶的，正是异性恋者的这种"天真"。现代的"对幻想"不仅存在于异性恋之间，也存在于同性恋之中，所以，女性主义一直以来面对的问题与青年男同性恋者探索的课题极为接近。在偶然被称作女同或男同的性关系中，可能充满了非异性恋的多样化形态。而所谓的"同性恋"，不过是被二元对立的异性恋秩序赋予的

1　此处将 Akira 译作彰。——译者注

一个束缚性名称，以示与"异性恋"的区别。可以说，在同性恋研究（Gay/Lesbian Studies）的引领下，性（sexuality）研究才刚刚起步。

男性的女性主义

本书将男性学定义为"女性主义出现之后男性的自我反省"，故而不把男性所写的女性论或女性主义论归入"男性学"之中。虽说出自男性之手的女性论中也不乏优秀的论著，但本着尊重女性学及男性学"当事人性"的立场，即出于学术"派别"的理由，我采取了上述做法。

自女性学成立以来，关于女性学的"当事人性"问题，即女性学研究者是否仅限于女性的问题，便一直处于争论之中。"Women's Studies"本应被译为"（跨学科的）女性研究"，但井上创造性地将其误译为"女性学"，并将其定义为"女性的、由女性进行的、为了女性而开展的（of women, by women, for women）学问"。从那以后，女性学研究的排他性一直饱受质疑。但据我所知，包括井上自己在内，我们从未说过男性不能成为女性学研究者或是禁止男性成为女性学研究者。不过，男性倘若想要从事女性学研究，不论在实践上还是理论上，确实都会存在一定困难。

从实践的角度看，在女性主义运动的初期，投身其中的男性往往举步维艰。他们或是作为男性的代表成为集会活动中被围攻的对象，或是被集会活动拒之门外。他们乃是男性中试图理解女性主义的少数特例，却被当作父权制代理人而成为被围攻的对象，这确实不合情理。然而实际上，（1）这类男性的发言经常有一种以女性监护人自居的语气，且（2）在早期的女性集会中，由于男性的存在本身就会产生牵制女性发言的权力磁场效应，所以女性主义者在实践中一直排斥男性的参与。但这种排斥男性的情况，随着女性主义的成熟而锐减。此外，（3）有一些狡猾奸诈的男性研究者，将女性学的研究成果作为理论补充为己所用，并迅速转化为自己的业绩。因此，女性主义者对这些人存在戒备心理。女性主义批评理论家伊莱恩·肖沃尔特（Showalter ed.，1985 = 1990）就曾批判特里·伊格尔顿（Terry Eagleton）等男性文学理论家是女性主义理论的剽窃者。同样的倾向在日本也有端倪。当女性主义理论成为需要学习的对象时，紧随其后虎视眈眈的研究者多为男性，他们拥有"才华及资源"（地位及论文发表机会），会掠夺女性主义的成果。这种情况屡见不鲜。

从理论上来说，首先，女性主义从"个人即政治"这一标语出发，追求"女性经验的理论化"，因此女性学是基于"女性经验"的"当事人理论"的。而由于男性无法成为女性经验的当事人，所以这会成为其从事女性学研究的阻碍。对此，或许会出现如下反驳：如若拘泥于"当事人原则"，那么社会学家将无法对罪犯进行研究，因此研究的关键在于研究者是否具有"社会学的想象力"。这种反驳不无道理。其次，女性学存在"为女性谋利"的派别性特征。当然，也可以存在"女性的、由男性进行的、为了女性而开展的（of women，by men，for women）学问"。但此时，开展女性学研究的男性研究者，其立场便如同主张奴隶解放的白人一样。很显然，奴隶从奴隶的身份中解放出来，与奴隶主从奴隶主的身份中解脱出来完全不同。这是因为，二者对于奴隶制的经历感受大相径庭。众所周知，像《汤姆叔叔的小屋》的作者斯托（Harriet Beecher Stowe）夫人这样的废奴主义者，虽然将奴隶所处的窘迫境遇视作问题，却未能关注到奴隶主的衰颓及奴隶主身份认同的形成问题。奴隶解放理论无疑是基于"白人的逻辑"，因此奴隶解放理论中首先应该质疑的是"白人问题"。黑人作家托妮·莫里森（Toni Morrison）有理有据地论证说，对于那些处于支配地位的白人来说，将自身问题化是多么困难；她还指出，直至今日，美国在这件事上又是如何屡屡失败的（Morrison，1992 = 1994）。这同样可以用以解释男性将自身问题化的艰难程度。我想再次强调，我们不能将男性所做的女性研究，原封不动地称为女性学。出自男性之手的女性研究，在过往的历史中也层出不穷。而女性学强调研究必须从"女性的视角"出发，且女性必须是研究的主体，而非客体。对于男性来说，比起站在"女性的视角"，作为代理人进行女性研究，当务之急是更应将自身"作为男性的经验"理论化。濑地山角等学者对我的观点存在误解，事实上我从未说过男性无法胜任女性学研究。我一直强调的是，不必劳烦男性进行女性学研究，而且在此之前，男性还有更为重要的问题需要解决，他们应首先开展作为男性之自我反省的男性学研究。

濑地山角是一位从事女性学研究的男性学者，因女性主义的排他性与派别性而备受挫折。他一直批判女性主义的"僵硬死板"，并声称自己这么做是"为了女性主义"的利益（濑地山，1993）。据其所述，所谓女性主义，应属于所有追求"性别正义"的男女，故而"应当停止将女性学视作女性专属的研究"。濑地山角的这一说法，不过是文字游戏，即将"女性主义"一词替换为"性别正义"而已。一旦女性主义接纳了"性别正义"的说法，便不得不承认"正义""平等""真理性"等理念，它们是现代知识形成的前提。然而，提高知识的普遍性和真理性并非女性主义的使命。女性主义所要做的，是反思现代知识的生产方式本身。换言之，"正义""平等""真理性"等看似中立的言说所隐含的危险，才是女性主义关注的问题。

加藤秀一写道：

> 我在大学上社会性别论这门课时，曾有一名学生对该课程发表了出乎我意料之外的感想。那位学生认为，课程本身较为有趣，但令其感到不满的是我一直只是在谈论女性。此事令我猝不及防。……她提出的要求比我的课程内容更超前一步。换言之，她想表达的是：被"女

性论"相对化的"男性论",不正应该由身为男性的你自己来讲述吗?如今回想起来才发现,她将一个极为合理的问题摆在了我的面前。

(加藤秀一,1993:382—383)

现在才感到"猝不及防"实属反应迟钝,但即便如此,总比意识不到这一问题要好。加藤是在认真地面对这一坦诚的疑问。

女性主义孕育了新一代的研究者,其中包括加藤秀一(1994)、濑地山角(1994b)、诸桥泰树(1990—1992)、赤川学(1993)等与女性主义一路同行的杰出男性研究者。如果他们不满足于仅作为女性主义的"同行人"或"代理人"开展研究,那么或许可以为性别研究注入属于他们的新视角。也唯有如此,对于男性而言,性别研究才能成为一门务实的学问。

女性撰写的男性论

最后,我想谈谈女性主义兴起之后由女性所撰写的男性论。1986年,樋口惠子等人最先察觉了男性学的研究动向,出版了《日本男性论》(1986)一书。此外,还有福岛瑞穗与中野理惠共同编写的《买春的男性与不买春的男性》(Pandora 编,1990),内容源于对买春男性的采访记录。

由女性执笔的男性论中最为重要的成果之一,便是春日 kisuyo[1] 的《生活在单亲父子家庭中》一书。春日认真倾听了单亲父子家庭中作为"当事人"的父亲们的心声,通过探讨与母子家庭相对的父子家庭,她清晰地揭示出现代家庭的弊端及男性气质的局限。

有两点十分有趣。首先,不论是福岛还是春日的调查,均从男性的"当事人言说"入手寻找问题。也就是说,她们遵循了女性主义所倡导的"当

---

[1] Kisuyo 没有对应的汉字,故用英文表述。——译者注

事人经验的理论化"这一原则。其次,这些聆听男性"当事人言说"的研究者皆为女性。春日在对"父子之会"的采访记录中写道,她的女性性别起到了积极作用。如果换成一位男性研究者,"父子之会"中的父亲们还能够坦率地吐露心声吗?对于他们来说,身为社会成功人士的男性研究者,学历及社会地位都要高于自己。面对这些同为男性的听者,作为社会弱势群体的单亲父亲们,或许只会提高警惕而不敢敞开心扉。男性这一性别中内含的将彼此视为竞争对手的宿命,会将权力关系带到采访现场。而如果听者是女性,这种权力关系有可能会被抵消。

讲述者与聆听者、采访者与被采访者的性别关系中潜藏着难题。在美国,蒂莫西·贝内克(Timothy Beneke)所著的《强奸犯男子的讲述》(*Men on Rape*)一书(Beneke,1982 = 1988),是男性研究者对男性强奸犯进行的采访记录。而在瑞典的男性救援中心,有这样一个规定:从陷入危机的男性那里拨打来的咨询电话,原则上由有过相同经历的男性咨询师负责接听。但在日本,许多男性却认为向女性咨询师倾诉会更加容易。其中也反映出了性别之间的非对称性及权力关系。

此外,春日并非通过一对一的采访,而是从当事人互助团体的活动现场,获取到了男性的"当事人言说"。这些非规范性话语的生成,得益于与集体精神治疗或互同辅导[1](co-counselling)类似的互助环境。我们知道,对于酒精依赖症的治疗,往往通过当事人自助团体内部成员的互相接纳而实现,而非通过精神科医生之手来进行。与之相似,对于男性学来说,"当事人原则"也十分重要。(斋藤,1994)

但问题在于,反思男性气质的"当事人言说",常常只是一些男性危机论,或只是沦为社会弱势群体的部分男性发出的声音。而且,由于"男

---

[1] 借助彼此互相支持、鼓励的心理治疗法。——译者注

性气质"早已被定义为一种支配性气质,所以其无论在社会层面还是心理层面上,都会阻碍此类男性"当事人言说"的生成。男性解放运动与男性学研究的困难便在于此。

第九章　性是自然的吗？

"请谈谈你对性（sexuality）的认识"

当被要求"请谈谈你对性（sexuality）的认识"时，人们不得不从众多选项里寻找答案。在寻找答案的过程中，异性恋的不言自明性与自然而然性逐渐瓦解。当异性恋只是作为"其中的一个选项"出现时，异性恋者会备感困惑。而他们所感到的困惑，与已婚者被反问时感到的不解不乏相似之处。已婚者动不动就会问未婚者"为什么不结婚？"，从而遭到对方的反问："那你为什么要结婚？""未婚者"一词以结婚的理所当然性为前提，其本身就是一种带有歧视性的表达。使用"未婚者"的说法，意味着将"未婚之人"看成"迟早要结婚的人"。

一些人会在婚后生子。可如果不婚的男女人数增长，且主动选择不生孩子的男女人数也不断增多的话，那么"为什么不生孩子？"的疑问，也将遭到"你为什么生孩子？"的反问。在这个连分娩方式都存在不同选择的时代，"出于本能"的回答已毫无意义，因为有些人已不再遵从本能。之所以出现"全职主妇"这一别扭的称呼，是因为现实中大量存在"非全职主妇"；同样，由于确实存在"非异性恋者"，人们才使用了"异性恋"一词。

创造"强制式异性恋"（compulsive heterosexuality）这一术语的，是

美国女同性恋诗人阿德里安·里奇。巧合的是，创造"天皇制"一词的，是意欲推翻此制度的共产国际。某个事物原本不言而喻甚至不存名号，但最终却由其反对者来为之命名。当被"非异性恋"者群体指明"你是个异性恋者"时，异性恋者才发现，自己的性不过是多种选项中的一种，从而震惊不已。

女性主义与异性恋

同性恋者，尤其是公开的（已出柜的）同性恋者，意图解构异性恋的不言自明性。

当然，异性恋者会想方设法地保持自身的合法性，例如将同性恋纳入"异常"或"倒错"的范畴。事实上，在1973年以前，美国精神医疗学会将同性恋视为需要治疗的性疾病，而现在这种观点早已落后于时代了。

如果同性恋"不再"被视为异常，那么反言之，它"曾经"被视为异常。历史上，同性恋的地位发生过多次变化。例如曾有过同性恋丝毫不被视作异常的时代，也曾有过同性恋在各种恋爱关系中拥有最高地位的时代。米歇尔·福柯在编写《性史》全三册（Foucault，1976—84 = 1986—87）时，意识到"性"（sexuality）并非自然生成，因而将它作为历史研究的对象。

阿德里安·里奇创造出"强制式异性恋"一词，使得同在女性主义阵营里的异性恋者们倍感窘迫。因为里奇的概念不仅消除了异性恋的不言自明性，还道破其是文化"强行形塑"的结果。

但在里奇提出这一观点之前，女性主义者早已做出了种种努力。她们主动揭露了隐匿在异性恋中的文化陷阱；质疑性爱的自然性，并戳穿了迫使女人在男人面前自我放弃、以爱为名自愿归顺的文化阴谋；拒绝用自然或本能等词汇来言说"性"（sexuality），从而解构了"性的神话"；等等。

在里奇等女同性恋女性主义者看来，或在将所有异性间的性行为都称为"强奸"的安德丽娅·德沃金（Andrea Dworkin）等人眼中，未能超越异性恋框架的异性恋女性主义者的各种尝试，只不过是一种改良主义的手段，不过是将暴力的强奸粉饰成两相情愿的通奸。然而异性恋女性主义者早已认识到：不论强制还是自愿，自己的性（sexuality）都是历史与文化的产物，因而也会随之发生变化。

"性"是可选择的吗？

"性"真的是可选择的吗？性有多种选项，却并不意味着人们可以通过自由意志进行选择。

多数异性恋者并非自主选择了异性恋。由于社会化的印随行为、文化条件的制约及社会规范的内化等，当他们"察觉到时，已经是异性恋者了"，可谓后知后觉。更确切地说，大多数人甚至没有意识到自身的性，他们"察觉到时已经与异性发生关系了""理所应当地与异性同居了"。经过选择成为同性恋者的是少数，而经过选择成为异性恋者的也是少数。与同性发生了关系的人未必是同性恋者，同理，与异性发生关系的人也无法自然而然地被称为异性恋者。

一些异性恋女性主义者意识到了性的文化强制性，所以勉强接受了里奇的"强制式异性恋"概念。而在此概念背后，其实存在着与之相对的"非强制的、自由意志的同性恋"这一观念。女同性恋女性主义者，尤其是其中最为激进的性别分离主义者（lesbian separatist，指试图从男性中心社会中分离出来并在女同性恋社会中生存的一群人），将同性恋视作一种自觉选择的结果。在美国的女性主义者群体中，性别分离主义者在政治上最为激进。她们在大多数女性主义者会议中（并非指 NOW 等民间组织）掌握着领导权。其中，有人毫不顾忌地公开声称，自己是"出于政治理由"才选择成为女同性恋者的。也有人由于受到后辈的影响而选择成为女同性恋者。她们在按部就班地结婚生子后，与女性解放运动和女性主义浪潮相遇，并获得了能够包容自己爱慕女性之情的词汇与意识形态，随后意识到自己是一位女同性恋者。很多被称为"同性恋母亲"（lesbian mother）的女性，都是偶然阴差阳错地与异性发生关系，并生下了孩子的。还有些人明明完全没有与异性发生过性关系，却用人工授精等方式选择成为同性恋母亲。她们是在女性解放运动后达到性成熟的一代，人数并不多。她们本人最终将这种迟来的意识视为一种"选择"。

而出于"政治选择"的女同性恋者认为，不论是身为女性主义者却仍然步入婚姻之人，还是无法脱离强制式异性恋陷阱的人，在政治上革命上都不彻底。而这种逻辑也导致了女性主义运动初期的女同性恋者与"直女"（女异性恋者被如此称呼）之间无休止的批判与反驳。

回应挂札悠子的批评

从那些主动出柜的同性恋者身上，我们能够了解到同性恋者是怎样的人。因此，需要有人挺身而出（come out）并自我定义为同性恋者。终于，在日本年轻一代的同性恋者中，出现了例如伏见宪明《私密同志生活》（伏见，1991）、挂札悠子《我是"女同性恋"这件事》（挂札，1992）等主动表明同性恋身份的人。他们抵抗着日本同样根深蒂固的恐同（homophobia）压迫，并以实名出柜，其勇气值得钦佩。

在挂札的著作中，有一章题为《女性主义者的误解》。其中，挂札指名道姓地批评我。挂札与读者们认为我是"女性主义者"的代表，但这或许会让整个女性主义阵营感到为难。不过即使我不能代表日本女性主义者，我也应理所应当地接受她们的炮轰。因为在极少谈及性的日本女性主义者中,我十分罕见地将性作为核心论题之一,并带有偏见地对同性恋发表了自己的看法。

我自知,我是一个被"强制式异性恋"陷阱束缚住的女人。而且我也承认,这种"文化强制"无法轻易通过自由意志来选择或改变。作为异性恋者,我的同性恋观是在与已出柜的同性恋者的接触中形成的。并且对我而言,在现实生活中接触到的同性恋者们,首先是美国的女同性恋女性主义者。

挂札在其著作中引用了我的《裙底下的剧场》(上野,1989),并作出如下批评。

> "我的假说或许会触怒女同性恋者:女同性恋主义就是异性恋世界(heterosexual world)的副产品。因此女同性恋主义只是在异性恋世界中,作为一种对抗主流的意识形态(counter ideology)而存续罢了"……选择成为女同性恋者的女性一定会因上野女士的这段话而动怒吧。我虽不至于生气,却对这肤浅的思想哑口无言。
>
> (挂札,1992:32)

挂札认为,为反抗男性中心社会的意识形态而选择成为女同性恋者,可以被称作"女同性恋主义"(lesbianism),但它不等同于"我是'女同性恋'这件事"。并且她指出,上野所说的虽然符合"女同性恋主义",但不符合女同性恋。不仅如此,上野可谓"严重误解了女同性恋"。

女同性恋与女同性恋主义不同。挂札指出:"人们原本并非出于思想上的原因而成为女同性恋者,上野的理解(误解)是在女性主义的框架下对女同性恋作出的片面解读……。"她对我的批评句句在理。女同性恋者不一定是女性主义者,不属于女性主义者的女同性恋者大有人在。不论在女性主义之外，还是在女性主义之前，都有女同性恋的存在。而挂札等已出柜的女同性恋者属于诞生在后女性主义时期的年轻一代，这一历史事实颇为有趣。可见，只有在当下的后女性主义时代，一群不被女性主义束缚、敢于表明自己是女同性恋者的人才得以成长起来。

随着与出柜女同性恋者的深入接触和历史经验的积累，我的女同性恋观发生了变化。例如，由于女同性恋中存在攻和受（Butch 和 Fem）的模式，所以我曾认为女同性恋再次模仿了"性别角色分工"；并且面对装扮成男性的女同性恋者，我曾怀疑女同性恋中也存在厌恶"女性性"的现象。但是，当多次接触既不女扮男装、也不用攻和受进行"角色分工"的女同性恋者后，我了解到了有别于异性恋文化规范的性的存在方式。此外，我还知晓了女同性恋中也有性虐恋（SM）及色情作品，且世界上既存在属于女性主义的女同性恋者，也存在不属于女性主义的女同性恋者。

挂札这样写道：

> 我不再追问"女同性恋者是何人"，而是注意到"我就是女同性恋者中的一员"这一事实，并获得了表达这一事实的方法。
>
> （挂札，1992：215）

她的"转变"（conversion）使我想起女性主义的历程——女性主义不再凭借他者，即男性来定义"女性"，而是转为依靠自我进行定义。换言之，"我是谁由我决定"，即不论他者眼中的自己是否具有"女性气质"，"我都是女人"。借用挂札的话来说，所谓女性主义，正是为自我肯定"我就是女人中的一员"这一事实而付出的种种努力。而当女性开始异口同声地言说多样化的"性"时，由男性塑造的"女人为何物"的神话便就此破灭了。

挂札断言"我就是女同性恋者中的一员"，而我们从她的身上学到了许多。挂札在该书中针对我提出的大部分批评都是正确的。我之所以能够坦然接受这些批评，是因为有很多如同挂札一般的女同性恋者出现在了我的面前。

"同性恋也是自然的"吗？

但是还有一个问题。

我在上文中写道："性是可选择的吗？"我认识到自己虽是异性恋者，但异性恋并非我选择的结果。也就是说，"察觉到时，已经是异性恋者了"这一事实，并不意味着异性恋是"自然"的。就像即使我们听到生长在日本的人说"察觉到时，自己就在说日语了"，却不能仅凭这句话就认为他们天生具备说日语的能力。

挂札称"我不认为可以借由思想成为女同性恋者"（挂札，1992：32），尽管有人主张自己是通过选择而成为女同性恋者的，但挂札却用自己的真实感受否定了性的可选择性。因为对于她来说，"我是'女同性恋'这件事"，基于"察觉到时，自己已经爱上女人了"的事实，而非出于自己的选择。

有趣的是，不论是作为男同性恋者出柜的伏见宪明，还是作为女同性恋者出柜的挂札悠子，都异口同声地强调这种非选择性——"察觉到时，已经是同性恋者了"。

这种非选择性屡屡被当事人视作一种"自然"。于是，有关同性恋的言说也由"选择"转向了"自然"。

一位年轻的女性自由撰稿人因描写了日本现代女性风俗业而迅速走红。面对企业宣传杂志的采访，她作出了如此单纯的回答："最近我遇到了一些女同性恋者，实在大开眼界。感觉女同性恋非常自然呀。就像我很

第九章　性是自然的吗？

自然地被男性吸引一样，女同性恋者也很自然地被女性吸引。"

这种"同性恋即自然"的观念打破了异性恋的特权性，将同性恋融入"多样化的自然"中。这乍一看十分开明（通过这种做法展现自己的理解能力与宽容），但这样的观念当真是同性恋者所追求的吗？

面对诸如此类的言论，我有两点困惑。其一在于他们的"天真"，即毫不怀疑"我被异性吸引"的所谓性之"自然"；其二在于他们对知识的怠慢，即通过"同性恋也是自然的"这种想法，阻止所有关于性的知识探究。

《每日新闻》的主编岛田雅彦曾作为责任编辑，负责每周一次的文化版面的"瞠目新闻"。而高桥睦郎作为日本最出众的同性恋出柜者之一，曾应岛田的邀请，在同性恋特辑中发表文章《这也是一种自然》（《每日新闻》晚报，1992年6月24日）。看到高桥的以下言论，我的困惑进一步加深了。

"就像异性恋是自然而然形成的那样，同性恋也是一种自然，仅此而已。"

高桥写道："性爱本来就可以面向各种对象。"他不过是想表达，异性恋或同性恋都是众多自然的性中的一种，并向自由主义派提出停止以多数派的"自然"压迫少数派的"自然"的要求。

女性主义认为性爱中不存在所谓的"本来"或"自然"，并意图解构性的文化规范。以上言论是不是同性恋者对女性主义作出的回应呢？

当然，同性恋者并没有义务回答女性主义提出的问题，高桥的文章也明显不是为回答女性主义的问题而写的。但是，这种"多样化的自然"观念，既无法批判异性恋者"察觉时就已经喜欢上异性"的所谓"自然"，也无法消除异性恋者因毫不怀疑自己的性而无意说出的恐同歧视："怎么会有这种想法，真恶心。"（当然，同性恋者也能反过来歧视异性恋者："骗人的吧，怎么会喜欢异性呢？真不明白他们是怎么想的。"）如果按字面

205

意思，我们可以这样理解高桥的言论：即便多样的"自然"无法相互理解与共情，但可以和平共处。然而同性恋者所期盼的，难道只是这微不足道的结果吗？

高桥睦郎、杉浦孝昭、淀川长治、桥本治四人均以作者的身份出现在由岛田雅彦负责编辑的《每日新闻》的"同性恋特辑"中，而他们均为男性。要言说同性恋，却未加入女同性恋作者，这一做法着实令人生疑。虽然男性作者也提及了女同性恋者，但女同性恋者并不需要依靠男性为其发声。另外，高桥的文章明显将"同性恋"一词几近等同于"男同性恋"。岛田主编或许应将特辑的标题限定为"男同性恋"才对。在不做任何限定的情况下使用"同性恋"一词，却不包含女同性恋，这种态度是一种不自觉的性别歧视。

多样化的"同性恋"者

终于，我可以指出"同性恋"这个词中最令人不适的地方了。读者们可能已经注意到，我在"同性恋"与"女同性恋"两个词间摇摆不定。

我认为，使用与"异性恋"相对的"同性恋"一词，并将"男同性恋"与"女同性恋"作为其子类别的"逻辑"存在问题。因为，异性恋中的双方当事人，存在着鲜明的男女非对称性，所以仅仅由于男同性恋与女同性恋在称呼上都包含"同性恋"，就认为其不乏相似之处十分荒谬。与其使用强调共通性的"男同性恋""女同性恋"的表述，不如使用"gay""lesbian"等独立术语。

若以当事人的经历来定义性，可以看出目前性包含多种类型，例如男性的异性恋、女性的异性恋、男同性恋（gay）、女同性恋（lesbian）……还有性虐恋（SM）、自体性欲（autoeroticism）或恋物症（fetishism）等。

有人认为同性恋包含"少年爱"或"众道",我对此持有异议。少年爱或众道不存在伴侣角色的分工互换,属于不对等的性,从这点上看,它们与异性恋无异。"少年"或"家童"对于男性来说,既非异性(即不是女性),也非同性(成年男性),是不同于两者的"第三性"。并且,处于这种不对等性爱关系中的双方各执其词,他们的讲述存在落差(类似于"对于强奸者而言的强奸"与"对于被害者而言的强奸")。与异性恋类似,少年爱也存在"成年男性的少年爱"与"少年的少年爱"两种。同性恋是否包含少年爱,取决于同性恋的定义;但至少,"gay"这个术语在形成过程中是将"少年爱"排除在外的。综上所述,同性恋并非逻辑上的分类概念,而是经验上的历史概念。

古川诚是日本为数不多的以"同性恋者的社会史"为研究主题的青年学者,他明确表明了其研究的出发点:"本人在'同性恋'概念中关注的是男同性恋,而非女同性恋。"(古川,1993)其原因有二:"第一,男同性恋与女同性恋并不相同;第二,本人并不了解女同性恋。"我希望谈论同性恋的人们,都能像古川一般直率和敏锐。

回溯过去,我们会发现我之前所言及的"同性恋"概念,混淆了其所包含的不同的"性"。我有时用"同性恋"一词专指"男同性恋",尤其是厌女(misogynous)的精英男同性恋者;有时又用同一词指代女同性恋性别分离主义者。用同一术语将两者一概而论,本就不可能。

正如挂札反复强调的那样,女同性恋者与男同性恋者大相径庭。因为在成为同性恋以前,女同性恋者与男同性恋者首先是女人与男人。就长久的一夫一妻制(monogamy)愿望或排他性的对幻想[1]而言,女同性恋的女

---

[1] "对幻想"是吉本隆明创造的词语。它与共同幻想、个人幻想一同构成人类的幻想领域。其中,对幻想指成立于一对男女之间的幻想,日本女性主义者将"恋爱"称作"对幻想"。——译者注

性与异性恋的女性类似；而在性器中心主义或一夫多妻制（polygamous）愿望方面，男同性恋的男性与异性恋的男性不乏相似之处。

《美国人的配偶》（*American Couples*）（Blumstein & Schwartz，1983 = 1985）的作者布鲁姆斯坦（Blumstein）与施瓦茨（Schwartz）研究了三千对美国配偶，并指出女同性恋者与男同性恋者之间存在极大的性别鸿沟（gender gap）。这项反映后女性主义时代的研究十分独特，其研究对象中的"配偶"除已婚组、同居组的异性配偶外，还理所应当地包含了男同性恋者、女同性恋者的同性配偶。研究结果表明：女同性恋者具有"女性"特征，她们与伴侣同处于"关系中心"，为"一对一"（monogamous）的关系；而男同性恋是"男性式的"，他们具有夸耀伴侣社会属性（地位或收入）的业绩主义或一夫多妻制（polygamous）的倾向。简言之，研究揭示出这样一个事实——不论是同性恋（homo）还是异性恋（hetero），男性均内化了社会性别规范。

挂札深知男同性恋与女同性恋间的"性别鸿沟"（gender gap），所以她在定义女同性恋时，不受制于性器中心主义，并批判了将"性欲"置于同性恋定义中的男性视角。因为她认为，或许对于女同性恋而言，性爱本就并非不可或缺。在由男性定义欲望，且女性的欲望一直被否定的情况下，女性通过自我（而非通过男性语言）定义自身欲望并非易事。森崎和江的《第三性》文库版（1992）与初版相隔25年问世，她在该版后记中写道："就在三十几年前，还有几位男性认真地问我'女人有没有性快感？'。听起来像个笑话，但这就是事实。"她想起了自己曾怒气冲冲地呵斥"这群笨蛋！"的过往，一切是那么记忆犹新。用男同性恋有关性的术语类推女同性恋，是极其危险之举。不仅如此，女同性恋中或许存在不为男性所知的、超越了由男性定义的"欲望"或"性爱"的性（sexuality）。

我理解挂札的意图，她试图将"性爱关系"，小心翼翼地从"我是'女同性恋'这件事"的核心中排除出去，并将其替换为"亲密关系"。由此，她将女同性恋定义为"选择与自己同性别的女性作为亲密对象的人"。的确，"亲密关系"与"性爱关系"并不相同（在异性恋世界中早已得到证明）。一个人可以在与某个人发生"性爱关系"的同时，又与另一个人建立"亲密关系"。挂札所说的"我是'女同性恋'这件事"，或许无法用性爱定义。当然，其背后潜藏着试图打破"性爱"之特权的激进主义思想，也暗含着对自身的反省——女同性恋者无法完全逃脱"性爱"特权的束缚。

挂札是首位在日本大众媒体上勇敢出柜的女同性恋者，她对性爱、婚姻、家庭、专属伴侣、生殖与母性、欲望本身等问题展开探讨，并剖析了问题的根源所在。

同性恋能否超越性别（gender）？

我曾写道，不论是同性恋还是异性恋，男性终归还是男性，女性也终归还是女性。而这，就是身处不对等的性别二元世界（gender dualism）中的我们的局限性。身为异性恋者，我深知这种不自由。

而同时我还有一个疑问：同性恋能否超越性别？

异性恋规则命令人们"爱上与自己不同性别的他者"，同时抑制自己对同性别的他者产生爱意。也就是说，性欲（姑且假设其存在）只能对异性敞开。

约翰·曼尼与帕特丽夏·塔克在《性署名》（Money & Tucker, 1975 = 1979）一书中，指出性别认同（gender identity）是个人身份认同的核心。而在与他人交往时，我们也是首先确认对方的性别。只有确认了性别，我们才能决定行为模式与说话方式，即决定双方的关系。

当异性恋者确定对方性别为异性时，性欲的门闩会脱落，他们会进入早已设置好的异性恋程序中。换言之,他们先确定对方性别,再决定爱或不爱。诚然,异性恋者并非只因对方是异性就不择对象地坠入爱河,但只要对方是异性,他们情欲之河的水位便会上升。

这可谓一种"不自由"或"强制"。也可以说,异性恋规则使我们失去了一半人类成为我们性爱对象的可能,堪称巨大的损失。

但同时,这种"强制"的文化发情装置经过几千年的历史沉淀,具备了庞大的库存和储备。若要提升欲望的水位并宣泄欲望,只需简单地顺从这个文化模式。而且,我们也难逃其束缚。

不过,同性恋者是否超越了"非男即女,非女即男"这个愚蠢的性别二元论呢?"我爱的人碰巧是女性(同性)"这种说法,是否真的无视了选择对象时的性别认知呢?

在《私密同志生活》(伏见,1991)中,伏见宪明自创了"男性制度""女性制度"等富有卓见的概念。他认为,如果异性恋是处于"男性制度"与"女性制度"之间的"制度关系",那么男同性恋的确冲击了这种文化制约,但与此同时,其也被束缚于性别二元论中。他直率地表明,正因被"男性"性别束缚,自己才成了男同性恋者。他还不忘进行自我批评:自己越是拘泥于"男性制度",就越会助长世间的性别二元论,进而导致歧视女性。

面对同性对象时,同性恋者的欲望会喷涌而出。与异性恋者相反,他们抑制自己对异性产生欲望。所以,可以说同性恋者在选择对象时不关乎性别吗?甚至那些表明自己是"双性恋"的人,也很难说他们在选择对象时超越了性别二元论。在河野贵代美《性幻想》(河野,1990)一书中登场的双性恋角色,因将性爱关系与亲密关系分配给不同的性别(即与男人发生性关系,但与女人相爱),而活在分裂的性中,但同时他们也是一群被性别禁锢的人。双性恋者并非享受着选择的多样性,即"能够不顾性别,自由地爱上男人或女人"，毋宁说，他们活在碎片化的性里。[1]

我认为，异性恋者受限于性别二元论，同样，男同性恋者、女同性恋者、双性恋者也都以不同方式被这个性别世界所深深束缚。如果异性恋者是受到文化制约的群体，那么在性别二元论的世界里，男同性恋者、女同性恋者以及双性恋者也同样难逃文化制约，只不过在表现形式上与异性恋者有所不同而已。进而，如果女性主义的使命是解构性别世界里这种不对等的二元关系（我称之为"异性恋世界"），那么赞成"异性恋与同性恋都是自然现象"和"存在多样化自然"的性爱自然观念，以及称"异性恋者与同性恋者同为人类，所以喜欢上谁都无妨"（挂札，1992）的表象自由主义便成为需要批判的对象。因为这些观点不仅阻碍了对问题的追根溯源，也无法代表男同性恋者或女同性恋者"最终所要追求的世界"（挂札，1992）。

我的看法被挂札批评为"肤浅的思想"，但我认为"女同性恋主义就是异性恋世界的副产品"的观点，与我对"女同性恋能否超越性别"的疑问紧密关联。而且，目前谁也不清楚，在性别被解构的世界里，"性"（sexuality）究竟能以怎样的方式存在。

---

[1] 之后，河野贵代美翻译了美国性学家弗里兹·克莱恩（Fritz Klein）的《异/同之外：双性恋》（*The Bisexual Option: Second Edition*）（Klein, 1993 = 1997）。据克莱恩所述，异性恋、同性恋或双性恋中都存在"健康的人群"和"不健康的人群"。如果去咨询心理医师的人认为自己的性有些"麻烦"，那么他们会被医师当作"不健康的"同性恋或双性恋。另一方面，异性恋中也存在强迫性性行为的患者，例如"唐璜综合征"或"色情狂"（nymphomania）等。这就是克莱恩提出上述说法的原委。克莱恩认为，有可能存在"健康的"异性恋、同性恋、双性恋的生活方式，重要的是当事人积极地接受这个真实的自我。特别是双性恋者，他们在性的二元论下不被赋予名称，不被纳入某个范畴。并且他们受到来自异性恋者或同性恋者怀疑的目光，被认为是一个不完整的、来历不明的群体。而克莱恩为他们赋予了双性恋的名称，从而肯定了他们的存在。将双性恋作为自己课题的克莱恩，其立场颇具说服力。河野在"后记"中对克莱恩的立场表示了赞同。

追记

我的这篇文章曾受到平野广朗的严厉批评［《异性恋者什么时候才觉醒？》《反异性恋主义》（平野，1994）］。平野的批评只对了一半，另一半我不能接受。虽然我曾考虑过针对他的批评重新撰写本文，但最终还是决定只进行最小幅度的变动，而非大幅修改。这是因为，本文包含了首次出版时的时代局限性，是一份言说该时代的"民族志"（宝贵资料）。

平野的批评包括多个方面。他所引用的是我在《裙底下的剧场》（上野，1989）中所示的"女同性恋"观，而这也是挂札的主要批评对象。我曾把出于"政治选择"而成为性别分离者的女同性恋女性主义者，视作女同性恋的"代表"。对于这一点，挂札称，这是对于"并非'在思想上成为女同性恋'的大部分女同性恋者"的误解，也是"以否定女同性恋者的存在为前提的恶意曲解"（挂札，1992：33）。而在这一点上，平野的批评十分恰当："由于'无知'而无视了'大多数女同性恋者'，这就是上野所理解的'女同性恋'。"（平野，1994：99）我仅是通过女性主义了解到女同性恋，而我所了解的女同性恋都是政治上的女同性恋者。因此我并非"无视"，而是"无知"。并且，由于她们是在女性主义浪潮之后"在思想上选择成为女同性恋者的"，所以我的"（逃离异性恋社会）奔向同性恋主义"的表述也并非完全不妥当。

此外，屡屡被提及的还有我关于"阴部姐妹"（omanko sisters）的观点。我曾认为以阴茎为媒介的性行为对于女性之间的共鸣不可或缺，但正如挂札所言，这种想法将阴茎"视为绝对"。这一批评也十分到位。平野在谈及该部分时，称"她（上野——引用者注）如果真的认识到'……同性恋者将夺走异性恋的不言自明性'，那么'性是自然的吗？'这一疑问应该成为针对她自己所提倡的'阴部姐妹'的自我分析，甚至是自我批判"

（平野，1994：101）。当下 1997 年的我已不像 1989 年那样思考，并且我如今也可以充分地"自我分析"道：身处"强制式异性恋社会"中的我，作为异性恋者所形成的性认同存在局限。但即便如此，我也无法对这个事实进行"自我否定"或"自我批判"。"理解"性是文化的产物，并不等同于能够"改变"它。世上也不存在一种可以通过"自我批判"而达成的"正确的性"。对平野而言，同性恋并非"选择的结果"；同样对我而言，异性恋也"无法选择"。平野将我的观点称为"令人惊讶的真心话"，但那确实是一个深陷于"异性恋社会"的女人的真心话，而对其感到"惊讶"则是平野自己的问题。平野责备我也与多数异性恋者一样，"不断命令同性恋者们发声"，但"为何不能更坦诚地言说自己呢？"（平野，1994：116）。然而正如他所指出的，我无处不流露着"真心话"。我并不否认这就是 1989 年的我的"真实感受"，也不打算进行"自我批判"，或辩解自己已经脱离了"强制式异性恋社会"。但我能够"自我剖析"这种"真实感受"如何被建构起来，而平野（连同挂札）也恰当地分析了异性恋女人的局限性。的确，我当时认为"女人如果不经男人达到高潮就不完整，就是残缺的存在"，并且我也曾"被要求"这么想。虽然现在我已经不这么认为了（即女性之间的共鸣不需要以阴茎为媒介），但我的新想法也是历史的产物。如果没有女性主义思想的帮助，单凭我的一己之力是无法到达这种思想境界的。

平野批判的核心有二。第一，在于我批判"同性恋即自然"观念时带有的"愚钝"；第二，在于我提出的"同性恋能否超越性别二元论"这个问题中包含的不理解与歧视。就第一点而言，我之所以将"同性恋即自然"的观念作为批判对象，是因为日本（由异性恋者与同性恋者共同构建起来的国家）曾呼吁"让我们承认性的多样性吧"，这一表述乍看十分自由，但其中蕴藏着危险。我担心挂札的观点会强化这种"性爱多元主义"，因此对她表达了不满。但如本文所述,挂札是一位拥有极强的思考能力,且不允许自己轻易妥协的女性,所以我对她有更多的期待。针对"不论是异性恋还是同性恋,每一种性都是自然的"这种"性爱多元主义"论调,平野本人与我都持有批判态度。

针对第二点,平野回答道,"同性恋者也深陷于性别二元论中——不用上野说,我也知道"(平野,1994:114)。并且,在此基础上,他接二连三地质问我"为什么揪着同性恋者问个不停呢?不是有非常积极乐观的同性恋者已经宣称'同性恋者一定会超越社会性别(gender)'了吗?"(平野,1994:114)。我并非"揪着同性恋者"问个不停。但女性主义,正是将性别二元论的社会性别秩序作为问题核心,并不断对其发出质询的思想。而且正因为拥有这种思想,我才渴望了解"同性恋者"如何讨论同一个问题。福柯的性(sexuality)研究被质疑不关心社会性别(gender),相反,社会性别研究同样因无视性的问题而遭到批评。而我则预想着问题的答案:同性恋者与异性恋者一样,也深陷于性别二元论之中。但如此便出现了下一个问题:同性恋者与异性恋者有何相同,又有何不同?

我对挂札的"只不过我爱的人碰巧是女性(同性)"这句话提出了疑问,而平野指出:"上野对挂札'这一句话'的理解可谓粗心大意,而我(平野)在挂札文章中读到'这一句话'时却感受到她的真诚,两者相距甚远。"(平野,1994:113)他继而写道,在这个以异性恋为中心的社会里,同性恋者们"话到嘴边,深吸一口气",缓缓说出"碰巧与(作为多数派的)你不同,我喜欢的人是同性,仅此而已"。这句话中包含着无以言表的"肯定自我想法时的战战兢兢",而"愚钝的人无法感受,就连'这一句话'都无法理解"(平野,1994:113)。平野对挂札的共情渗透在其话语的字里行间,力透纸背,而我从他的"解读"中确实学到了很多。就这一点而言,我并不否认我是个"愚钝的读者"(包括挂札的著作中所包含的严

第九章　性是自然的吗？

谨表达——"我是'女同性恋'这件事",我愚钝地省去了引号,将它错写为"我是女同性恋这件事")。的确,"只不过我爱的人碰巧是同性"这句话被多数派言说还是被少数派言说,带来的感受千差万别。受到平野的指点(即他恳切细致的解读),如此愚钝的我才意识到,自己曾在多数派的不言自明性中悠然自得。能拥有平野这般善解人意的读者,挂札十分幸运。

然而,如果我所示的"误解",恰是"这一句话"对异性恋者产生的效果,即大多数异性恋者都与我一样有所误解呢?我们最好详尽讨论一下这句话的局限性。于我而言,"只不过我爱的人碰巧是同性"的表述仿佛消解了性别二元论的问题。平野认为,我的"愚钝"与"不理解"是由隐匿在我身上的恐同和内化的厌女所致。倘若如此,也请平野务必自我检查一下,是否有恐同和厌女藏于己身。只要对象选择受到性别二元论的影响,那么不论异性恋还是同性恋,世上便无人能逃离厌女(恐同与厌女紧密联系)而获得自由。挂札将"我是'女同性恋'这件事"接纳为"真实的自我",而这一历程也可见于女性主义者,她们在漫长的岁月里与内化的厌女(妄自菲薄或自我厌恶)苦苦争斗。而我也无法不怀疑男同性恋可能与厌女沆瀣一气。对于男性而言的厌女(平野写作"憎女")与对于女性而言的厌女并不相同。对于男性来说,厌女不过是歧视他者的行为;但对于女性而言,它却意味着自我厌恶。而在恐同问题上,同样的非对称性出现在异性恋者与同性恋者之间。对于多数派的异性恋者而言,恐同是排除异端的行为;而对于少数派的同性恋者来说,其则意味着抹除自我。性别二元论下,如果不存在逃离厌女而完全自由的女性;那么同样,也不存在逃离恐同而完全自由的同性恋者。假如我说,我已经完全从"内化的厌女症"中解放了,那一定是在撒谎。倘若果真如此,那我已不再需要开展女性主义斗争。在性别二元论式的性别(gender)秩序下,女性主义者的斗争并非简单地"以男人为敌"，而是有着更为深远的内涵。

对于强制式异性恋社会以及通俗意义上的同性恋理解（实际上是误解），我和平野多持批判态度。如果之后我还能与挂札或平野继续对话，那正是因为我们共享了这个问题："如何解构性别二元论？"

第十章　并肩作战的可能性
——与 Occur 的对话

引言

在纽约期间，我收到了来自哥伦比亚大学基斯·文森特（Keith Vincent）教授的邀请，他希望我能参加东京大学五月庆典中由 Occur（男同女同活动会）主办的"男同研究遇见女性主义"（Gay Studies Meets Feminism）活动。他是 Occur 的成员，同时也是《男同研究》（风间、文森特、河口，1997）一书的编者之一。当时，我脱口而出了以下这句话：

"Am I going to get victimized?"（"是要血祭我吧？"）

基斯立刻回答：

"You are most difficult to get victimized."（"很难血祭你。"）

我们双方都知道，活动主题所说的"男同研究遇见女性主义"并非易事，而且我曾作为"歧视同性恋之人"受到谴责。然而我想，从某种意义上说，这是一个极好的机会，让我能在公开场合谈谈自己最近关于性（sexuality）的所思所想。我感受到 Occur 成员"希望互相学习"的诚意，便想试着做一回俎上鱼肉。

我曾经的歧视

在思考"男同研究与女性主义研究是否可以携手共进"之际,我想先尝试提出以下四个问题。

第一,敌人是谁?

第二,谁能成为研究者?

第三,以什么作为问题?

第四,是否存在共同的敌人?

回答第一个问题时,我想先从自我批判出发。我曾歧视同性恋。对于以写作为生的人来说,不可避免地会将之前写作的内容作为批判的对象。但是,正如我对女性主义的理解较之10年前有所改变一样,我对男同性恋和女同性恋的理解也与10年前有所不同了。

改变我的是我身边的女同和男同友人。他们经验的多样性开阔了我的视野。如今想来,我之前歧视同性恋有其理由,当时"男同性恋"一词尚未普及,我所耳熟能详的关于同性恋的言说,仅限于三岛由纪夫、道垣足穗、高桥睦郎、美轮明宏等男同性恋者。三岛的厌女倾向极为强烈,在他的文章中有这样的表述:"女人无法有逻辑地思考问题。如果能有逻辑地进行思考,那就已经不是女人了。"如此不容置辩式地玩弄话术、昭然若揭地表现出厌女情绪的,就是三岛由纪夫(上野、小仓、富冈,1992)。当时大众熟知的"男同性恋者"所写的文本中包含明显的厌女情结,所以我对其极度反感也不无道理吧。

而告诉我男同和女同真实状况的,是我身边的朋友和学生们。实际上,我身边有很多男同和女同都选择了出柜。他们未必年轻貌美,也未必有异装癖。从他们多样的姿态中,我才得以知晓男同和女同的现状,并承认了自己的错误。虽说如此,挂札悠子(挂札,1992)和平野广朗(平野,

第十章 并肩作战的可能性——与Occur的对话

1994）等人对我过去的发言进行严厉批评可谓理所当然，因为我确实发表了出于偏见和不理解的言论，理应受到批判。

我初次提及同性恋是在《对幻想论》（上野，1982、1986）一文中。受到吉本隆明"远隔对象性"[1]概念的影响，我在文中将异质化意向和同质化意向分别与异性恋和同性恋相对应，明确表示"我歧视同性恋"。之所以如此夸大表述，是因为我将"同性恋"与"同质化意向"，也就是男性同性社会性欲望（男人之间的同质性连带关系，homosocial）等同视之了。

我当时发表那些歧视同性恋的言论，主要出于对以下两点的批判。

一是三岛之流的精英同性恋者发言中所包含的厌女情结。比如美轮明宏说："我从未与女性发生过性关系，因此我的身体是干净的。"可见其背后隐含着"女性是不洁的"这一观点。

二是将男同性恋基本等同于自恋式性爱的想法。彼时塞吉维克（Sedgewick, 1990 = 1996）等后现代派女性主义者的性研究尚未出现。在《现代思想》1997年5月临时增刊号《女同／男同研究》特集的座谈会上，浅田彰嘲笑了我的无知，但我的无知也是由于时代的局限。在塞吉维克登场前，"男性同性社会性欲望"（homosocial）和"男性同性恋"（homosexual）两个概念一直被混淆，这在男同研究中也不例外。

直到能够区分 homosocial 和 homosexual 的概念，我才明白，我之前一直厌恶的是 homosocial。为在概念上区分 homosocial 和 homosexual，应如何进行翻译呢？在此，我姑且将 homosocial 译为"男性同性社会性欲望"，将 homosexual 译为"男性同性恋"。男性同性社会性欲望与厌女密不可分。因为男性为了维持自身优越的身份认同，必然需要制造女性这一劣等的社

---

[1] 吉本隆明在论述人的观念时提出"远隔对象性"概念，也称"远隔对象意向性"。指人会逐渐对远距离的事物产生兴趣，但会以对近距离事物的认知去理解它。比如对父母、家庭感到无趣，从而觉得老师、学校也很无趣。——译者注

219

会性别，作为自己的陪衬。当男人之间说："那个男人喜欢女人"时，丝毫不意味着对女性的爱。事实上，在具有同性社会性欲望的男性中，所谓的"喜爱女人"不过是以女性为奖品的竞技游戏，赢得数量多者为胜。正是因为男人将女性作为他者进行了对象化，才会向同伴夸耀被视作物品的女性数量。这种"大叔社会"的连带感就是"男性同性社会性欲望"。男同研究和后现代派的性研究者构建起翔实的理论，这些理论清晰地证明，男性同性社会性欲望必然与压抑男性之间性欲的恐同（homophobia）相关。

在表征的领域里，男性同性社会性欲望与男性同性恋也被长期混淆。在同性恋的美学表征中，男性同性恋一直被描述为男性的性之自恋。比如卢奇诺·维斯康蒂（Luchino Visconti）导演的影片《纳粹狂魔》，便以纳粹主义与男性同性恋为主题。大江健三郎的《十七岁》也暗示了右翼分子与同性恋之间的关联。而三岛由纪夫更是在美学上将天皇制法西斯主义与同性恋进行结合的始祖。法西斯主义这种极端男性同性社会性欲望与男性同性恋相结合的美之表征，在全世界的文学和影视作品中随处可见。乔治·莫斯（George Lachmann Mosse）的《民族主义与性》（*Nationalism and Sexuality*）（Mosse，1985 = 1996）出版于 1985 年。该书首次揭露出这样的事实：被纳粹送入集中营的遇难者里存在同性恋者；在"遇难者金字塔"中，同性恋者是劣于犹太人的底层人群，备受歧视。可见，纳粹非但不赞成同性恋，还对其进行了打压。或许纳粹中也有同性恋者，但如塞吉维克所言，通过"内部检查"（定义"男性性"边界），他们必然遭受了更为强烈的排挤。

我厌恶"厌女症"和"男性同性社会性欲望"二者，因它们具有排除异己的大男子主义倾向，最终可能走向法西斯主义。在思考"敌人是谁"时，我认为这二者就是我的敌人，是女性主义的敌人。如果男同研究和女性主义将其视作共同的敌人，那么或许我们便可以共同作战。

第十章　并肩作战的可能性——与Occur的对话

男同群体中常说他们的敌人是"恐同"（homophobia）。如果将厌女与之紧密关联，便可以从更广义的角度看待恐同，即将其视作男性共同体对异类的厌恶之情（xenophobia）。如果说为了维系男性同性社会性欲望而厌恶他者、排除异己的行为是我们的敌人的话，那么或许男同和女性主义"存在共同的敌人"。其针对女性时，表现为厌女；针对同性恋时，则反映为恐同。

说"恐同和厌女是敌人"，绝不意味着敌人仅存在于我们的外部。平野广朗在《反异性恋主义》（平野，1994）中批判道，上野内化了厌女症，并且无法克服自身的厌女症。如果我说我克服了厌女症，那不过是自我欺骗而已。在这个充满厌女情绪的社会中，无论是谁，都很难与自己的"女性性"百分之百和解。克服厌女症是一次次斗争的过程，在如今的社会里，"我从厌女症中彻底得到了解放"这类轻率的发言无法令人信服。认为"拘泥于性别太土了"[1]的女性，恰恰表现出了自身的厌女症，即不愿承认自己劣等的性。明明歧视真实存在，但她们却仿佛生活在没有歧视的真空地带。这若非无知，就是自我欺骗和逃避。

对于男同而言，也同样如此。男同的斗争，也是与自身内化的恐同症进行的斗争。女性主义，首先是为女性能够肯定自我而战。身处这个社会中，没有女性能够不内化厌女症。当女性主义提出"敌人是谁？"时，无法得到"敌人就在那里"的明确答案，其斗争实属不易。

关于"男同和女性主义是否真的存在共同敌人"这一点，尚有几个问题亟待解决。大量研究已经明确了男性同性社会性欲望无论在理论上还是

---

[1] 虽然已经反复说过多次，但我还是要重复一遍，女性主义者并不是想要"拘泥于女性或男性"，而是虽然自己"不想拘泥于女性或男性"，却无奈被社会所束缚，不得不"拘泥于女性或男性"。无论怎样坚称性别"与我无关"，社会也总会让你与性别发生关联，这一点无人可以逃脱。所以面对性别歧视的现实，宣称"与我无关"，只不过是不想承认现实的草率发言而已。

实践上都必然与厌女症关联在一起。那么，如何证明男性同性恋在理论和实践上不会必然与厌女症结合呢？对此，男同研究者必须作出回答。倘若得不到满意的答案，女性主义便很难与男同研究并肩作战。

伏见宪明是创造出"性别二元论"这一经典概念（伏见，1991）的男同理论家。他曾指出，同性恋者通过自己的同性恋实践，助长了"性别二元论"这一性别秩序的再生产。20世纪90年代的男性同性恋，或许与历史上的同性恋，如希腊的少年爱、日本的男色喜好等，并不具有任何"同一性"（identity）。或者说，将"同性恋"作为囊括不同时代、地区的种种同性恋现象的上层概念进行使用，本身就是错误的。但是，众所周知，希腊的少年爱和日本的男色喜好中，包含着以男性为尊的价值观。如果男同研究的基础，也是将男性视作优等性别的性之自恋，以及男性对于权力的欲望，那么我们便缺少共同战斗的根基。

无法解决他人的问题

第二个问题，谁能成为研究者？也就是谁才是研究的当事人。河口和也曾提及：5年前《男同报告》（Occur编，1992）出版时，大月隆宽曾批评其"幼稚"，这令河口在5年中一直耿耿于怀。

听闻此事，我回想起20年前"女性学"刚刚起步时，也曾被人说过"幼稚"。我常遭到质疑："女性学这种东西是学问吗？不是能在大学讲台上教授的内容吧？"日本女性学研究会（关西地区的自主研究团体），于1980年创办了日本第一份女性学研究杂志——《女性学年报》。我听闻，当时在关东地区创建的日本女性学会也想出版定期学术刊物，她们中的一些人曾说："我不想出版像《女性学年报》那样低水平的刊物。"但是出版10年后，《女性学年报》上的文章终于开始被学术论文引用了。自那之后，各地不断开设女性学的综合讲座和专业课程。据国立妇女教育会馆的常规调查（国立妇女教育会馆编，1994）显示，仅1993年就有268所大学开展了共计512场的女性学相关讲座。女性学在学术界获得"市民权"花费了20年的时间。

河口定义了男同研究，称其是男同开展斗争的理论武装和实践指南。这也让我想起女性主义与女性学的密切联系。女性学在女性主义运动中应运而生，作为"运动的理论武装（theoretical arm）"不断发展。我想强调，脱离运动的女性学无法存在。

最近，我阅读了一篇在大学（男女同校）里讲授女性学课程的男教授所写的文章，很是惊讶。据他所言，（日本）女性学是指"女性的、由女性进行的、为了女性而开展的学问"，但应该改正这种错误的认知，并将正确的女性学传递给大家。

将女性学定义为"女性的、由女性进行的、为了女性而开展的学问"的是井上辉子。"Women's Studies"本应被译为"（跨学科的）女性研究"，但井上创造性地将其误译为"女性学"。由此，我们明确了女性学并非"关于女性的学问"，而是"由女性开展的研究"。女性解放中的"解放"只意味着自我解放，同理，女性学研究的当事人也只有女性。我承认学问中的派别性，特别是性别研究（Gender Studies）的派别性和当事人性，并认为女性学也应如此。针对"女性主义是种意识形态"的说法，最有力的反驳便是：很多学问都在所谓中立、客观的伪装下开展，而隐藏其中的派别性和政治性恰恰是问题所在。在中立性、客观性的名义下进行的"政治"，即被政治遮蔽的、福柯所言的微观"政治"，才是女性学一直抨击的对象。我曾说过，女性学是片面的学问，但这样说的目的是向其他所有学问宣称："你们也不过是片面的学问而已。"

对于我的这种想法，一开始就有学者提出"只有女性才能成为女性学的研究者吗？""男性不能研究女性学吗？"。然而，他们的疑问乃是本末倒置。因为至今为止，其他所有学问都以"人类的学问"之名，行"男性的学问"（男性研究的学问）之实，其中毫无女性的容身之所。在女性终于可以从研究的客体变成主体时，若质疑女性学中"没有男性的容身之地"，只会导致"男性可以支配一切""男性是人类代表"的神话被不断再生产。他们宣称因为男性是"客观的、中立的"，所以"可以站在女性立场进行研究"。但如果是黑人研究，难道能容许白人研究者的这种说辞？而女同、男同研究又是否能允许非同性恋者的这种态度？

现在常常可以听到这样一些说法："女性学是女性之学的时代已经结束""女性学如今寻求性别正义，是为了女性和男性双方开展的研究"。这些说法并没有错，但正如反对种族歧视的研究在研究白人和黑人时的路径不可能完全相同那样，虽说"性别研究"理所当然地包含男女两性，但研究女性和研究男性时的路径及方法理应有所不同。因为即使男性也是性别秩序的当事人之一，却与女性处于截然不同的地位。性别研究中可以包含，也应该包含男性当事人。换言之，有必要开展男性学研究。我曾将男性学定义为"女性主义出现之后男性的自我反省"（上野，1995b），它是女性主义的成果之一，展现了女性主义带来的新型性别关系的可能性。男性学研究与男性来研究女性学截然不同。我至今仍不希望男性来研究女性学。虽然我欢迎男性从事性别研究，但仅希望他们"作为当事人"，以反思自身"男性性"的方式开展研究。因为性别研究是对当事人本人性别认同的刨根问底，且对于男性而言，他们自身亟待研究的课题仍堆积如山。

我在编辑《日本的女性主义》（全七册、别册一册）（井上辉子、上野、江原编，1994—1995）文集时，采用了这种具有派别性的方针。由此，我和井上辉子等共同编纂者迅速统一了意见：因为女性主义是"当事人的呐喊"，所以只收录女性作品。而《女性主义文集》（全三册）（加藤、坂本、濑地山编，1993）与《日本的女性主义》不同，其三位编辑中有两位是男性。而且文集中不仅收录了男性的文章，还收录了中野翠等人反女性主义的文章，作为"争论的焦点"。然而，女性主义并非"关于女性"的论述，也不是对于女性主义的争论焦点进行这般那般的评论，而是"女性作为当事人"进行自我探索、自我定义的尝试。

在岩波书店出版的《日本的女性主义》中，唯有一处违反了当事人原则，即在该文集的别册中纳入了"男性学"的内容。我提议在文集中收录男性学时，遭到其他编辑的反对，便折中地采用了别册的形式。若要问女性编辑有什么权利和资格来编辑"男性学"的文集的话，我们可以明确回答："这样做能够通过女性视角来审查男性文本。"如此也就贯彻了我们的政治方针：只选取符合女性主义要求的作品。实际上，很多男性学文本中不乏性别歧视的内容。

在"男性学"部分，我设置了男同研究的栏目。当我为此向伏见宪明约稿时，遭到了拒绝。他的理由是："我认为，男性学或者男同研究这样的文集，都需要当事人自主编写，发出当事人自己的声音。我希望在时机成熟时，能够将我的文章编入其中，但你们这次（由女性编辑）的文集我不想参与。"其理由很是充分，我深表同意，便放弃了约稿（上野、伏见，1997）。

女性主义和性别研究均认同学问的当事人性。无论是谁，都无法为他人而战。我们能够做的，是学习他人为其自身开展的斗争，从他人的斗争方法中汲取养分，尽管他们与我们的立场或许不同。男性有男性自身的问题，在解决男性自身的问题之前，试图解决他人（女性）的问题属于越权行为。女性主义研究是女性为自己而战的学问。

建构主义 vs 本质主义

第三，以什么作为问题？

一直以来，女性主义需要应对诸多问题。如果说男同研究聚焦于性（sexuality），那么女性主义也一直以女性的性作为研究对象，尤其关注性的历史、社会建构等问题，两者不乏相通之处。女性主义站在反本质主义（anti-essentialism）的立场上。对于女性主义者而言，没有什么比"性别是自然的""性是自然的"这种言论更加危险的话语了。[1]

不过，女性主义内部也存在多样性，比如存在本质主义者，所以彼此之间亦有争论。我的立场不过是女性主义的一部分，不能代表所有女性主义。我深知，若是让我代表日本的女性主义，会令日本很多自称女性主义者的人感到困扰。

在20世纪80年代的美国，卡罗尔·吉利根撰写了《不同的声音》（Gilligan，1982 = 1986），其中主张"女性气质"的文化本质主义。而当时美国的女性主义出现了反转，一些女性主义者转而追求女性的家庭价值和母性价值，吉利根的著作则备受她们的欢迎。在日本，"女性原理"派发挥了类似的作用，80年代出现了有关生态女性主义的论争，即青木vs上野论争（日本女性学研究会85年5月研讨会企划集团编，1985；青木，1986；上野，1986）。在这场与青木弥生的论争中，我批判的是以"女性原理"为象征的文化本质主义。性研究方面也同样如此。挂札悠子的《我是"女同性恋"这件事》（挂札，1992）出版时，我对她真诚的自我探索和追问表达了崇高的敬意，但对她在结论部分使用的"自然"一词感到失

---

[1] 女性主义采用"社会性别"（gender）这一术语，正是女性主义站在反本质主义、社会建构主义立场的重要表现。为了说明性别差异不是自然的，才使用了"社会性别"（gender）一词。

望不已。在性研究中，"自然""本质""本能""DNA"都是违禁词。如果男同研究也走向本质主义，我想我也会对其进行批判。挂札说："同性恋是自然的，是多种自然而然的性之一，希望大家可以这样接受它。"看到她的话，我忍不住想要表达异议。一直以来，女性主义者为了让强加于女性的强制式异性恋去自然化，付出了莫大的努力，经历了艰辛的奋战。倘若在此过程中，同性恋者说，同性恋是自然的，那我们一路以来的坚持又算什么呢？我一直以为挂札是我的同伴，可以一起开展性研究、探索性知识，但她最终却回到了一个安稳的着陆点。我想着："布鲁图，你也在内吗？"[1] 即正因为对其抱有极高的期待和信赖感，所以才会感觉被深深背叛。如果说我对挂札的批判过于严厉，那是因为我着实无法抑制自己的这种情感。

单身化的身体

与男同研究一样，女性主义也对被历史和社会所建构的性（sexuality）进行了追根溯源。在《现代思想》（临时增刊，1997年5月）的《女同/男同研究》特集中，我赞同德米里奥（D'Emilio, 1983 = 1997）的反本质主义观点，尤其赞同他对于资本主义造就同性恋身体的历史分析，因为他的想法与我在《父权制与资本主义》（上野，1990）中的分析无比契合。如果他所言为实，那同性恋身体便是一种单身化的身体，它诞生于后期资本主义，成为了批判"现代家庭"的重要力量。这种单身化的身体，是从现代家庭中解放出来的身体的别名。

后期资本主义让单身化的身体成为可能，而单身化的身体中还包含同

---

[1] 被亲近的人背叛时哀叹的话语。起源于罗马的政治家恺撒被刺杀时，发现刺杀他的人中有自己信任的布鲁图时发出的哀叹。——译者注

性恋者以外的多种身体，例如自慰者的身体。关于自慰者的身体如何作为单身化的身体与后期资本主义相契合，金塚贞文的思考最为深入。此外还存在多个配偶（polygamous）的身体，也就是非单偶婚的（non-monogamous）的身体。这种说法还不够准确。正因单偶婚（一夫一妻）被制度化、特权化，所以才仿造它创造出非单偶婚这一对立概念。如果说一夫一妻制是将性封印在婚姻中的装置，那么女性解放运动正是对这一婚姻制度，以及现代家庭最彻底的批判。现在，要求法律认可夫妻不同姓成为日本女性主义的主流。那些曾痛批一夫一妻制的女性解放运动者及女性主义者究竟去往了何处？如果女性主义以改革法律制度为目标，那索性应朝着废除婚姻等伴随法律权利的种种制度的方向前进。废除婚姻之特权，意味着反过来建立一个能够维护单身母亲和非婚子生存权的体系。美国的女性主义法学家玛莎·费尔曼（Martha Fineman）（Fineman，1995）由于主张废除婚姻这一法律制度，所以被误解为性放纵（free sex）的支持者。也有人反对我说："你要践踏想同一个人白头偕老的心意吗？"我并无此意。我只是不支持任何将异性恋式的单偶关系作为法律权利特权化的制度，因为所谓的多偶婚或单偶婚只是众多性偏好（sexual preference）中的一种而已。

或许，使用同性恋这一概念本身就是误导。单身化的性之身体诞生于后期资本主义中，但若用同性恋为其命名，则无法囊括其中的多样性。或许只是为了让异性恋制度化、正当化，所以将超出其范围的、多样的剩余范畴，碰巧命名为"非异性恋"，即"同性恋"而已。我们有必要了解，在"同性恋"包含的范畴中，有可能存在迥然相异的、多样化的性爱方式。也就是说，世上存在着尚未为我们所见的多样化的性。

如果女性主义以解构性（sexuality）为目标，不断与强制式异性恋规范进行斗争，那么关于第四个问题——男同和女性主义是否存在共同的敌人的答案，也就不言而喻了。从上述讨论中可以看出，我们共同的敌人，就是厌女、恐同和排除异己。

出柜的战略

我还想就出柜的问题再补充说明一下。当有人坦白说"我其实是男同性恋者"时,最糟糕的回应便是"那又怎样?只不过是你个人的私事吧?"这种乍见之下的通情达理,让出柜的政治效果化为乌有,其恶劣程度或许比一目了然的恐同和假装天真的偷窥更甚。

正是为了颠覆"个人的就是个人的",女性主义才提出"个人即政治"这一口号。近来的女性主义理论更进一步,提出"私人领域由公共领域形塑"的观点。"性属于私人领域"的说法,不过是一个巧妙的陷阱。换言之,性被置于双重束缚的境地,它表面看似不受公共领域的干扰,实际却被隔离在受公共领域支配的私人领域中。同样,一直以来,女性的身体也在受到公共领域支配的同时,被封闭于私人领域。接下来我们可以通过一个案例,看看女性的身体作为私人的,即性之身体如何被建构于公共之中。

在有关性骚扰的问题被热议时,田原总一朗在与三井真理子[1]的对谈中说道:"女性进入职场,就好像女性裸体进入男浴场一样。所以,对性骚扰做好思想准备是理所当然的。"也就是说,田原将"职场"比作"男浴场",他对女性这种私人的身体"不合时宜"地进入职场这一公共领域感到困扰。当然,是男性将女性的身体视作私人的,即性的身体。因此这种"困扰"应是男性一方的问题,而非女性的问题,但田原却并未从自身找原因。对于女性而言,女性的性之身体好似困住自己的牢笼一般,无从逃脱。而将女性封闭在性的身体这一牢笼之中的是男性的凝视。于是,女性不得不去美容院,减肥或增重,即根据美的标准来打磨自己的身体。

---

[1] 此处将 Mariko 译为"真理子"。——译者注

出柜的战略是指，从私人领域（被公共领域形塑）出发，入侵公共领域，从而混淆两者边界的战略。正因如此，公共领域的人们会感到"困扰"。企图用"私人的就是私人的"来遏制所谓的"困扰"，这种做法是最为保守的政治。男同群体正在通过出柜，开展着搅乱边界的实践。

女同在何处？

最后，我想谈谈"女同在何处？"这个问题。Occur将活动主题定为"男同研究遇见女性主义"，而没有妄称"女同/男同研究遇见女性主义"。这是因为他们明白，自己虽可以作为当事人谈论男同，却不能代表女同并替其发声。事实上，男同和女同存在诸多非对称性，很难将两者共同纳入"同性恋"这一上层概念中。毋宁说，"同性恋"的命名依据了"性别二元论"，其将异性恋作为唯一的标准，并把偏离标准的所有事物都纳入另一个范畴。

作为当事人的女同研究数量极少的原因是，对于女同而言，接触公共媒体（表达、出版、表演等）的渠道极为有限。这类似于学术界中女性学研究者数量稀少的情况。受限于此，比起男同来说，女同承受着更多的性别不平等。

近来发表的两篇论文令人倍感振奋。[1] 一是挂札悠子力透纸背、观点鲜明的文章《被抹杀之物》（挂札，1997）；另一篇则是竹村和子的《资本主义社会与性》（竹村，1997），其思考深入透彻。对于我提出但没有作答（无法回答）的问题，竹村一一给予了清晰且深刻的回应。对于女同性恋与女性主义的关系在20世纪60年代、70年代、80年代、90年代发生的历史性变化，她极富说服力的论述也令我受益匪浅。与其让我来提供一个粗浅

---

1 本文完成后，另一本重要著作出版了，即渡边美惠子的《没有女性的死亡乐园——献祭的身体·三岛由纪夫》（1997）。出自女性主义者之手的严肃的三岛论，必须有人来完成。

的总结和介绍，读者不妨直接阅读这两篇文章，亲自感受日本女同研究的成就。并且，竹村多次提及并参照的莉莲·费德曼（Lillian Faderman）的巨著《女同性恋的历史》（Faderman，1991 = 1996），也发行了日语版。

正如竹村所言，如今我们身处于性（sexuality）不断发生变化的时代，因此我在末了写下这些自警之言就并非多余。强制式异性恋让"现代家庭"成为可能，其在登场之时也是一种革新思想。我们从女性主义的历史研究中得知，关于性的中产阶级式话语如何在女性主义者内部形塑。同时我们也知晓，女性主义者既扰乱秩序、又建构秩序的多义性话语和实践如何被主流秩序收编。如此，我们必须时刻自省——我现在的所作所为，是否会助即将到来的主流秩序一臂之力？

如果未来某种新的主流秩序被确立，女性主义者也将对其提出异议。因为女性主义并不旨在提出一种替代性秩序以取代主流秩序，而是通过不断实践、不断提出异议来做斗争。

第十一章　复合歧视论

何谓"复合歧视"?

"复合歧视"一词,是我效仿有吉佐和子的著作《复合污染》(1975)提出的概念。正如有吉在《复合污染》中所写,环境污染并非只由单个因素造成。多重因素盘根错节,它们或彼此强化,或共同作用于具备特定条件的某一个体身上,使之出现病症。而为了治疗所付出的努力,却有可能导致病情恶化。相较于物理反应,多重因素的影响更类似于化学反应。

多种歧视之间的关系与之相似。每个身为社会性动物的人,都同时生活在多种语境中。有些人在某个语境里是被歧视的弱者,但在另一语境中则摇身一变成为强者。此外,不少社会弱势群体常常同时遭受着多种歧视。不过,即使在当事人的自我认同中,多种歧视之间的关系也错综复杂,纠缠不清。而如何将这一状态概念化,是我长期以来所面临的挑战。我们本可以仿照"多元现实"一词,将"复合歧视"称作"多元歧视"(multiple discrimination)或"多重歧视"。但如上所言,"复合歧视"并非指多种歧视累积叠加的简单状态,而是指多种歧视间的复杂关系,即多种歧视在使之成立的多种语境中如何纠葛缠绕、相辅相成。为了厘清这种关系,我在本文中采用了"复合歧视"这一尚不成熟的概念。

能够构建"所有被歧视者的联盟"吗?

之所以提出这个问题,是因为我们身处这样一个现实:"所有被歧视者的联盟"在实践层面并不容易实现。从"政治正确"(politically correct)[1]的立场来看,当人们将一种歧视视为问题时,往往会把该歧视与其他歧视关联思考,进而轻易地将建立"所有被歧视者联盟"的愿望宣之于口。他们认为,经历过某种歧视的人,也会对其他形式的歧视保持高度敏感,这是"所有被歧视者建立联盟"的前提。也正因如此,当他们看到现实中某种语境下的"被歧视者"却成为另一语境中的"歧视者"时,会倍感失望和愤慨。而且,原本只针对一种歧视的解放运动或解放理论,却经常被要求用以消除其他歧视。对于那些达不到预期目的的解放运动或理论,人们往往草率地认为其过于"局限"或对其表示"不满"。

以上都是我们的日常经历。反过来说,尽管在日常和实践中,"所有被歧视者的联盟"难以实现,但"能够构建'所有被歧视者的联盟'"的言论却依然盛行,而这恐怕就是问题所在。

不久前,日本的马克思主义研究也出现过类似情况。日本的马克思主义者把"工人阶级的解放"等同于"所有受压迫人民的解放",因而认为"女性的解放"可以与"工人阶级的解放"同时实现。他们还认为,由于身为革命主体的工人阶级并不拥有私有财产这一压迫女性的基础,所以工人阶级中自然也不存在女性歧视。就在半个世纪前,《日本女性史》(井上清,1948)的作者、马克思主义历史学家井上清还这样写道:"工人阶级家庭中不存在性别歧视。"井上要么是一个将工人阶级理想化的不切实际的知识分子,要么就是一个为了迎合意识形态而扭曲现实、掩盖歧视真相的投

---

[1] "政治正确"一词讽刺了美国社会少数群体在反歧视运动中的立场,他们主张"弱者的正义"且不容反驳。politically correct 也被简称为 PC。

机分子,即便他深谙工人阶级的实际情况。

事实上,日本马克思主义者的这种态度导致了解放运动内部对女性的进一步压迫。女性马克思主义者(解放运动者)将性别歧视问题化,并试图独自采取行动。她们的行为遭到了男性成员的压制,被斥责为"宗派主义"[1]。此外,这些男性成员还对女性同志行使父权制权力,要求她们为实现"工人阶级解放"这一最终目标而做出奉献和自我牺牲。比如二战前日本共产党的非法"保姆问题"[2]就是一个著名的案例。

日本马克思主义的这种倾向,可以通过其思想和信条的"普遍性"(信念)进行解释。由于马克思主义是一种普遍性理论,能够对整个社会系统(即"社会经济有机体")统一进行说明,因此,人们希望马克思主义理论如同斩断戈尔迪之结的"亚历山大之剑"一般,能给出一举解决所有复杂问题的答案。然而,当能够解决工人阶级问题的答案,却无法解决其他问题,即出现了理论上的"局限"时,日本的马克思主义者会避之不谈。他们拒绝承认马克思主义的局限性,就这一点而言,日本的马克思主义者与宗教"信徒"相差无几。

但是,并非所有的马克思主义者皆是如此。英国社会学家保罗·威利斯(Paul Willis)在其著作《汉默镇的家伙们》(Willis, 1977 = 1985)中有细致缜密的分析,他从马克思主义的立场出发,实证性地研究了阶级再生产的过程。这本书的原题为"学做工:工人阶级子弟为何继承父业"("Learning to Labour: How Working Class Kids Get Working Class Jobs"),威利斯详细考察了工人阶级的子弟(仅限于男性青年)在其阶级社会化的

---

[1] 指一个集团内部的成员出于不同的利益与出身而形成排他性小团体,并试图夺取该集团主导权的行为。此处体现了解放运动内部男性对女性的打压。——译者注

[2] 二战前,日本共产党为了顺利开展地下活动,会让男女共产党员伪装成夫妻,以混淆当局和邻居的视线。在党的名义下,女性党员不得不负责男性党员的生活起居和家务劳动,甚至被迫作为"妻子"提供性服务。后来,这种以党的名义歧视和压迫女性的问题,被称作"保姆问题"。

过程中，如何将性别歧视和种族歧视内化至自我身份认同里的过程。这些工人阶级子弟与那些顺从学校文化和学历至上选拔机制的"软耳朵"们（表现乖巧的优等生的隐语）不同，他们凭借"男性气质"凌驾于那些优等生之上，并借此将自己所属阶级的非主流文化主体化。但结果，他们会成为与父亲一样的工人，在社会上处于不利地位，从而形成了阶层的代际间再生产。不过在这一过程中，他们会将自己与"女孩"和"少数民族"进行区分，以此确立自身的优势地位。换言之，对于"工人阶级男性"的身份认同而言，性别歧视和种族歧视是不可或缺的要素，他们需通过否定"女性"及"少数民族"来完成自我身份认同的建构。威利斯在书中表明：工人阶级根本没有远离性别歧视和种族歧视，他们的歧视有时甚至比中产阶级还要露骨。我们可以用"压迫转移说"（即受压迫者将压迫转移至更弱势的人）来解释这一现象；但同时，对于中产阶级表面上的自由主义态度，我们也可以称之为"伪善"。

威利斯是英国历史学家汤普森（E.P.Thompson）的弟子，后者凭借《英国工人阶级的形成》（*The Making of the English Working Class*）（Thompson, 1966）一书而声名鹊起。之后，《社会性别与历史学》（Scott, 1988 = 1992）的作者、美国女性主义史学家琼·斯科特，批评汤普森的历史研究方法中含有"性别偏见"。斯科特认为，汤普森从一开始就把"工人"限定为男性，从而将女工边缘化，即工人范畴的界定本身就带有"性别歧视"。诚然，与汤普森相比，威利斯更加关注性别这一变量，但由于他的"反学校文化理论"[1]将"女孩"边缘化，所以其研究也难逃性别歧视的桎梏，从而受到了批判。（松井，1995）如威利斯在《汉默镇的家伙们》所写，在"这些家伙们"形成阶级和性别身份认同的过程中，"女孩"们只能充

---

[1] 威利斯发现，在工人阶级子弟集中的学校里经常存在着一种"反学校文化"，其最根本的特征是对"权威"的抵制。——译者注

当"影子",不会被平等对待。而她们如何作为"工人阶级的女性"形成自我认同这一问题,从一开始就被排除在威利斯所设定的问题之外。

美国黑人女作家托妮·莫里森在著作《黑暗中的游戏:白色和美国文学想象》(*Playing in the Dark: Whiteness and the Literary Imagination*)(Morrison, 1992 = 1994)中,通过后殖民主义理论明确指出:歧视是歧视者一方的问题。通过分析马克·吐温的《哈克贝利·费恩历险记》这部美国男性心中经久不衰的成长小说,莫里森揭示出这样一个事实:为了确立"宽容"又"高尚"的"白人身份",黑人乃是不可或缺的影子。

同为黑人女作家的艾丽斯·沃克(Alice Walker)著有《紫色》(*The Color Purple*)一书(Walker, 1982 = 1985)。该作品描写了受歧视者之间的歧视和压迫,成为美国最畅销的小说之一,但也引发了黑人男性群体的不满与愤怒。小说中,在黑人社区出生长大的女主人公遭受到性暴力和虐待,通过寻求与女性同伴的互帮互助,她最终实现了对自我身份的认同。《紫色》对这一过程的描写令人动容,可谓黑人女性版成长小说。但书中同时揭露出黑人群体内部赤裸裸的女性歧视,沃克也因此被黑人男性抨击为"阶级叛徒"。

想要揭露被歧视群体中存在的性别歧视问题,往往困难重重。日本也是如此。当人们试图揭露在被歧视部落[1]的解放运动内部,或在日韩国及朝鲜人的民族解放运动内部存在的性别歧视问题时,经常会遭到反对。1995年,以驻冲绳美军强奸少女事件为契机,反对美军基地的斗争愈演愈烈。然而在斗争的过程中,仍有男性活动家发言称:"不要把基地问题窄化成女性问题",这使得女性活动家们愤怒不已。

---

[1] 在日本德川幕府时代,从事屠宰业、皮革业等所谓贱业者和乞丐游民被视为贱民。他们聚居在条件恶劣的指定区域,形成了特殊的社会集团——"部落"。部落民处于社会最底层,备遭歧视和压迫,这种歧视一直延续至今。——译者注

揭露被歧视群体中的性别歧视问题之所以困难，主要有以下几点原因。首先是因为"各种歧视"被按照政治优先级排列了顺序。在"更严重的歧视"面前，"微不足道的歧视"被迫保持沉默。但问题是，所谓的急缓的顺序，是以集团中相对强势人群的立场来判定的。对于冲绳地区的女性而言，与"基地问题""日美安保条约再定义问题"相比，强奸这种侵犯女性人权的行为绝不是"微不足道的问题"。其次，当社会弱势群体开展抵抗运动时，一旦谈及群体内部存在的歧视，就会被视为是分裂运动力量、扰乱运动步调的"宗派主义"或"资敌行为"。再者，既然设定了最优先的任务，那么为了达成目标，抵抗运动的成员们就会被要求牺牲自我、舍己为人。特别是在那些少数派集团中，由于需要通过构建对抗性集体身份认同来抵抗支配性价值观，所以更容易滋生这种集体主义和目的中心主义。在其内部，甚至会出现比统治集团更为露骨的歧视和剥削。

因此，在这样的现实中，强调"所有被歧视者的联盟"的理想主义论调反而会掩盖歧视本身。社会所需要的，毋宁说是一种概念装置，以解开"各种歧视"之间的纠葛，消除其中的矛盾。

女性与残疾人

日本的第二波女性主义诞生于 1970 年，之后随着 1972 年反对《优生保护法》修正案运动的开展而迎来了热潮。虽然日本在二战后延续了明治时代刑法中的堕胎罪，但女性们通过在广义上解释《优生保护法》堕胎条款中的"经济原因"，在实际上实现了"堕胎自由"。然而时至今日，依旧没有法律条款能够支持堕胎的完全合法化和女性的自主决定权。[1] 日本

1　由于《优生保护法》受到了批判，所以日本国会摒弃了"优生"一词，于 1996 年改称《母体保护法》。但这部法律也没有为堕胎的完全合法化和女性的自主决定权提供法律依据。

政府的"执政艺术"建立在表面声明与实际操作相背离的前提上，即不改变法律条文，只通过调整解释或应用范围，达到强化或放松管控的目的。这种伎俩同样适用于堕胎问题。20世纪60年代，日本"总和生育率"（女性一生中平均生育子女人数）从4人急剧下降到2人左右。面对"过于成功的生育率控制"，商界和以日本新兴宗教"生长之家"为代表的宗教保守派议员，十分担忧未来劳动力的短缺及国力的下降，于是向国会提出优生保护法"修正"案，要求删除法案中的"经济原因"。对此，女性解放运动者们坚决抵制，她们高呼"生不生育都是女人（我）的权利"，试图捍卫女性的"堕胎权"。在将生儿育女私事化的现代社会中，对女性身体的管理是"性政治"（sexual politics）的核心所在。反过来说，对女性而言，对身体的自主决定权和"再生产自由"（reproductive freedom）是一条绝对不可退让的底线。

然而女性解放运动者遇到了意料之外的伏兵，即残障人士团体，他们对女性的"堕胎权"进行了批判。原本面对胎儿生命尊重派和保守派团体，女性早已做好反驳的准备，但却被来自残障人士团体的批评弄得措手不及。与身为社会弱者的女性相比，残疾人处于更加弱势的地位。20世纪70年代初，利用储物柜弃婴及杀婴的案件屡被报道，女性加害弱小生命成为社会问题。

需要注意的是，早期的女性解放运动者宁愿背负骂名也要支持"杀婴女性"，并率先揭露了受害者成为加害者的机制。女性解放运动绝不是片面倡导"受害者正义"的运动。（上野，1994b）在面对残疾人的批评时，这一点也贯彻始终。

70年代也是生殖技术的黎明期，例如，通过羊水检查就可以判断胎儿的性别和有无残疾。生殖技术发展的背后，是越发明显的少子化趋势，父母们都希望"少生优育"。人们可以自主选择是否要进行羊水测试，而在发现胎儿性别不符合期望或胎儿患有残疾时也可以自主选择是否继续妊娠。对此，残障人士团体提出了疑问："难道残疾人在出生前就要被扼杀吗？"

事实上，残疾儿童的父母往往希望孩子死去。若要接受残疾的孩子则需要一个过程，大致分为以下四个阶段。第一阶段是迷茫与否认事实的阶段。父母们萌生出"我绝不可能有这样的孩子""我的家族不可能会生出这样的孩子"等想法，拒绝面对现实，进而试图通过推卸责任来逃避危机。甚至有妻子因生下残疾儿童而被迫离婚。第二阶段是自责和抑郁的阶段。"杀了这个孩子，然后我也干脆一块去了！"等自杀倾向及全家集体自杀的事件通常发生在这个阶段。第三阶段是热衷于治疗和矫正的阶段。在这一时期，父母们依然会内化""没有残疾'才是好的"这种支配性价值观。而到了第四个阶段，会发生所谓"回心"（悔悟）的价值观转变，父母们最终步入了接受和与之共存的阶段。（要田，1986）[1]

很多父母作为普通的"健全人"，将"四肢健全""独当一面"等主流价值观内化于心。但若要积极接纳残疾儿童，便必须摆脱这一价值观，踏上"悔悟"之旅。通过与残疾儿童父母的临床访谈，要田洋江有力地论述道：这种态度的变化并非切实发生于每个阶段，而是一个时进时退、充满迷茫、不断试错的过程。（要田，1999）。

除此以外，许多女性还内化了"强壮""魁梧"等主流价值观，这同时反映在她们的择偶标准中。以男性为中心的社会将女性贬低为"二等公民"，但将这种社会价值内化，把自身自贬为"第二性"的，却是女性自己。歧视问题的严重性在于，它不仅存在于外部世界，还存在于内部世界，即被歧视者内化了主流价值观。借用哈贝马斯的话说，这是一种"生活世

---

[1] 要田洋江对残疾人的临床现场展开考察，此后出版了收录有本篇论文的专著《残疾人歧视的社会学》（要田，1999）。

界殖民化"现象。歧视给被歧视者带来的毁灭性影响是,在当事人控诉因歧视而遭受"人类尊严的侵害"之前,他已经无法感受到自尊的存在。

实际上,女性主义中也存在着精英主义的成分,即主张"男人能做的事女人也能做"(women can do it all)。日本第一波女性主义内部曾存在优生思想,认为女性应该"优生优育,为国立功"。而当20世纪80年代第一波女性主义的文本被重新阅读时,其中的优生思想遭到了批判。此外,母性主义也很容易与"优胜劣汰"的精英主义关联起来,即认为"无法生育优秀后代的女性不应该生育"。(铃木裕子,1989b;古久保,1991;上野,1995c)

残障人士团体批评了女性主义中潜藏的优生思想。对此,日本的女性解放运动通过反省自己是加害者,表达出了"悔悟"之情。然而,说女性主义反思悔悟其实并不准确。因为与其说其因残障群体的批评而反省,毋宁说,女性主义一开始就是通过对支配性价值观(男性中心价值观)的反思而形成的。打破令被歧视者彼此陷入对立冲突的机制,正是女性解放运动的目标所在。

一项个案研究

让我们看一个关于"复合歧视"的个案研究,该个案涉及了女性和残疾人的问题。安积游步的半自传作品《治愈的性爱之旅》(安积,1993),讲述了她同时身为女性和残疾人的一生,并记录了作为残疾人女性主义者的她,如何"转变"的过程。

对于女性残疾人来说,性别所带来的问题充斥着混乱与艰辛。作为女性残疾人的安积,常常遭到医院检查科医师和残疾人设施职员的性骚扰。女性残疾人既被视作性对象,又是被剥夺了抵抗能力的残疾人,她们遭受着双重压迫。但悖反的是，女性残疾人被作为性对象这一事实却遭到了否认。一旦她们迎来月经初潮，就会被看护者视作麻烦；且在优生思想的影响下，她们被认为不应当怀孕。也就是说，她们的性（sexuality）被剥夺了。甚至有些残疾少女在不知情的情况下被迫接受了子宫切除手术。她们被排除在以性价值来衡量的"女性气质"之外，被认为与爱或性无缘，更不用说结婚生子了。换言之，一方面，女性残疾人的性被否定，但另一方面她们又被作为性对象遭到剥削。

对于那些不被视为性对象的女性残疾人来说，获得性之主体性是实现自我的必由之路。然而，女性获得性之主体性的方式太过局限。安积回顾了自己曾经对于"结婚"的执念，并指出："对于身患残疾的女性来说，为了获得'作为女人的幸福'，往往容易直接选择'结婚'。"

> "你可以按照自己的意愿自由地生活"这句话，和"即使身患残疾你也可以自由地生活"不同，其忽略了"残疾人"所受的压迫。对我来说，"即使身患残疾你也可以自由地生活"意味着我可以广而告之："我是一个女人""我想被看作是一个女人""我想获得作为一个女人的幸福"。
>
> （安积，1993：174）

但因为"女性的幸福"由父权制定义，所以"身为女人渴望拥有普通的幸福"这一极为诚恳的愿望，却成了"身为女人渴望拥有普通的压迫"之同义语。颇具讽刺的是，女性对性的主体化的渴望，容易导致其心甘情愿选择被压迫。正如安积的个案所示，就女性残疾人而言，正因为性之主体性被否定，所以反而更容易盲目渴求婚姻。

后来，在现实中结了婚的安积在面对夫妻的家务分工，面对"家庭"及身为"妻子"的重担时，最终选择了逃离这段婚姻。是一个女性的性

（sexuality）被否定比较糟糕，还是其"作为妻子"被剥削比较凄惨，这种争论毫无意义可言。安积为这一经历付出了昂贵的代价，她最终得出的结论是：绝不否认自己的性，也绝不接受任何将其制度化的压迫。许多女性主义者十分了解安积的转变过程，其转变并非一夜之间发生的。而且，即使她以一个"残疾人"的身份实现了从自我否定走向自我肯定的目标，但作为一个"女性"想要实现同样的目标，却需要一条不同的路径。这表明，残疾人歧视和性别歧视建立在不同的原理之上，一方的解放并不会自然而然地带来另一方的解放。并且，从另一个角度来看，所谓残疾人的解放，也被男性残疾人的语言所定义，而他们的话语里并没有出现女性残疾人的身影。

少数族裔与女性

"女性和残疾人"的复合歧视里存在逻辑上的悖论，即两种歧视相互强化，但在摆脱一方的歧视后，另一方的歧视反而更加强烈了。不过，在复合歧视中，既有像"女性和残疾人"这样的多重歧视现象，即在社会边缘化群体中女性被更加边缘化，也存在负负得正的逆转现象。少数族裔女性便是如此。

据美国少数族裔群体间异族通婚的数据显示，在日裔美国人群体中，女性选择异族通婚的比例较高，而男性则更倾向于族内通婚。日裔美国女性的通婚对象多为白种人，尤其是在白人社区中被边缘化的人群，比如犹太人[1]。另一方面，日裔美国男性的结婚对象不仅限于日裔美籍女性，还有其他亚裔美国女性，如韩裔和华裔女性。有关异族通婚的宏观数据体现

---

[1] 日本女性与犹太裔美国人通婚的比例很高，这是因为，日本人没有参与也不了解欧洲社会历史上对犹太人的歧视，所以很难将犹太人与其他白人种族区分开来特殊对待。

了异族间上升婚的模式，折射出每个族裔群体在当前美国社会中的地位。

可以说女性比男性拥有更多的机会依靠通婚来实现种族阶层的提升。然而，这种战略是否能将女性"从压迫中解放出来"，则完全是另一个问题。通过族外婚，女性的确可以摆脱少数族裔群体内部的性别歧视结构，但在其婚后进入的社会主流集团里，她（和她的孩子）不仅一生都要被贴上少数族裔的标签，还会作为尤为弱势的群体，被收编于主流集团内部的父权制压迫结构中。这是因为，上升婚的机制本身就是父权制的产物。布尔迪厄（Pierre Bourdieu）认为，婚姻是家庭或个人的"资源最大化战略"，但有无数在这场博弈中本应做出最优选择的人，却最终助长了该系统的压迫性结构的再生产。

关于异族通婚后女性的遭际，有几位女作家在其文学作品中提供了有力的例证。比如芥川文学奖获得者米谷芙美子在《逾越节》（1985）中，刻画了一位嫁给美国犹太人的日本女性与其丈夫的大家庭之间的斗争。众所周知，父权制在犹太社会中根深蒂固。主人公选择逃离日本父权制的同时，却陷入了另一个新的父权制体系中。

年轻作家野中柊的《安德森家的新娘》（1992）一书，描写了一位日本女性嫁入自由主义白人家庭后，因被视作少数族裔而倍感焦虑的故事。天真烂漫的主人公曾深信日本民族在世界上居于统治地位，所以即使是女性也是其中的一员。但她婚后却发觉到自己在美国白人社会里属于少数族裔，并在丈夫家人的热情欢迎中，感受到了来自庇护者般的温情主义。

描写种族、阶级和性别之复杂关系的压卷之作，当属有吉佐和子的《非色》（1967）。在这部以二战后的日本为舞台的作品中，主人公曾是服务美国占领军的娼妓，后来嫁给了一名美国黑人士兵，以"战争新娘"的身份前往美国。这些被称为"潘潘女郎"的性服务者的确遭到了污名化，但她们能依靠自己的身体，从美军宪兵那里获得罐头食品和毛毯，这在战败后饱受饥饿之苦的日本也算是一种特权。尤其是在丈夫或父亲战死、女性当家的家庭中,女性出卖色相可以养家糊口,所以家人也无法指责她的工作。其中,那些能够与特定的伴侣(被称为"唯一"伴侣)建立关系,甚至与占领军结婚的女性会被当作幸运儿,与普通的娼妓区分开来。

当时的日本人并非不知晓美国国内的种族歧视。然而,从战争期间"美英鬼畜"的宣传中可以得知,日本人将美国视为白人社会,而未能意识到其实际上是一个多种族社会。对许多日本人来说,二战后才首次在现实世界里接触到大量的"外国人",而见到非裔美国人更是史上罕有。大江健三郎的《饲育》(1958)虽然成书于战后,但却取材于战争时期的扣留战俘事件。书中描绘了四国山中的村民的奇特逻辑——他们第一次看到黑人士兵时便说道:"这个人不可能是敌人,因为他是黑人。"支撑村民这一想法的,并非"在敌国社会中受歧视的人并非敌人"和"敌人的敌人就是朋友"这样反转的逻辑,因为当时的日本村民要做出这种判断,需要掌握美国社会种族歧视的相关信息和知识,但事实上他们根本无法了解。所以他们之所以这么说,仅仅是因为在其"敌人是白人"的意识形态中压根就没有黑人的位置。然而,这种"敌国"和种族间的矛盾,竟让村民对战俘产生了一种奇妙的亲近感和宽容心,这也促使故事得以展开。

但即使跻身于占领军中,黑人士兵也备受歧视。例如黑人士兵出入的酒吧和"慰安所"均与白人士兵分隔。虽然日本女性对此心知肚明,但在占领军压倒性的统治权力面前,士兵之间的种族差异就变得微不足道了。不过,也的确存在这样一些情况:应征入伍的年轻士兵能感受到军队内部的平等主义,比如不少黑人年轻士兵感到在军队中所遭受的种族歧视相对少于外界。

《非色》的女主人公结婚后搬到了美国,却发现自己的住处是纽约市一个贫穷的黑人社区——哈莱姆区,与自己所设想的富裕生活反差巨大,从而震惊不已。在二战后的日本属于绝对强者的丈夫，在美国却只是一个社会上的弱者，她事先并不知晓这样的现实。在同一时期，女主人公的一位朋友嫁给了一个波多黎各裔美军士兵，所以也和女主人公一起以"战争新娘"的身份前往美国。日本人只能靠肤色区分种族差异，因此嫁给"相对肤色较白"的波多黎各人的这位女友，在面对嫁给黑人士兵的女主人公时曾充满优越感。但她到了纽约之后才发现，波多黎各人的种族地位比黑人还要低。

女主人公因哈莱姆区的破败现实而备受打击，对于她而言，种族间的关系是如此复杂，以至于她与女友之间优劣位置的逆转都能成为其小小的安慰。经历了丈夫失业和婚姻纠纷之后，女主人公决定出去工作以获得独立。她参加了一个面试，想要发挥自己所具备的有限社会资源之一——英语能力，但再次令她大受打击的是，她的英语被认为带有浓重的黑人社区口音，并不符合商务所需。

尽管《非色》在今天被批评为一部带有种族歧视性质的作品，但我们不能因为一部作品描写了种族歧视，就认为它带有种族主义的色彩。《非色》里的女主人公确实做出了带有种族偏见的行为，但有吉通过塑造这个角色，开展了一场思想实验：模拟种族、阶级和性别之间复杂难解的关系。作为早在1967年就描绘了种族、阶级和性别之复杂关系的先驱之作，有吉的这部作品值得称赞。

歧视的复数性

接下来我将对前述内容进行系统整理。
歧视根据单复数性质可以分为以下几类：
（1）单一歧视；

（2）多重歧视；

（3）复合歧视。

（1）单一歧视是指单一维度的歧视，但现实中这种情况寥寥无几。例如，种族歧视或性别歧视往往都与经济阶层有关。（2）多重歧视也可称为多元歧视，即多重维度的歧视处于层叠、累加的状态。（3）复合歧视则是指多元歧视内部的各种歧视之间存在纠葛或逆转的关系。

如此，我们必须思考多种歧视之间的不同关系，主要包括以下几类：

（1）社会主流群体（majority）和弱势群体（minority）之间的关系（即歧视）；

（2）社会弱势群体之间的关系（相互歧视）；

（3）社会弱势群体内部的关系（多重歧视、复合歧视）；

（4）从属于社会弱势群体的个人，其复合身份认同内部的关系（冲突）。

（1）至（3）的内容已无须赘述，而（4）需要进一步理论化。为此，我们首先需要实现对"身份认同/同一性"（identity）概念认知的改变——个人的身份既不是统一的，也不是固定的。生活在多元现实中的个人，根据语境生成多元复合的身份认同，而这种复合身份认同内部的关系未必能用"同一性"来描述。这对长期以来被翻译为"自我同一性"的"身份认同"概念来说是一种逻辑悖反。不过，从戈夫曼（Erving Goffman）之后的"自我呈现"（presentation of self）[1] 理论来看，多元复合身份认同并非一个新鲜的概念。而在性别研究领域，朱迪斯·巴特勒也提出了"具有述行性（performativity）的社会性别"一说（Bulter, 1992）。从巴特勒的观点来看，"身份认同"不过是连续表演的事后"效果"，而通过对其"一

---

[1] 也称"印象管理"（Impression Management），是指人们试图管理与控制他人对自己所形成的印象的过程。通常，人们总是倾向于以一种与当前的社会情境或人际背景相吻合的形象展现自己，以确保他人对自己做出积极的评价。——译者注

贯性"的预期，性别制度得以再生产。至此，我们发现，"身份认同"与社会学的"角色"概念非常接近。

其次，我们必须认清这一事实：个人所处的多元现实是由不对等的权力关系构成的。换言之，行为主体在每个场景中所遵循的表演规则，都被事先嵌入了权力关系，所谓"平等"的角色关系不过是一种空想。女性主义是最能彻底揭露性别这一角色关系中的非对称性的思想。而且，女性主义还揭发了社会学的政治性，后者通过将性别拆解为"性别角色"来掩盖歧视和压迫。不仅是社会学的领域，可以说，女性主义思想激进地指出所有领域学术知识的政治性，在这一点上，其他思想无法企及（上野，1995）。

这里暂且将个人复合身份认同内部的关系命名为"冲突"，这一概念类似于人们所说的"角色冲突"（role conflict）[1]。然而，"角色冲突"这一概念忽视了角色述行中伴随的权力关系。其背后是"相互平等的行为主体"这一现代主义幻想，以及被这种幻想所掩盖的以男性为中心的权力关系。在复合歧视中，当事人所经历的"冲突"并不像"角色冲突"那样单纯。这是一场发生于自我内部的权力游戏，围绕自我评价，优势要素和劣势要素相互争斗，时而发生逆转。近年来，人们对"复合歧视"相关内容的关注日益高涨，却未能提出一个合适的概念。在此，让我们仅就几个主要社会变量，看看其中有关"复合歧视"的研究动向。

我列举的是阶级、性别、民族、残疾四个变量，它们两两组合，就有六种可能。进而，如果考虑它们之间互为因果的关系，那便有 $6 \times 2 = 12$ 种可能（见下页图）。

---

[1] 指因不相容的期望导致的心理矛盾和行为冲突现象，多由角色利益上的对立、角色期望的差别以及人们没有按照角色规范行事等而引起。——译者注

```
        阶级 ←——————→ 性别
          ↖    ↗
            ✕
          ↙    ↘
        民族 ←——————→ 残疾
```

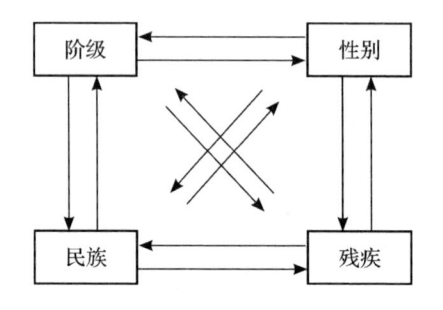

（1）阶级→性别

如前所述，大量事例说明日本的社会主义妇女解放论和相关史观掩盖了性别歧视。

（2）性别→阶级

当一个新的范畴确立，其内部的差异可能被压制和掩盖，这一问题同样存在于女性主义中。罗宾·摩根（Robin Morgan）的《全球的姐妹们》(*Sisterhood Is Global*)(Morgan ed., 1984)是女性主义早期的一部代表作品，该作品因其乐观主义受到众多女性欢迎，但也成为后现代女性主义者强烈批评的对象。

（3）性别→残疾

女性的"生殖自由"侵犯了残疾人的"生存权利"，争论始末可参见上文。

（4）残疾→性别

残疾人并非总处于弱势，且残疾人内部也存在性别歧视。如前所述，对于均为残疾人的男女双方而言，"结婚"都是过上"普通生活"的目标之一。但在残疾人与"健全人"的结合中，男性残疾人与女性健全人的结合则多于女性残疾人与男性健全人的结合。这是因为，女性气质与自我牺牲、献身精神紧密相连，所以由女性健全人承担"照料劳动"（care work）的话，不仅当事人男女较少有抵触心理，而且来自社会的阻力也会比较小。在后天性残疾人中，女性成为后天残疾而导致离婚的情况较多。而这种情况也同样适用于酒精依赖症的患者与其配偶的性别组合。另外，在当下性商品化的趋势中，护理人员是否应该协助男性残疾人解决"生理需求"，比如是否应协助其进入"泡泡浴"[1]，也成为一大问题。男性残疾人也应当享有"性的自主决定权"。然而，如果买春是一种"用阴道代替手部的自慰"（金塚，1982）形式，即以金钱为媒介将另一个人的身体当作性工具的做法，那么在这种父权制的结构性压迫下，我们是否应该与之同流合污呢？还有，"性之弱者"[2]论又会如何看待女性中的性之弱者呢？

（5）民族→性别

黑人男性对艾丽斯·沃克的《紫色》一书的反应，就是典型案例。

（6）性别→民族

让我们再次以艾丽斯·沃克为例。1992年，沃克撰写了另一本再度引发争议的书籍《拥有快乐的秘密》（*Possessing the Secret of Joy*）（Walker，1992 = 1995）。在这部作品中，她将非洲社会中的女性割礼（切除部分女性外生殖器的仪式）视为对女性的严重压迫。虽然《紫色》一书引起了众多女性的共鸣，但《拥有快乐的秘密》一作却引发了非洲女性的愤怒。批评认为，沃克虽然以当事人的立场揭示了黑人社会中的性别歧视问题，但在非洲女性割礼问题上，她却以"美国人"的姿态采取了高高在上的启蒙态度。这是一个令人唏嘘的个案，沃克对自己国家内部的南北问题极为敏感，可一旦涉及国际关系中的南北问题，她却显现出发达国家女性的局限性。[3]

---

1 日本风俗业的一种。——译者注
2 由男性评论家提出，他们认为在"恋爱与性的市场"中，男性拥有的"恋爱资源"的多寡会产生"性之强者"与"性之弱者"的分化。但这一概念没有将女性纳入其中，从而忽视了社会性别的不对等。——译者注
3 针对女性割礼的习俗（亦称作 FGM，"Female Genital Mutilation"），发达国家的女性主义者进行了自我文化中心主义的批判，相关内容可详见冈真理的文章（1995）。

（7）阶级→民族

将部落歧视作为一种阶级歧视或许不太合适。部落（阶级）歧视与民族歧视之间曾有过不幸的历史，让我们试举一例。1994年，金静美的苦心之作《水平运动史研究》出版。在这部作品中，金静美执着地追究日本部落解放组织"水平社"的领导人、战时日本军国组织"大政翼赞会"[1]众议院议员松本治一郎的罪责，他曾是殖民主义侵略的帮凶。松本和水平社的战略充满民族主义色彩，他们试图鼓动受歧视的部落民凭借对"圣战"的贡献来赢得作为"国民"的权利。1995年5月，即二战结束50年后，部落解放同盟首次正式承认以松本为首的水平社在战争中存在民族歧视的"错误"，并做出了道歉。这正是金静美等人勇敢揭发的结果。

（8）民族→阶级

在战时的翼赞体制下，工人运动被彻底镇压，阶级歧视被掩盖在"国民"的名义之下。对于民族主义而言，阶级至上是一种危险思想，其会分裂本应一体的"国民"。

（9）阶级→残疾

众所周知，在法国大革命时期，新兴的资产阶级为了贬低旧有的统治阶级，利用了当时逐步成形的全新科学知识——遗传学。以此为据，一种反贵族的意识形态宣传扩散开来：由于长期反复的近亲繁殖，贵族阶层中体格和精神低劣的个体不断增加。一方面，疯癫和低智被视作遗传的结果，遗传学被用来论证贵族阶层血统的劣等性；另一方面，资产阶级还把罪犯等社会异类也视为遗传的产物，借此实现了对贫困阶层、下层阶级的压迫。

（10）残疾→阶级

残疾人属于优势阶层的例子也不在少数，只要有经济能力和仆人，身

---

[1] 1940年10月12日，由日本第二届近卫内阁成立的法西斯政治组织，总裁由内阁首相近卫文麿担任。——译者注

患残疾的生活也并非那么困难。但正如D.H.劳伦斯在《查泰莱夫人的情人》中所写的那样，他们的优渥生活通常以妻子或仆人的牺牲为代价。查泰莱夫人有一位身体残疾的贵族丈夫，她被压抑的性在守林人那里得到了释放。但小说将女性和下层男子两者与"身体""自然"的意象关联，且作者认为性具有破坏秩序的力量。从这两点上看，我们也可以说《查泰莱夫人的情人》是依据现代男性中心主义准则创作出来的小说。

（11）民族→残疾

将民族或种族与特定的身体特征相关联的做法相当常见。这里的身体特征不仅指身高和体格，还指脑容量、智力、精神障碍及神经质等。在举办于世纪之交的巴黎万国博览会会场上，甚至有"原住民"的身体被当成标本展出。另一方面，那些被视作"劣等民族"的一方，为了"种族改良"，会劝说其国民与处于优势地位的白人通婚。明治初期日本出现的下列言论，就是"种族改良论"的一大例证："告诸位女士，日本男子一文不值耳，嫁与西洋人矣。"（呐口居士，《告诸位女士》，《日本之女学》第12号，1888年）

（12）残疾→民族

在残疾人群体中也会存在性别歧视、部落歧视和民族歧视。事实上，"残疾"也难以一概而论，各种残疾会因细微差异而被细分，使得残疾人之间易产生"我比那个人略好"的差异化认知。残疾人群体如同民族、性别一样，很难形成集体身份认同。

上述类型和各种事例，都只是我暂时想到的例证。但仅通过这样的思维实验就可得知，复合歧视之间的关系是多么复杂难解。如果从上述四个变量中提取三个及以上进行组合并思考，那么问题就会变得更加复杂。有可能出现在A、B、C三个变量中同时受到压榨，却在D这个变量中获得补偿的情况。

让我们做这样一种假设：一位处于日元升值时期的日本高学历女性与一名黑人男子建立关系，来到纽约居住。如此一来，她既作为"亚洲女性"遭到黑人群体的歧视，又会因为能赚钱而受到男友的依赖及剥削。一方面，语言不通导致她不得不依靠男友；另一方面，内化的"女性性"所带来的"共依存"[1]心理，使得她即使遭受男友的暴力和金钱剥削，也无法离开他。这位女性虽然在经济阶层中处于优势地位，却在种族和语言资源方面作为少数群体处于劣势地位。此外，在"女性气质"的价值规训下，她陷入了一种过度奉献的境地，试图凭借一己之力支撑男友……家田庄子的《黄帽子》(1991)中，出现了许多符合上述分析的案例。[2]

因能力有限，我在这里将变量限定为四个，但并不表示其他变量不重要。其他变量还可以包括年龄、性（sexuality）等等。它们均为历史的产物，因此其重要程度也会随着不同的历史语境而发生变化。例如，由于"阶级"这一古典变量的重要性相对减弱（或许是因为经济停滞的原因），性别这一变量才得以凸显，而它可能很快又会被其他变量所取代。相对于动辄将万事万物还原至 DNA 或解剖学的决定论和本质主义，我们需要的，是将所有范畴彻底"历史化"（historicize）。

但是这也会导致分类上的问题。历史上固有的歧视，比如部落歧视，是应将其视为职业歧视的一种，并置于阶级变量的子类别中呢，还是因其与重视"血统"的意识形态有关，所以应将其视为"民族"变量的变体呢？也有人认为，应将其视作无法被还原至其他范畴的独立变量。歧视与多重维度的变量有关，且在不同历史阶段呈现出不同形态，所以很难被归类为

---

[1] 指一种生存状态，表现为个体因为失去自己内在的爱和信任，而对外界事物产生依赖，无法自拔。——译者注

[2] 家田庄子的《黄帽子》（黄帽子，即"yellow cap"，是指美国的一种出租车。这个词含有谁都可以上车，即与谁都可以发生性关系的意思，成为对旅居海外的日本女性的歧视性隐语）一书，其书名和主题均带有性别歧视色彩，因而受到了强烈批判。

某个单一范畴。例如在江户时代，部落歧视与职业阶层相关，但在明治以后，它与血统主义的联系则更为密切。再回溯到中世时期，网野善彦在《日本中世的非农业民与天皇》（1984）中如此论述：非农业民的职业团体（山民、海民、商业民等）主动利用了血统主义这一意识形态，他们通过捏造自身的起源，来获得自由通行和交易的特权。可见，我们应该在某一歧视所处的历史和社会语境中进行宏观政治（macro politics）和微观政治（micro politics）的思考，而不是通过把某种特定歧视普遍化（超历史化），将其归结为一种宿命。

上述分类的困难也同样体现在娼妓歧视中。娼妓歧视应属于与职业相关的"阶级歧视"的一个子类别，还是由于污名化的标签而应将其与"性别歧视"挂钩呢？（川畑，1995）。当变量的维度复合杂糅时，有可能出现意识形态性的粉饰，即认为一个维度的劣势被另一个维度的优势所弥补。例如，因对京都祇园的艺妓进行田野调查而闻名的美国女性人类学家丽莎·多尔比（Liza Dalby），在其著作《艺妓》（*Geisha*）（Dalby, 1983）中指出，那些被视为低贱存在的女人，是"独立的劳动妇女"，能够行使性和经济的自主决策权，所以她们会反过来蔑视全职主妇。多尔比的想法过于简单，她通过肯定当事人在社会夹缝中的自我正当化行为，来为性的商品化开脱。但在这种正当化的过程中，艺妓与家庭主妇被当作二元对立的存在，而且，将女性的性二分为"为快乐"和"为生殖"的父权制压迫结构也被置若罔闻。因此，当权力关系的维度错综复杂时，我们有必要在理论层面对其分别进行探究，开展更为缜密的分析。

如果进一步深入到微观身份，我们还可以区分出"可见变量"与"不可见变量"。当一些变量普遍进行戈夫曼所说的"冒充"（passing）时（如白人社会中的犹太人，日本社会中的在日韩国人和朝鲜人，或不出柜的男女同性恋者），每场表演的权力关系都会变得更加复杂。被歧视者永远无法逃离这样的权力游戏，这些社会弱势群体唯有更加积极地在战略上调动其有限的社会资源，以争取在不同场合获得相对优势。[1]

解放的战略

尽管前文所述略显消极，但也并非没有希望。因为被歧视群体在反歧视运动中使用的策略具有惊人的共性，并会相互影响。

第一个策略，是不对统治集团持有报复或反击的意图。身为在日朝鲜人第二代的高史明对这样一个小插曲记忆犹新——少年时期的他在日本战败时（即韩国和朝鲜人的"解放"时刻）咒骂日本人"活该"，而高史明的父亲尽管在战争中被日本人百般折磨，却还是对儿子劝诫道："我们是不会采取以牙还牙这种报复手段的。"（高，1974）若仅仅将权力的逻辑翻转，便只会带来统治集团的更迭，并非治本之策。重要的是解构权力游戏本身，而在这一点上，我认为社会弱者之间已经达成了共识。

第二，不采取"赶超"（catch up）策略。平等或解放的目标绝不是自己成为统治集团。这是因为赶超战略在根本上以接受统治集团的价值观为前提，其正是"生活世界殖民化"的表现。采取赶超战略，并不能瓦解制造歧视的机制本身。

这种"赶超"既包括个人的赶超，也包括集体的赶超，前者作为集体的叛徒而遭到排挤。此外，由于被歧视群体中存在相互扶持的集体原则，所以倘若一个人想要从中脱颖而出，就不得不违背群体内部的伦理规则。例如近期，美国社会中黑人中产阶级的数量有所增加，他们一方面在白人中产阶级社会中仍处于边缘地位，另一方面又被原先的黑人集团孤立，举

---

[1] 石川准在《存在证明的社会学》（1992）中，有力论证了被污名化者所做的"补偿努力"。

步维艰。而如果个人赶超不成，也可以考虑采取集体阶级上升的策略。鼓励女性取得学历和资格证书，接受职业培训的做法就是其中之一。在美国这样的移民社会中，这种策略或许颇为有效。事实上，在过去的20年里，美国白人中产阶级的女性地位相对提升。低学历、低阶层的少数族群提高了白人女性的集体地位。当然，她们会主张这种赶超战略对所有社会群体都行之有效。但是正如布尔迪厄所指出的，如果所有的社会群体都实现了阶级上升，那么结果是各阶级之间的相对差距将未变分毫。

对"赶超"战略持批判态度的是德尔菲、米斯（Maria Mies）等欧洲女性主义者。[1] 在"男性"被定义为"歧视者"的情况下，女性若想要与男性一样成为"歧视者"，不仅在逻辑上自相矛盾，在实践上也毫无可能。

然而，因为"平等"由统治集团的话语定义，所以"平等"的目标往往会被理解为"成为像统治集团一样的存在"。与之类似，一直以来存在这样的"误解"：女性主义者就是"想要成为像男人一样的女人"的代名词。并且基于这种误解，虚假的"自由派"男性甚至会反过来表示怜悯："像男人一样并没有什么好处，真是些愚蠢的女人。""像统治集团一样""像男人一样"都不过是误解及对因误解引发的歧视的放大。统治集团的局限性在于，他们只能用自己的语言来定义被歧视群体的"解放"。

第三，被歧视者的运动不是为了消除差异，而是为了承认差异。他们共同面临的课题，是如何认可存在于不对等权力结构之外的多样性。这需要一个过程，即把那些曾经被视为本质主义的"差异"重新定义为"歧视"，彻底揭露与其相关的权力结构，将语境政治化。正如一些学者指出的那样：缺少这一过程的多元文化主义理论，很可能在自由主义政治的华丽外表下，保留既存的权力结构。

---

[1] 米斯特别警告说，赶超战略会造成破坏性的后果。因为如果所有发展中国家都达到发达国家的能源消耗水平，那么能源危机和环境破坏就会陷入不可挽回的地步。

第四，在我看来，以上三点不仅意味着对如同亚历山大之剑一般"一举解放所有被歧视者"的普遍性理论（普遍主义）的远离或拒绝，更意味着对"抽象且平等的个人"这一普遍观念的摒弃。这些策略的核心是个人的"亲身经历"，即每个生活在多元化现实中的个体所遭受的种种歧视，只能由当事人的语言来定义和建构。被歧视者所拥有的解放思想有其共通之处，即对他者"亲身经历"的多样性抱有认可和想象力。而且，以女性主义为代表的后现代解放思想，确实内在地创造出了一种方式，来引导和展现存在于集团内外的"他者经验"。在这一点上，20世纪80年代以来的"多元女性主义"和"少数派女性主义"的出现，便是女性主义实现的最直接的政治效果。

第十二章 "我"的元社会学

为何从事社会学研究？

当被问及"为何写作？"时，作家仓桥由美子曾如此回答："因为有稿约。"这一回答令不少人反感，因为他们认为"文学"作者必须有某种内在且现实的动机。然而，通过故意对这个司空见惯的问题给出世俗性的回答，仓桥这位睿智的作家对"即使没有人读也要写下去"的寒酸文学信仰进行了嘲讽。

那么，我为何从事社会学研究呢？当然是因为"有需求"。即使没有需求也会继续开展社会学研究吗？坦白说，我不确定。"文学"和"社会学"受到文坛和学界制度的保护。倘若没有制度，很多研究者便会放弃研究。或者说，为了维持制度，制度性知识的再生产会反过来成为需求，研究者也就应运而生。虽然也存在"没有读者"却依然坚持写作的人，但那也是为了将来在制度中占据一席之地，他们是研究阵营的预备队员，在开展一种"学徒"式的习作训练。[1]

当然，我写这篇文章也是因为"有需求"。但我收到的大部分约稿要

---

[1] 关于社会学（不限于社会学，而是指一般社会科学）这一制度及研究者的存在意义，需通过"知识分子论"这一领域来进行讨论。但诸如"谁是知识分子？""社会学家能否被称为知识分子？"等问题，则已有诸多论述，在此不再赘述（Couldner, 1979 = 1988; Said, 1994 = 1995）。

求都是"就这个或那个主题进行探讨",至于我为什么要写,则无人问询。

在这篇文章中,我想试着回答一个从未有人向我提出过的问题,那就是"(我)为何从事社会学研究?"。这是一个"元社会学"问题。我的许多同行应该也在心里有此疑问,却未去寻求答案。他们大多忙于制度性知识的再生产,从而无暇自问,或者禁止自己去思考这一问题。

"文学"与"社会科学"之间

有这样一则笑话:

有两个老朋友,一个是作家,一个是学者,他们在温泉旅馆偶遇。学者这样对作家说道:"真羡慕你的工作啊。只要有稿纸,在哪里都能写作。"而作家立即对学者进行了反击:"你才令人羡慕啊,只要有参考文献就能写出论文。"

学者指出了作家所拥有的想象力(即创造力)这一珍贵的无形财产中包含的随意性,而作家则指出学者缺乏想象力和创造力。这个笑话传达出了比笑话本身更为真实的社会科学研究现状。

众所周知,社会科学是经验科学。如果"科学"这一说法不太合适,也可称之为经验知识。"科学"(science)一词来自拉丁语,原本指代广义的"知识"(scienza),后来则专指特殊知识,其具备"现代知识"所固有的限定性特征,即客观性、规律性、逻辑性、可验证性等等。

说社会科学是经验知识,意味着它在知识的内涵之外还有外延,即经验指称(empirical referent)。因此,社会科学不是形而上学,而是研究"形而下的对象"的学问。我们需要记住社会科学的这种形而下学性,即此岸性和世俗性。社会科学是试图用"这个世界"的手段来解决"这个世界"的问题的一种尝试。如果这种世俗性本身是"现代知识"的产物,那么社会科学便是"现代知识"的一种。

关于"何为经验?"这个问题,将在下文展开。首先,让我们来看看"经验知识"中的经验指称问题。这种经验指称总是被置于"外延",即研究者的"想象力"之外,且必须得到他人的认可。这就是所谓的社会科学的实定性(positivism)[1],也被误译为实证性。对于"文学"这一虚构物来说,实定性并不可求。如果说文学这一表现形式也具有经验指称的话,那便是作者内心的真实。其无法从外部探知,只能通过表达来把握。"只要有稿纸就能书写"的说法,指的便是作家的这种"自由"和"随意性"。

"经验知识"存在于自身"之外",意味着社会科学研究者以自身"之外"的事物为研究对象。如果说社会是由包括自我在内的他者构成的,那么社会科学研究者的关注点则在自身之外的他者身上。这与作家形成了鲜明的对比,因为作家朝向的是自己的"内心"。也有说法认为"自己即另一个他者",但这种观点实际上掩盖了真正的"他者",即自己一无所知之物和绝对性的谜题。回到"想象力"一词,正如弗朗索瓦·利奥塔尔(Jean-Francois Lyotard)所言,社会科学研究者承认"现实总比想象更丰富"。这意味着自我的脆弱性(vulnerability),即研究者愿意接受各种可能出现的"现实",但这种对未知他者的接受与对确定自我的理解相去甚远。上述笑话中,学者在指出"作家的想象力"时,除羡慕之情外,还包含着对作家的一种批判意识,因为作家仅靠"与自己对话"便能打造出一个世界。而倘若真的存在"社会学的想象力"(米尔斯),那这种想象力无疑是"对他者的想象力"。

我们可以借精神科医生与患者的关系来说明"对他者的关心"。目前,在精神科医疗的最前沿,关于谁是病患的定义已被打破。一些有心的医生

---

[1] 实定性一词源自拉丁语,表示设定、给定,与自然相对。此处上野强调与他人的互动,若只是独自想象而得不到他人的认可,则不过是妄想。——译者注

甚至会使用"我们这些非患者"的说法。如果"患者"与"正常人"是根据标签的有无这一条件上的否定对立而产生区别的，那么，用否命题的方式将"正常人"定义为"非患者"，这在逻辑上也可以成立。然而，谁是"患者"呢？按照当下精神病学的定义，"患者"是指"对自己的状态感到痛苦，从而寻求专家帮助的人"。但世上既有客观上处于类似的状态却不觉痛苦的人，也有很多即使感到痛苦也不会寻求专家帮助的人。这些没有出现在精神科医生面前的人，不能被称为"患者"。因此，询问有多少"潜在"的精神科患者毫无意义，因为只有本人和他人都认为其是患者的人，才能被称为精神科"患者"。此外，也存在这样的情况：当事人本人并不认为自己患病，却仅仅由于家人或专家等第三者的判断而被强制住院。如今，这种强制性行为正受到越来越多的批评。一个人是以"病患"的身份还是以"正常人"的身份生活，并不取决于他本身的状态，而是取决于社会对其的容忍度。

年轻时，我曾仔细研读过许多精神科的病历。比起那些论述患者"疯癫"状况的精神病学论文来说，精神科医生的记述让我学到了更多，他们对那些未知他者的不可名状的经历、那些难以理解和说明的体验抱以了极大的关心。换言之，比起"患者"是谁，我更多了解到的是"医生"是什么样的人。而（精神科）医生是怎样的人，与社会科学研究者是怎样的人的问题颇为相似。

在精神科"医生与患者"的关系中，我们能够判别究竟谁是"医生"，谁又是"患者"吗？医生也可能是患者，所以精神科医疗的医患共生关系可能会构成"病患的共同体"。并且事实上，在许多精神分析治疗中，治疗者都有义务首先主动接受教育和分析。而这传承了精神分析领域的一条规则：只有曾经是"被分析者"的人才能够成为"分析者"。在精神病学非权威治疗的最新尝试中，比如反精神病学[1]和开放式病房等，"医生"与"患者"之间的区别只存在于制度所定义的非对称性以及交易的非对称性（虽共享同一时间，但一方支付一方收取）之中。

但是，除了制度赋予的地位和权力的不对等之外，"医生"与"患者"在其他方面也存在明显的不对等。这是因为，"患者"对自身状态给予极大关心，而"医生"则只关心他者的状态。这一事实在言说时呈现出压倒性的非对称性。

首先，"患者"只谈论自己，对"医生"的状态漠不关心；而"医生"关心的是"患者"，并非自己。换而言之，我们可以称患者为"被自己附体的人"，而称医生为"被他者附体的人"。这种"患者"与"医生"的关系，与"作家"与"学者"的关系极为相似。

其次，尽管如此，记录、控制、解释"患者"之言说的"话语权"却掌握在"医生"这一专家手中。这种权力主要依靠与更高一级的专家集团共享话语并进行交流的能力。倘若"患者"本身就具有这种能力，那么便可以兼任"医生"的角色。我们稍后再就这个"共有知识"的问题进行讨论。

最后，还留有这样一个疑问："专家"的话语真的是在"治疗"吗？精神科医疗的"治愈率"并不取决于其话语的解释力。如果"痊愈"的标准被定义为"适应（被认为是正常的）社会生活"，那么无论医生有无阐述专业知识的能力，患者都有可能"痊愈"或"未痊愈"。实际上，精神科医疗的"治愈"究竟意味着什么？这点尚未被充分说明。"专家"虽然会进行诊断、解释和说明，但他们均以自己所属的话语共同体为对象，而非针对"患者"。毋宁说，"医生"以治疗为名的最主要行为，是在"关心他者"的磁场中协助"患者"进行言说，而这种"空间共享"和"共情"，

---

[1] 关于反精神病学的相关内容，可参见莱恩（Laing, 1960 = 1971）。

被认为是"专业人士"的使命。[1]这可能会、也可能不会带来"治愈",但因为相信语言具有"定义状况"的能力,所以"医生"从未放弃他们在话语上的努力。而正是这种理智主义,将社会科学与形而上学和宗教区分开来。

临床知识和经验

我曾如此写道:社会科学是"经验知识"。那么,生成"经验"的"现场"在哪里?那是一个自我与他者交互的场域。因此,"经验知识"总是指"临床知识"(clinical knowledge)(福柯)。社会科学的经验性和实定性,便由这种"临床知识"所证明。

"临床知识"既非"与自己对话般的唯我论知识",也不是可以被所有人证实的"客观知识"。它是在自我与他者相互交涉中产生的"对话性知识",是自我与他者"共同创造"的产物,诞生于彼此共享的"场域"中。

如果将这种由"临床知识"构成的经验知识描述为"民族志"(ethnography),那么这种民族志不仅会因信息提供者的不同而变化,也会因信息接受者而变化。即使从相同的现实出发,我们也无法保证不同的研究者能书写出同样的民族志。在此,我再次引用精神科医疗的比喻:患者的病情记录是主治医生与患者之间一次性的、相互交流的产物,不能被其他医生的诊疗所复制。其对医患双方来说都是最确凿无疑的"现实"表征,同时也是实定性的对象。精神科医生的论文基本只参考自己撰写的病情记录,而几乎不会提及其他专家的诊断书。这主要有两点原因:一是这些"临床知识"本身就是研究者的"作品",二是其他研究者的病情记录无法满

---

[1] 当然,并非所有的专业精神科医生都这样认为。我从木村敏、中井久夫、河合隼雄的许多著作以及他们与我公开或私下的对谈中学到了很多,在此不一一列举相关著作。

第十二章 "我"的元社会学

足实定性的要求。

奥斯卡·刘易斯（Oscar Lewis）的《桑切斯的孩子们》（*Children of Sanchez: Autobiography of a Mexican Family*）（Lewis，1961 = 1969）便是这样一部社会科学"作品"，它从一众同类型作品中脱颖而出。刘易斯指出，他总是可以将信息提供者的"录音带"作为其研究实定性的保障。但他也将实定性狭隘地理解为通俗的"实证性"。如果听者不是刘易斯，桑切斯的孩子们就不会像他们对刘易斯说话时那样表达。在"实证性"的层面上质疑他们"叙事"（narrative）的真伪毫无意义。从"实定性"的角度看，孩子们的叙事构筑起现实，正因如此，刘易斯的"作品"才具有了牢固的现实性。

因此，将相互交流的其中一方称为"信息提供者"并不准确。因为他或她并不是一个机械化的叙述者，不会向第三者提供同一信息。我们可以模仿"医生和患者"的关系，采用"临床知识"中的"当事人"（client）一词。

川喜田二郎（川喜，1966、1970）将人类学视作"田野科学"（field science），并凝练其方法论，其对我的影响颇深。而已故的小野贵邦将川喜田的方法引入市场营销领域，并研发出独具个人特色的课程——"倾听能力训练"。小野认为，自我表达的问题可以暂且不论，因为对于那些没有信息可提供的人来说，自我表达毫无意义。在探讨自我表达之前，我们应首先强调对其他事物的关心、对他者的关怀，以及"倾听"的能力。[1]后来，京都学派的梅棹忠夫等人对川喜田的方法加以完善，由此写就了《知识生

---

[1] 已故的小野贵邦是DO HOUSE（一家投身于主妇市场的新兴企业）的创始人。受到川喜田二郎"移动大学"（集教育与研究于一体）的强烈影响，小野使用KJ法（一种以创始人川喜田二郎的首字母命名的定性信息处理技术），独立编撰培训手册，以训练名为"DO桑"的主妇兼评论员，使之成为来自现场的"信息生产者"，从而促进企业研发新产品。小野将其命名为"倾听能力训练"。此外，提倡"临床哲学"的鹫田清一在《"倾听"的力量》（1999）一书中，也提出了同样的主张。

产的技术》（梅棹，1969）一书。

在此，我们先来定义一下何为"信息"。"信息"产生于杂音。而杂音位于两端之间，一端是对自己来说不言而喻，甚至不会成为信息的领域；另一端则是对自己而言过于疏远、因"认知失调"（cognitive dissonance）（费斯廷格）而无法成为信息的领域。所以，"信息"是"有意义之物"的集合，只会出现于完全的自明性和完全的异质性之间的模糊地带。

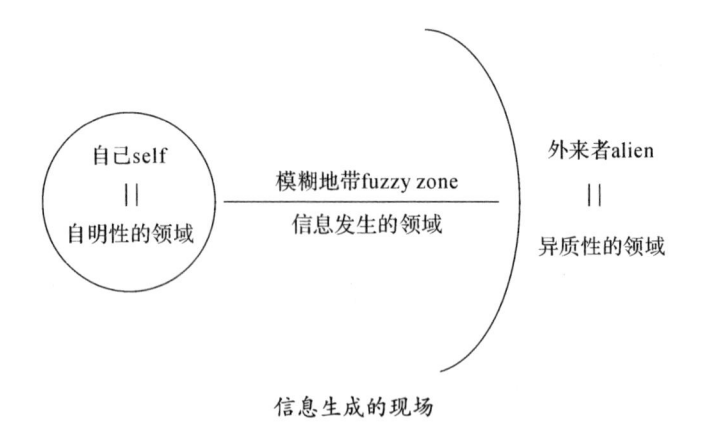

```
    自己self              模糊地带fuzzy zone        外来者alien
      ‖          ————————————————————               ‖
   自明性的领域            信息发生的领域           异质性的领域
```

信息生成的现场

在信息科学的概念中，"杂音"原本是一个与"信息"相对立的概念。但是，当杂音切切实实地"被听见"时，杂音转化为信息的可能性也就被包含其中了。换句话说，信息可以被视作一个从杂音中不断生成的"意义生产"的过程。所以，信息与杂音的界限本就是模糊的、流动的。而杂音外侧则是一个甚至都无法成为杂音的区域——偏离认知的"外部"。

即使面对着同样的"现实"，由于观察者不同，"信息"生产的质和量也会有所不同。虽说如此，"信息"却并非深奥之物，人们可以通过训练来增加其数量。途径有二，一是通过怀疑和自我批判来缩小不言自明的领域，另一种则是扩大自己对异质领域的接受度。如此，作为研究者的"我"便成了将杂音转换为信息的媒介。不过，在"临床知识"的生成现场，"我"

的界限并不明确。

在"临床知识"的"现场"中,作为研究者的"我"的一贯性和确定性均会消失。但其实这种说法乃是因果倒置。"我"的一贯性和确定性,是以牺牲"临床知识"的不确定性和一次性为代价而构建起来的,仅存在于不言自明的世界中。心理学认为,"同一性"是指对某种现象重复做出相同的反应。可如果经验是一次性的,我们又怎么能说它与之前的经验为"同一现象"呢?

也可以换一种说法:所谓"信息"的价值,取决于对自己来说不言而喻与隐晦难明的事物之间的差距。因此,对于那些生活在不言自明的世界中谋求"复杂性降低"(卢曼)的人们来说,"信息"自然不会产生。

我们怎样才能走出"自明性的领域"?这从研究者的自问自答中无法找到答案。只有在对自己而言未知的领域,即在杂音之中,才能生成新的"信息"。"临床知识"中包含"当事人范畴"(native category),其坚决拒绝"被观察者范畴化",但这并不意味着它属于"异质性的领域"。"当事人范畴"确实位于自明性领域之外,但是否能成为信息,关键在于观察者是否具有"倾听"的能力。"当事人范畴"通过"被倾听",可以成为双方的"共同作品"。可见,其既不能仅由观察者生产,也不能仅由当事人生产,而是两者相互交流的产物。

例如,精神科医生斋藤学长期从事饮食失调症患者的研究工作,他发现,饮食失调与患者在儿童期遭受性虐待有关,两者存在一定比例的关联度,并非偶然。斋藤在儿童虐待问题研究,尤其是儿童(通常是女童)的性虐待问题研究盛行的背景下,开始思考饮食失调症与性虐待这两个看似无关的问题的关联性。为此,他询问饮食失调症患者们是否有性虐待创伤相关经历,其中一位患者的回答令他大为吃惊:

"十多年前我曾和您说过。"

患者接下来的话让他更为震惊：

"可是您并没有理会我。"

他在听，却没有听到。斋藤说："那时的我还没有做好倾听的准备。"斋藤的这一经验告诉我们如何才能在现场形成有意义的"信息"。（上野、斋藤学，1996；斋藤学，1999）。

定性信息和定量信息

这里所说的"信息"指的是定性信息，又称质性信息。

以川喜田为首的京都学派致力于研究"信息"的生产手法，并对社会学的定量信息处理提出了批判。得益于计算机技术的发展，社会学的统计方法愈发成熟，却也因此使社会学作为一种"常规科学"日益落入俗套。社会学变成了一种定量信息处理的技术论，与此同时，其魅力也在减弱。

为什么社会科学的"实定性"会被还原为定量调查的"实证性"呢？其背后存在一种以自然科学为典范的社会科学观。不过，我们需要再次将其限定为"现代"的自然科学。因为最近的后现代科学（比如不确定性理论或是模糊理论）已经重新定义了自然科学观。毋宁说，正是这种基于落后的"自然科学"观的狭义"科学"观，限制了社会科学研究，使研究者认为只有可测定、可量化、平均化的事物，才符合"实证性"的要求。我并非否定定量研究。通过使用定量的手法，我们得以厘清某些问题，但也存在一些无法解决的问题。定量信息的研究者应当意识到，自己所研究的只是"可以量化的信息"，但除此之外，还存在广阔的"经验"领域，而"经验"无法被定量处理。

即使是量化式的信息处理，其核心也在于依据定性的变量进行分类。在此过程中，"信息"确实会从混沌中生成。然而，一旦分类，变量便会达成"预言自证",即将所有可能成为"信息"的宝贵杂音全部编码为预先设定的变量。这种方法与其说是在"生产"信息,不如说是在"削减"信息。这就是为何大多数定量调查的"信息"生产量远远低于投入的成本。

反之,定量信息的研究者也常常对定性信息的可靠性提出疑问:这些信息"客观"吗?样本有代表性且规模足够大吗?对于第一个问题,我想说,在信息编码的过程中,研究者和回答者双方都已经历了"主观"转换,所以即使是定量调查,也不能保证其"客观性"。不仅如此,在输入和输出代码时,"编码"的意义也有可能发生偏差。第二,关于样本的"平均性"和"典型性"的问题,社会学中长期存在争论。"平均性"不等同于"典型性"。"理念型"(韦伯)所代表的"典型"没有任何经验指称,同样,"平均型"也没有相应的经验指称。所以我们无法在任何地方找到"平均的日本人"和"平均的上班族"。而如果"平均型"可以通过衡量与其他样本间的差距而成为参考框架(frame of reference)的话,那么"典型"也同样可以成为"描述模型"(但需要以与"平均型"不同的方法)。此处我们也可以借鉴精神病学的方法,即可以通过"疯癫"这一特殊个案来讨论"典型",它拒绝"平均",属于极端情况。可见,定性调查中不存在"适当的样本规模"。由此我们可以这样回答第二个问题:只要分析得当,一个样本便已足够。

知识共享与原创性

社会科学的另一个特征是知识的共享性,即知识被专家集团所共有。托马斯·库恩(Thomas Samuel Kuhn,1962 = 1971)给出了一个有些重复的定义:"科学是科学家集团所共有的制度性知识。"这种知识的集体性特征,将文学创作与社会科学研究严格区分开来。回到先前提及的笑话,作家对学者"有参考文献就能写出论文"的揶揄,便是针对知识的共享性。因为"参考文献"就是"之前的研究者的想法"。

如果仅仅是共享知识,那么社会科学研究者团体便与其他秘密结社式集团无异。但事实上,他们共享的知识还具备另一个特征——能够传达给他人,也就是说,社会科学类知识并不深奥。某个研究者所生产的知识可以立即传递给其他研究者,从而为研究者群体所共享。与文学不同,社会科学知识并不强调"作者"的特殊性。若能成为学界共有知识的"匿名"作者(研究者不必追问该知识的出处),研究者反而应感到自豪。[1]所以,比起艺术家(作家),研究者更接近于工匠。正因如此,传播和习得知识的流程得以确立,而知识的生产者有责任遵循以下规则。

第一,传承集体性知识。即梳理"先行研究"。其中夹杂着研究者对"我"之特殊性的怀疑。"我"提出的问题,是不是已经被他人提出并得到了回答?他们提出的问题和答案与"我"的问题及答案有何相同之处、又有何不同?注明出处和列举文献的规则,首先是出于对"先行知识"的敬意,其次则是考虑到与读者共享。对"先行研究"的梳理,可以告诉读者,"我"的研究受到了哪些学者的影响。

第二,明示方法。即通过自觉地展示信息生产的过程,使过程本身也变成可以传达的对象。其目的是确保"再现性",即当其他研究者开展同样的研究时,也能得出相同的结论。

第三,采用单义表达法。社会科学领域的文章也因此常被认为是"枯燥无味"的。准确说来,社会科学的文体并非"枯燥无味",而是单纯以"平易"为目标。"诗意的语言"在表现中常常包含多义性,其含义由读者仁

---

[1] 例如,我们在述及"微观权力"时并不一定会特别指出其是福柯创造的术语,因为学界已对该概念耳熟能详,即使不特别标注福柯的姓名,研究者也都知晓其为福柯所创。——译者注

者见仁智者见智，没有标准答案，因而难以理解。而"社会科学研究的文体"则需通俗易懂。当然，专家式的秘教主义和学术黑话构成的权威主义式的写法不在讨论范围之列。一旦将单义的术语作为"集体性语言"来习得，社会科学的文体就会变得通俗易懂起来。如果其表述依然晦涩难懂，那便纯粹是文章拙劣，或是作者一知半解。对于社会科学的记述来说，"晦涩难懂"并非值得夸耀之事，记述的统一性才是关键所在。

最后，让我们来讨论一下"原创性"对于这种共有的社会科学知识来说意味着什么？与文学一样，原创性也是社会科学研究的一个要素。若无原创性，就无须进行新的知识生产。然而，原创性不会产生于信息的真空地带。原创性意味着与既有信息间的"差异"，而倘若不知晓"既有"哪些信息，便无法得知存在何种"差异"。

"既有信息"也可称为"通识"。通识不一定具有原创性，但它是原创性产生的必要条件。而且，通识和原创性都可以通过训练习得。

我们无须赋予"通识"和"原创性"以神秘的面纱，而应当充分了解"既有信息"，并具备区分既有信息与自身想法的能力。"不同见解"便是如此产生的。[1]

记述和文体

那么，该如何撰写呢？这是个值得思考的问题。

当"文学"文体已经根基不稳并趋向瓦解时，学术写作也无法确保安全无恙。是什么区分了学术与新闻、评论与随笔、研究与创作？为何丸山真男的文体被认为是"明晰"的，而柳田国男的文体则是"不明晰"的呢？

---

[1] 船曳建夫是《知识的技法》一书的编者之一，他认为，"你有意见吗？"这个问题应该被表述为"你有不同意见吗？"（船曳、小林编，1994）。

内田隆三的著作《社会记（序）》（1989）对柳田国男进行了论述，而该书从记述问题切入并非偶然。既然社会科学只是时代记述的标准之一，那么它便不可能跨越时代成为永恒的典范。

任何思想在被记述之前都不存在。记述是思想本身的"述行言语行为"（performative illocutionary act）（奥斯汀 & 塞尔）。记述并非传达思想和研究内容的手段，其本身就是自成一体的表达。因此，如果缺乏语言表达能力，研究者就无法立足于研究界。不善表达的研究者，不过是"知识渊博之人"。知识渊博的人中不乏"百事通""消息灵通者""知识鉴赏家"，他们虽热衷于批判和吹毛求疵，却终究只是业余人士，是知识的消费者罢了。知识只有在成为信息，即可以被传播时才被生产出来。

研究是一种以语言为媒介的"述行行为"，这对于社会科学来说具有决定性意义。社会科学不同于自然科学，无法跨越"语言的障碍"。同时，社会科学中也不存在超越国界的"科学的中立性语言"。当然，对于社会科学来说，"翻译"可能且必要。但"翻译"意味着改变表达方式，以符合不同的述行言语行为。不同的"作品"（version）因而得以成立。

一旦明白研究是一种语言行为，就必须牢记以下两点。其一，语言常常"不足以"表达所有经验。其二，语言对于经验来说又往往是"过剩"的。正如翁贝托·艾柯（Umberto Eco）所言，"语言是说谎的工具"（Eco, 1976 = 1980）。经验科学的专家们应当警惕这样一个事实：语言的作用甚至超过了经验本身。

社会科学知识作为构成时代话语的要素之一，必然会随着时代的变化而变化。在此基础上，我想列举一下我心目中的社会科学式记述要求。

第一，不能脱离经验知识所具有的实定性。研究者不是思想家或宗教人士，所以没有人会为了某种"信仰"而阅读你的论文。第二，认可传播"共有知识"所需的"公共表达"。其中包含了作为研究者团体之共有财产的各种概念性装置,以及作者诚实反映自己受到何人影响的相关表述。第三,须为此遵守若干约定俗成的规定,如引用、注解、参考文献等的规范。第四,应明确话语的主体性,即要用第一人称单数"我"作为主语。过去为了维持文体的公共性和客观性,多使用"我们"作为主语,但近来这种表述方式已不再流行。这与研究者的反思不无关系:研究者们一是质疑"我们"中包含的强制性权威主义,二是追问"自我"的位置。位置性(positionality)问题,即研究者是谁、站在什么位置言说的问题,产生于女性主义、文化研究等探讨话语之政治性的研究中。而在社会科学领域,研究者的话语本身,就是将研究对象进行政治性建构的主要要素。在此意义上,我们可以认为,不存在"客观中立"的观察者和记述者。

因此,学术文体近乎陈词滥调(陈腐的套话)。若反感于此并以原创文体为目标,就应该放弃做一名研究者,而立志成为一位作家或诗人。在"陈词滥调"中说"非陈词滥调"之言(这也反映了研究者对受惠于"共有知识"的自觉),正是原创性的源泉。

学术与新闻

在讨论了记述和文体的问题后,再来看看学术与新闻的关系。如果说学术是"专家集团的知识共享",那么新闻则更具"公共知识"的性质。作为时代"话语空间"的构成要素之一,学术也参与了"公共知识"的生产,且应对此负有责任。尤其是,随着大众传媒话语成为"现实"的重要组成部分,社会科学研究者身为话语生产者,其责任也愈发重大。例如,宫台真司发现,其关于"性奴少女"的言说加速了"性奴少女"这一社会现象的蔓延(宫台,1994)。然而,这并不意味着"不应该那样说"。学者有必要意识到,话语行为本身就会对现实造成影响。在此意义上,话语行为是一种不断进行着的选择和实践。宫台在系统论的框架下，把"卖旧内裤的女孩"正常化，这点值得肯定；但另一方面，他却将"买旧内裤的男人"视作系统的必要条件，丝毫没有加以质疑，这一点充分暴露了其系统论的保守性。哪些是系统的构成要素？何为系统的环境？宫台对此做出的理论选择，也是一种政治性实践。

迄今为止，学术界一直将新闻界中的知识贬低为"通俗化、大众化的知识"，意味着新闻与学术界所奉行的"真理性"相去甚远，仅是"二流的知识"。这种言论具有防卫性，即赋予学术以客观性、真理性来维护其权威。不过，把在新闻界发声的研究人员贬低为"二流研究人员"的做法，确实维护了学界制度，以及受制度保护的研究人员的自尊心。

与制度性的知识生产不同，新闻行业是一个"言论自由市场"。尤其是在日本，有这样一个面向高知识水平读者的出版市场——"边缘化学术性新闻界（fringe academic journalism）"，这种现象在世界范围内都十分少见。在欧洲和美国，学术研究与新闻工作大相径庭，且大学象牙塔里的知识分子与普通读者毫无关联。以人口规模为基准来看，日本高度专业化的研究书籍的销量远远高于欧美国家，而且日本的研究人员会为普通读者撰写书籍。这对欧美大学的学者来说或许难以理解，但其显示出日本读者群体的庞大深厚——他们受过高等教育，且知识渊博。

这些边缘化读者也是话语生产的后备军。如果话语行为是一种政治性实践，是一场通过言论合理性"争取下一代支持者"的斗争，那么，新闻行业就是一个为尚未谋面的读者进行筹划的理想场所。日本战后社会科学的范式转换，是在与新闻行业的相互作用中形成的。我们没有必要用权威主义的视角在学术与新闻之间划分等级。相反，社会科学研究者应该让自己的话语行为在言论自由市场中接受检验，并承担起建构公共话语的责任。

第十二章 "我"的元社会学

谱系学的知识

社会科学是"科学"这一说法的背后，存在着对规律性和可预测性的要求，其以自然科学为范本。之所以强调"从空想到科学"（马克思 & 恩格斯），是因为有这样一种信念——社会变革会遵循一定的"规律性"。包括"历史"在内，"社会科学"被要求作为能够"归纳出普遍规律的科学"。"唯物史观"便是其中的代表。然而，"归纳普遍规律的科学"一说也令人存疑。甚至可以说，认为社会与自然现象一样会遵循规律的这个前提本身，就是一种"魔幻信念"。

要求社会科学是"归纳普遍规律的科学"的另一个依据，来自社会工程学式的想法，即认为社会是可控的。倘若社会真的可控，那么"失败"怎么会发生？经济是基于社会工程学式思维运作的领域之一，而在此领域中存在着人为设定的控制变量，比如官方利率、财政投资融资等等。但即便如此，诸如"黑色星期一""金融危机"等事件依然会发生。对此，专家既无法预测，也无力阻止。

在规律科学中，"合理的答案"只有一个，而这种认知也包含了对"合理性"的盲目相信。事实上，历史往往背叛了这种"合理性"。

于是，福柯提出了谱系学知识一说。谱系学知识首先是一种事后性的知识，它负责记述却不作说明。其次，它也因此不作预测。这点与"科学"不同，它意味着历史可以有多种选择，而并非只有一种可能。再者，谱系学的知识会追溯过去，是一种具有索引性质的知识。其富含对社会潜在可能性（如果不是这样，就有可能会是那样）的想象。讨论"此处存在之物"颇为简单，但讨论"此处不存在之物"却很是困难。谱系学的方法能够不断揭示选择的相对性，即揭示"此处之物"排除了其他哪些可能才得以存在。

尽管有人批判福柯的理论，称其"缺乏实践概念"，但事实上，福柯将历史视作一系列不确定的选择,把秩序视为每次历史选择时由话语实践的再生产所形成的产物,这种想法极具"实践性"。

这种对于知识的态度使人们不盲从于知识,而是保持怀疑。其与"信仰"形成了鲜明的对比。"怀疑主义"总是从"此处不存在之物"的视角出发,将"此处存在之物"相对化,并不断进行解构。其对作为主体的"我",也同样持怀疑态度。"解构主义"运用谱系学的方法追溯至概念成立之初,而"经验知识"也不意味着经验的绝对化。为何这种"经验"是如此这般,且只能如此?它有无可能"原本可以并非如此"?该类怀疑并不针对经验的"实定性",但它允许我们思考经验所具有的其他可能性。这种展开构想的能力,我们称之为"自由"。

范式转换

托马斯·库恩在其名著《科学革命的结构》(*The Structure of Scientific Revolution*)(Kuhn,1962 = 1971)中指出,科学知识无非是专家集团公认的共有知识之别名。虽然科学革命也被称为范式革新,但这种范式革新并不意味着某个范式因去伪存真而在与其他范式的竞争中胜出,而是意味着其受到了专家集团中多数派的支持。此外,其胜负也不由一种范式说服其他范式这种知识辩论的规则来决定。任何范式都由某种连贯的逻辑体系构成,一种范式的支持者不会因为被其他范式反驳而轻易倒戈。范式是构成当事人经验的世界观之基础,不会因"劝说"或"驳斥"而改变。因此,范式的交替不由旧范式的"皈依者"来主导,而是通过代际交替,即在新旧范式的竞争中支持新范式的追随者不断增加来实现。

范式交替的上演类似于以问答形式阐明宗教教义的"教义问答"。在多种教义之间展开的"百家争鸣",与其说是为了说服对方,不如说是为了获得"公众"支持而针对"公众"进行的。也就是说，他们开展的是资源动员理论[1]所说的"框架之争"（framing contest）（Gamson，1992）。

这种范式交替并不意味着进步或进化。将知识的变化视为进步的观点，不过是一种进化论式社会观的反映。

库恩的范式转换说的另一个核心观点是，新范式总是"来自于外部"，而并非产生于旧范式内在的自我变革和发展之中。库恩以地心说与日心说的范式交替为例进行了解释。在那个谁都无法从外部看见地球的时代，日心说被视作违背经验知识的荒唐无稽的学说。认为日心说比地心说更加"逻辑严密"的想法无法获得支持（不过"奥卡姆剃刀原理"——用更加简明扼要的规则来解释整个系统的想法，为支持日心说发挥了一定作用）。地心说具有自身的逻辑连贯性，其甚至有一套逻辑来解释"例外"情况，比如可以解释"行星"这一不遵循天体一般运动规律的"例外"范畴。由此，地心说可以预测行星的运动轨迹。在库恩看来，地心说并未被日心说所驳倒，而仅是因为失去了支持者而被后者所取代。

在范式转换这一变革期之后，会迎来"常规科学"时期。这时，范式革新的追随者们会致力于解决新范式的"应用问题"，即将其应用于其他所有领域。新范式成为谁都可以使用的工具，常规科学被大量生产出来。新范式有时会被冠以革新者的名字，比如"马克思主义"或"福柯理论"，但并非在每次被引用时都会出现马克思或福柯的名字。而这种"作者"的匿名性、知识的共享性和传递性，正是社会科学知识的特征所在。

那么，范式革新是如何发生的呢？成为范式的追随者并非难事，但如何才能成为范式的创新者呢？

---

[1] 资源动员理论（resource mobilization theory）兴起于20世纪70年代，来自对社会运动的研究，并被较多地运用在社区发展、社会倡导等社会工作领域。这一理论认为社会运动的产生、发展及其成效的核心是资源的可及性，以及参与者对资源运用的能力，并在资源动员研究方向上形成了资源动员、成员动员和框架动员三个研究维度。——译者注

韦伯以"理念型"这一术语建构了自己的范式,但他始终没有提到"理念型"是如何产生的。于是,我们只知道是"工匠技术的飞跃"带来了"理念型"。新范式的生成如同魔术一般,无法用言语说明。但同时,范式革新也并非凭空而来,研究者脑海里突然浮现的术语其实来源于经验现场。如上文所述,在对话性的"临床知识"中,充满着重组经验的可能性。它们存在于"我"(研究者)的"外部",而"我"(研究者)则应当拥有"倾听"这些陌生事物的能力。因为唯有"当事人范畴",才是范式革新的宝库。

自我指涉性(self-referentiality)与位置性(positionality)

每当我说出我对社会科学的上述认知时,都会因学生的反应而感到头痛。他们会问:"学问不就是为了探索真理而存在吗?"但我更想知道的是,他们的这种"学问观"是如何在20岁之前形成的(或许这正是强调"正确答案"唯一性的应试教育之弊端)。

"学术是对中立且客观的真理的探索",这种类似于"艺术至上主义"的浪漫主义信念,具有极强的权威性和防御性——即通过将学术置于"圣域"之中,从而拒绝一切批判和质疑。就历史意义而言,浪漫主义可谓是一种"反动"思想,它通过捏造不存在之物并将其神化,来掩盖以自我为中心的投射机制。

那么,这种观念是否会将我们引向学术知识真理性的虚无主义?毋宁说,"经验"所具有的历史和社会特征,以及共有知识的"现实性"才是应该关注的问题。与形而上学的真理不同,我认为"真理性"形成于同"经验指称"的比对,归根结底只能存在于社会化建构的"现实"中,因为谁都无法到达"经验"之"外"。研究主体是构成"经验"客体的一部分,这种认知便是"自我指涉性"(self-referentiality)。

杠杆原理的发现者阿基米德曾说："给我一个地球以外的支点，我能撬起整个地球。"此类认为自己可以完全站在观察对象之外的天真想法，如今即使是在自然科学的相对论中也难以得到认同。而在社会科学研究中，这种想法（甚至可以称为"神秘信念"）不仅无法实现，甚至极为有害。

在"真理"和"学问"的名义下，什么得到了保护，什么遭到了排挤？第一，所有"客观"对象均可以被洞悉的想法，否认了"现实"或"经验性知识"的多样性。第二，"中立性"的认识主体这一观念，使得研究主体所处位置的局限性与差异性被忽视。第三，在"真理"的名义下，"答案"的多样性被排除在外。

"所有人的真理"这种看似中立且普遍的知识究竟是为了谁，为了什么而存在的呢？在"真理"的名义下，谁被排除在外，什么受到了压制？女性主义对这些问题进行了最为根本而彻底的回答。女性主义运动虽然用"社会性别"的概念实现了范式转换，但这既不是为了提高学问的真理性，也不是为了在研究中添加那些曾被遗忘在学术死角的对象。女性主义自成立之初，就直言其话语具有派别性。而且，"社会性别"是一个自我指涉概念，其对包括自己在内的一切事物展开反思，从而揭露出"客观且中立的知识"中所隐含的政治性（Scott，1988 = 1992）。

如此想来，"艺术至上主义"和"文学的特权性"都是政治化了的概念。这种"政治性"和"派别性"不似既往的意识形态论，并非一种显而易见的"大写政治"，而是一种"微观政治"（"定义状况"的权力），在话语实践中被不断再生产。

社会学的研究对象与方法

终于，可以来谈谈社会学了。

什么是社会学？谁是社会学家？社会学由谁、以怎样的标准来定义？社会学有其固有的对象领域吗？有其固有的方法吗？

作为社会科学研究领域的新成员，社会学常被质疑其正当性，又常受上述诘问。但可以肯定的是，作为制度性知识，社会学具有固有的研究对象及方法，并向其他学科展示了自己殷实的"家底"——社会学学科史及其中包含的众多专业术语。

与其他谱系记录一样，社会学构建学科史的目的也在于证明其起源的正统性。社会学的谱系中不仅包括最早发明"社会学"一词的康特，也包括涂尔干、韦伯，甚至还有马克思和福柯，即使他们未曾自称为社会学家。

直至不久前，社会学的学科史一直被写作一部继承和发展各类范式的历史，或者一部阐述宏大理论及各种对抗性理论的历史。前者将现代历史观（其也是历史话语的一种）应用于社会学学科史中，后者则把宏大理论这一支配性的社会观导入学科史话语里。幸运的是，随着塔尔科特·帕森斯的离世，结构功能主义成了社会学的最后一个宏大理论。帕森斯的系统理论曾被认为是普遍真理，而如今，如何从历史的角度将该理论相对化成为了重要课题。

为何对系统来说"统合"是如此至高无上的命令？事实上，这一要求首先只发生在超越性规范（神灵等）失效的社会中，也就是说，超越性规范已无法统合社会。其次，这一命令只对那些把社会统合视为自身利益的人有效。在此意义上，帕森斯所说的"系统"，是一个由精英们执意打造的社会工程学式的概念，旨在揭示一种能够取代传统价值观的"统合"原理。而"自我组织体系"的概念也继承了这种社会工程学式的"统合"观。

为了便于理解，我们来看看"家庭"这一可能会聚散离合的更小的"系统"。在系统论中，"家庭"也被视作一个社会子系统。对于系统论者而言，"家庭系统"论是"不言而喻"的，它以家庭具有系统式的集团主体性为前提，赋予家庭"超越个人的实体性"，尽管家庭可能只不过是不同个体的临时组合而已。对于作为系统的家庭来说，"统合"成为最高要求，但这一要求只对那些可以从家庭的维系中获利的人有效；而对于相反的人，比如那些需要为"家庭"的"统合"付出代价的成员而言，则并非如此。家庭也存在"解散"这一选项，其或许对于部分成员而言更为有利。帕森斯犯了一个错误，他把"现代家庭"视作一种普遍模式，但事实上，现代家庭只是某个历史阶段的家庭形态，由生物学上的父母和他们的未婚子女组成。早有学者指出，这一"错误"背后存在着西方现代中心主义思想和性别歧视观念（田中和子，1987）。在现实中，即使缺少"家庭"的"统合"，社会的再生产依然能够进行。也就是说，社会并不会因此陷入病态，而是可以正常运转。事实上，在20世纪90年代的美国，每两对夫妇中就有一对离婚，每三个新生儿中就有一个是非婚生子女。也有学者将这种缺乏家庭"统合"的情况视作"病态"，但那不过是"同义反复"罢了。换言之，他们先按照自己的想法对正常和病态进行了定义，继而依据定义又将其再次表述为病态。帕森斯式系统论的历史性、政治性及保守性显而易见（上野，1996）。

从家庭出发，让我们再思考一下比其更大或更小的系统的"统合"问题。比如社会学所说的"全体社会"，或者"不可再分割"的子系统——"个人"的"人格系统"。"全体社会"的边界在哪里？在国际性的人口流动和人类散居的现实中，"全体社会"是语言、文化和国家权力交错的命运共同体这一观点已经失效。"全体社会"常常将民族国家等同于其外延，从而遮蔽了三个问题。一是对"幻想的共同性"的虚构，即将"民族国家"视为命运共同体。二是一种狡辩，其将"民族国家"这一人为的权力机构替换成了"社会"这一具有自发性特征的术语。三是排他性，即将"国家"边界等同于"社会"的边界。进而言之，由于"全体社会"这一社会学概念是在西方帝国主义扩张政策的高潮期确立的,所以我们有理由怀疑,"全体社会"在比"民族国家"更为中立的幌子下,为构筑帝国主义侵略下的民族概念之纯洁性作出了"贡献"。

我们可以在同一背景下思考"个人"及"人格系统"的"统合"问题。是谁要求"个人"拥有"统一"的身份认同(同一性)的?换言之,若"个人"没有"统合"性的身份,那么谁会为此感到困扰呢?个人的统合由一种"权力"所要求,其通过将个人作为具有一贯性的"责任主体"(responsible subject),从而将个人纳入管理对象进行管理。"统合"的"人格系统"被视作完美现代人的标准,而也只有从这一标准出发,"人格系统缺乏统合"才会被视为一种"病态"。如果"病态"由"当事人来定义",即只由他或她是否觉得痛苦来定义的话,情况则会大不相同。在多种多样的社会形态中,"个人"即使缺乏"统合",也能泰然自若地生活,甚至并非独立"个体"的人也能生存下去。关于"自我"和"个人"概念的历史及文化差异,许多学者都进行过讨论(滨口,1977;Dumon,1970)。

有学者指出,在除去一切粉饰之后,社会学固有且核心的问题,即霍布斯以来一直存在的"秩序问题"(也称"规范问题")仍未解决。然而,该问题也需要被历史化和政治化。当"神"和"自然"这两个神奇的术语能够为秩序问题提供解决方案时,"霍布斯问题"尚未出现。由此可见,首先,"秩序问题"是一个极为现代的问题;其次,我们需要了解"秩序"是为了谁、又是为了什么目的而设立的。帕森斯试图回答这个"秩序问题",但达伦多夫(Ralf G. Dahrendorf)认为帕森斯的立场是一种"调和型模式",他站在"冲突型模式"的立场对帕森斯进行了批判(Dahrendorf,1959 = 1964)。[1] 社会学家为何,又为了谁研究"秩序问题"?如果"秩序"对

---

[1] 当时西方社会学中占主导地位的结构功能主义理论有片面强调共识、秩序和均衡的倾向,对此,达伦多夫指出,要更多地关注社会生活现实中的变迁、冲突和强制方面,建立冲突的社会分析模式。——译者注

某些人来说只是"对矛盾冲突的遮蔽",那么就应该允许冲突持续存在。而且历史也已证明,一直以来,秩序问题都只得到了部分解决。

宏大理论消亡后,符号互动主义、现象学社会学以及结构主义等理论"群雄割据",但学者无须采用其中的一种来形成某个"学派"。理论的使用依据问题而定,学者可以寻找合适的理论来解决相应的问题。用默顿的话说,社会学偏好"中层理论"(中等程度的理论)。那种试图用某种普遍性理论解释世界上所有事物的天真信念早已消失。对此,我甚是欣喜。因为社会学并非"奴隶劳动",即并非一味地再生产所谓的"常规科学",使其放之四海而皆准,相反,其需要去解决许多未知的问题。社会学家既非始终如一的理论代言人,也非自动生成答案的机器。理论是解决问题的工具,会根据问题的不同而变化。

而关键在于,"想要回答什么样的问题?"有多少问题就有多少答案。反过来说,如果没有想要探索的问题,最好放弃做一名研究者。

但即便如此,倘若你选择了社会学,而非经济学、心理学的话,那么这种选择中便潜藏着一种"对(社会学)知识的归属感",即试图用社会学的变量来阐释所有问题。对此,福柯贴切地称其为一种对"权力"的崇拜。这种选择可谓一种"社会学帝国主义",因为它否定了经济学还原论、心理学还原论以及生物学还原论。当然,经济学可以有经济学帝国主义,心理学也可以有心理学帝国主义。但必须说明的是,这种知识上的"帝国主义",是为了测量"帝国领土"的边界而存在的。哪些问题可以用社会学变量进行解释,哪些却不可以?这个问题自然只有在试探"社会学帝国主义"的极限时才能弄清楚。我承认自己是一个"社会学帝国主义者",但这总比毫不自知地成为帝国主义者要好一些,因为至少我能够反思社会学的局限性。

学问的政治性

宏大理论消亡后，社会学便不再能简单地使用"范式转换"来解释问题。否则不仅专家集团中的"主流"和"多数派"难以形成，社会学边界的定义及谁是社会学者的问题也难以明晰。在这样的状况下，愈是执着于社会学的固有身份，社会学所涵盖的内容就会愈发收缩。此外，学者们一致认为，以新的支配性范式去取代过去大多数人所支持的旧的支配性范式，也变得困难了。其中一个原因是，专家集团不再如过去那般同质化。

范式转换的力量从"外部"而来，这意味着其倡导者是与现有专家集团格格不入的"他者"。这一点在女性主义理论中体现得最为淋漓尽致。

让我们再次以家庭社会学为例。系统理论以普遍性理论的面目出现，而家庭系统则被认为是社会系统中的一个子系统，由此，庞大的"常规科学"在家庭社会学的名义下被再生产。在社会学制度中，家庭社会学这一领域拥有悠久的历史和丰硕的研究成果。然而，在女性主义者指出蕴含其中的"性别歧视"以前，家庭社会学内部从未有人尝试解构"家庭"这一看似不言自明的概念。"家庭社会学"在其话语建构的过程中，助长了如今名为"现代家庭"这一特殊性别秩序的再生产。

支撑学术知识之政治性的，是知识再生产制度本身的政治性。在"学术界"，即被赋予了正统性的知识再生产制度中，谁、被以怎样的标准纳入其中？谁又被排除在外？学界中"女性"这一"他者"的增加，与战后的学制改革及表面上的男女教育平等不无关系。但随着学历的提高，女性学生的比例却在下降。研究者群体中亦是如此。统计数据显示，在研究生、助教、讲师、副教授、教授等职位中，女性占比随着职位的升高而降低。已有学者指出了下述问题：男女表面平等的背后，存在着带有性别歧视的"隐形力量"（hidden curriculum）；学界或隐或现的性别歧视，打击了女性从事研究工作的积极性；"职业女性"想要持续工作，会面临重重困难；等等。但这些并非全部。我认为，关于什么样的研究是有意义的研究，其评价标准本身就包含着"知识政治"（politics of knowledge），例如研究主题的选择、研究对象和方法的设定。随着近年来女性研究者数量的增加，家务劳动、家庭主妇、生育、避孕、堕胎等研究领域得到了迅速的开拓与发展。但在以往，这些课题却未曾受到男性研究者的关注。非但如此，它们还被归入"私人"领域，从未被视作正统的学术研究对象。

不过，研究者群体仍称不上多样。女性主义者曾揭发了学术界中存在的"性别歧视"，但之后却被其他研究者指出了这个群体自身存在的"中产阶级性"和"种族歧视性"问题。就"外国人""残疾人""老人"和"孩子"而言，"当事人的经验知识"很难在学界中占据一席之地。即使存在少数能够共情的研究者，他们所进行的研究也只是将这些人群"客体"化，最终对其榨取。"临床知识"并不会颠覆知识再生产过程中研究者与研究对象之间存在的极端不平等关系。而若将其理想化为"对话的知识"，则会掩盖其中的权力问题。我们不能回避这样的事实：知识即政治，知识的再生产即为一种权力的生成过程。

人类学领域早就认识到了作为"临床知识"的学问所具有的政治属性。出于对这种权力关系的"良心谴责"，人类学以培养"本土人类学家"（native anthropologist）为终极目标。如果"当事人"掌握了专家集团的术语，成为日常用语和专业术语的"双语者"，那么，作为知识剥削者的研究者便不再被需要。也有人类学家站在研究者的角度，对自己"榨取"研究对象的行为进行了自我批判，并努力使自身"当地化"。但这并未真正"解决"研究者存在的矛盾，而仅仅是"避开"了问题而已。另一方面，在"本土人类学家"双语化的背后，还横亘着"接受西方中心主义知识训练"这一"殖民地式的主体化"问题。可见，事情远没有想象中那么简单。

在社会学内部，学者们也在强调学问的"当事人性"，发出了将研究客体转为研究主体的倡议。那么，只要存在"各种各样的社会学家"和"各种各样的社会学"，以反映整个社会的群体构成方式，便已足够吗？

这并非等同于"反歧视行动"（Affirmative Action）中的单纯的"代表性"问题，因为在那些行动中，少数派永远是少数派。说得再明白一些，我认为应该受到质疑的，是制造了"少数派"这一范畴的"话语权力"。不论是否愿意，研究者都无疑参与了这场"话语权力斗争"，而他们在这场"权力斗争"中处于什么位置，才是问题所在。

让我们回溯一下前文。如果说社会科学是从"对他者的想象"出发，将"我"引向杂音的批判性意识的产物，那么这种批判性意识首先便指向了自我意识。也就是说，社会科学往往是一种不稳定且脆弱的自我意识的产物，不断打破"我"的边界并重新定义"我"。如果说"少数派"的边界是不稳定的，那么"多数派"也是如此。我们批判安于"多数派=我们"的意识，但如此一来，"我坚决站在少数人立场上"的这种"少数派=我们"的自我身份认同，也同样毫无根据且缺乏反思性。我们应该做的，是不断去质疑为何如此制造出"我们"与"他们"之间的边界。可以说，不断地将定论相对化的做法以及怀疑主义的态度是社会学家的第二天性。因此，想要活在确定性之下的你（虽然"确定性"基本上毫无根据），最好不要成为社会学家。

社会学和社会学家的这种特性使社会学被称作"边缘人的学问"（齐美尔）或"犹太式学问"。然而，"犹太人"（社会学家）也有了自己的"祖国"（社会学）。犹太人共同体一旦成立，便会产生一种批判性的自我意识——唯有使自身更加"元犹太人"化（"元社会学"化），才能生存下去。

话语与实践

写到这里,你应该已经意识到,诸如"理论与实践"的对立、"理论家与运动家"的背离等陈词滥调,不过是伪命题罢了。理论仅仅是"话语政治"的实践场所。当然,"话语政治"并非"政治"的全部,但若离开"话语政治",便不会有任何"政治"存在。因此,"运动家"贬低"理论家"的行为是错误的。同理,"理论家"认为可以脱离"政治"运动也不正确。如果"理论家"与"运动家"之间存在分歧,那就意味着他们各自所使用的"话语实践"的范畴装置互不相干或毫无用处,而对此,"理论家"应该负责。

然而,对于那些用单一且陈旧的"意识形态理论"框架来理解"话语政治"概念的学者,我们有必要再次予以批判。正是他们的观点,将"学问"的"超越性"和"真理性"神圣化,从而发挥了极具"政治性"的作用——维护了其自身的特权。

想必很多读者已经发现,我对"社会科学"的上述看法在很大程度上受到了后结构主义以来的"语言学转向"[1]的影响。此外,虽然没有在参考文献中列出,但还有一些研究者的观点也对我产生了深远的影响,甚至与我融为一体,以至于我无法列举出他们某部具体的著作。从这个意义上来说,我的这种"社会科学"观也带有局限性,仅是20世纪90年代认识论的产物。最后,若是在陈词滥调中再加上一句陈词滥调,我想说,我的这一立场也注定难逃被超越的命运。

---

[1] 关于"语言学转向"之后社会科学新潮流的相关内容,请参考上野千鹤子主编的《何谓建构主义》(2001)一书。

初版后记

本书主要收录了我于20世纪90年代后半期发表的论文。在将这些论文再次汇编成书出版之际，考虑到时代背景的不同，我对部分内容作了修改。

20世纪90年代对于日本经济而言，或许是"失去的十年"，但对于女性主义理论来说却并非如此。得益于之前80年代后结构主义和女性主义批评理论的积累与发展，社会性别（gender）、性（sexuality）、主体、身份认同（identity）、能动性（agency）等理论开出了绚烂的花朵。个体经验研究及历史研究也不断取得丰硕成果。90年代的女性主义理论，与20年前刚刚起步时不可同日而语。我并不认为90年代的女性主义是"第三波女性主义"，因为其依然强调"个人即政治"，未能超越激进女性主义的范畴。但即便如此，与30年前的女性主义相比，其已取得了巨大的进步。

女性主义理论虽日趋成熟和完善，但与现实的差距却在逐步拉大，令人倍感焦虑。我们不能忘记，所有女性主义理论均源于现实问题，在与现实问题的斗争中萌发、生长。在不变的表象背后，性别与性的现实正不断发生变化。所以，理论事实上一直在拼命追赶现实的脚步。而本书也记录了我本人变化的过程。

虽然1996年我出国一年，写作有所中断，但我惊讶地发现，自己竟

初版后记

开展了如此多样的工作。其契机是参与编辑岩波书店策划的两套系列丛书——《日本的女性主义》（全七册、别册一册）和《岩波现代社会学讲义》（全二十六册、别册一册）。讲义和文集的编纂是费力不讨好的事，但当我回顾自己当时所写的"解说"与"序论"部分时，再次感到自己在此过程中受益良多。我要感谢岩波书店的编辑们邀请我担任编者，感谢井上辉子、见田宗介等其他合作编者，他们长期与我共事，给予我很多灵感。我还要再次感谢为这两套丛书撰稿的各位作者。

《历史学与女性主义》一文因《岩波日本通史讲义》的编者安丸良夫的邀约而写，被收录于该套丛书的别册中。起初，我以这并非我擅长的领域为由拒绝了他，但他却不断鼓励我，甚至为我举办了一场研讨会。而在背后默默策划这一切的，是成田龙一先生。这篇论文也成为我后来深入开展历史学研究的一个契机。

本书还收录了两篇原本并非由岩波书店出版的论文。《"劳动"概念的性别化》一文是日美合作项目"女性文化与性别"的研究成果，项目主持人为胁田晴子；而《"生殖权利/生殖健康"与日本女性主义》一文则是日欧女性交流计划"环境与女性"的成果，该计划由国际交流基金会负责，我与绵贯礼子共同进行了策划。

于是，我意识到，在与不同领域和专业的人士合作的过程中，我收获了很多，并最终以论文的形式将所学到的内容展现出来，开花结果。虽然起初这些工作并没有什么计划性，但如今想来都有迹可循，在众多学者的影响和支持下，我才得以完成这些工作。

因为本书的主题及我对自身生命史的兴趣，所以书中收录的论文大多具有怀旧和自我指涉的特征。同时，它们均写于20世纪90年代，带有鲜明的时代印记。

提议将这些带有90年代"印记"的论文汇编成书的，是岩波书店的高村幸治先生。吉村弘树先生负责烦琐的编辑工作，并得时不时板起面孔向我催稿。我对他们感激不尽。以前这些论文以讲义或文集的形式出版，受众相对有限，我十分高兴现在能有机会将它们汇编成册，传递给更多的读者。

2002 年冬

上野千鹤子

再版说明

本书主要收录了 20 世纪 90 年代我的研究成果。在我的研究生涯中，90 年代是一个与众不同的时期。首先我调入了东京大学，成为社会学研究重镇中的一员，参与编辑了系列丛书和文集。其次，我通过"慰安妇"研究，涉足了民族主义和民族国家论的领域。

这一时期的第一个重要成果，是 1994—1995 年岩波书店出版的《日本的女性主义》（全七册、别册一册）（由井上辉子、上野千鹤子、江原由美子、天野正子合作编辑。以下简称"旧版"）。各册内容如下：

1.《女性解放运动与女性主义》解说：上野千鹤子

2.《女性主义理论》解说：江原由美子

3.《性别分工》解说：井上辉子

4.《权力与劳动》解说：天野正子

5.《母性》解说：江原由美子

6.《性》解说：上野千鹤子

7.《表现与媒介》解说：井上辉子

别册《男性学》解说：上野千鹤子

15 年后，这套文集由新的编者重新编纂并扩充，以增订版的形式问世。（由天野正子、伊藤公雄、伊藤琉璃、江原由美子、大泽真理、加纳实纪代编写，斋藤美奈子协助编辑的《新编日本女性主义》全十二册，岩波书店，

2009—2011年。以下简称"《新版》")。90年代是女性学/性别研究从诞生走向成熟的时期,这一时期,研究从普遍性理论迈向对各类具体问题的探讨,研究的深度不断增加并涌现出丰硕的成果。新版的内容如下:

1.《女性解放运动与女性主义》解说:上野千鹤子

2.《女性主义理论》解说:江原由美子

3.《性别分工》解说:井上辉子

4.《权力与劳动》解说:大泽真理

5.《母性》解说:江原由美子

6.《性》解说:上野千鹤子

7.《表现与媒介》解说:井上辉子

8.《性别与教育》解说:天野正子

9.《全球化》解说:伊藤琉璃

10.《女性史和性别史》解说:加纳实纪代

11.《女性主义文学批评》解说:斋藤美奈子

12.《男性学》解说:伊藤公雄

所谓文集,是指基于一定的评价标准,将已经出版过的论文收录再版。除了以上两套文集外,岩波书店还出版了由井上辉子、上野千鹤子、江原由美子、大泽真理、加纳实纪代合编的《女性学事典》(井上辉子等编,2002)。这些著作的发行,意味着女性学此前已经有了丰厚的积累并趋于成熟。每套文集的编辑筹备花了三年,出版又花了三年。我要感谢高村幸治先生,他是文集出版的提议人。我还要感谢从事编辑工作的十时由纪子女士、藤田纪子女士和山下真智子女士,这些年轻的女性都为之付出了巨大的努力。

在编辑这两套文集时,我们按照以下两个条件来选取文章:一是发表于20世纪70年代女性解放运动之后的日语作品,二是已经公开发行过的作品。虽然我们不考虑作者的国籍，也收录了一些草根媒体或传单上的文章，但我总觉得，这或许是历史上最后一次出版此类文集了。因为自21世纪以来，互联网的迅速发展带来了海量的电子媒体信息。语言的使用也变得多种多样。虽说所有文集在10年、20年后都需要重新修订，但到了那时，即使编者本身具有多样性和敏锐的洞察力，也难以在包含电子媒体在内的多语言信息环境中挑选出值得收录的作品。

2011年1月，为纪念《新版》全十二册的完稿，我在东京大学举办了"出版纪念座谈会"，邀请了很多二三十岁的年轻学者参加。当时我问他们："你们认为这套文集在20年后还能再出一套修订版吗？"他们一半给出了肯定，另一半则给出了否定回答。

本书收录了我为文集撰写的"解说"。其中，"第6章 女性解放运动与女性主义"是《日本的女性主义》第1册《女性解放运动与女性主义》（旧版）的解说文，而"第8章 男性学的邀约"则为别册《男性学》（旧版）的解说文。

后者曾一度引起风波。对于是否在《日本的女性主义》丛书中纳入"男性学"的内容，编者之间产生了分歧，并最终采用了别册的形式。不过，其余各册收录的均为女性作家的文章，完全符合女性学的定义——"女性的、由女性进行的、为了女性而开展的学问"（井上辉子），而在《男性学》中却收录了男性的作品（尽管编辑为女性）。坦白说，编辑们明确知晓她们只是从"由男性开展的关于男性的研究"中选取"符合女性主义视角"的文章，好似一种筛查。因为部分冠以"男性学"之名的研究，提倡"男性性"的复权，与女性主义针锋相对。

在这一过程中，只有一位作者拒绝了我们的邀约。他是《私密同志生活》（伏见，1991）的作者伏见宪明，也是日本公开承认自己是男同性恋的第一人。他拒绝收录的理由是：想把自己的文章留给以后的"男性学"文集，而该文集应该是"由男性执笔、为男性撰写的男性选集"。我觉得其言之有理，便放弃了邀约。

后来在编辑《新版》时，男性学的先驱伊藤公雄成为新的编者，他没有将"男性学"另作别册，而是将其正式纳入文集中（但遗憾的是，伏见的文章没有被收录）。受篇幅所限，我对旧版的解说并未收录于《新版》中，因此除了旧版文集外，读者只能在本书中阅读到这一章节的内容。

我的另一个重要工作是参与编辑1995年至1997年出版的《岩波现代社会学讲义》（全二十六册、别册一册）。该套丛书由见田宗介领衔主编，编者还包括井上俊、大泽真幸、吉见俊哉和我。在此列出各册的信息，以供参考。

1.《现代社会的社会学》

2.《自我、主体、身份认同》

3.《他者、关系、交流》

4.《身体与身体间性的社会学》

5.《知识社会学与语言社会学》

6.《时空社会学》

7.《"神圣/受诅咒之物"的社会学》

8.《文学与艺术的社会学》

9.《人生轨迹的社会学》

10.《性社会学》

11.《性别社会学》

12.《儿童与教育的社会学》

13.《成熟与衰老的社会学》

14.《疾病与医疗的社会学》

15.《歧视与共生的社会学》

16.《权力与支配的社会学》

17.《赠予与市场的社会学》

18.《城市与城市化的社会学》

19.《"家庭"社会学》

20.《工作与休闲的社会学》

21.《设计、模式、时尚》

22.《媒体与信息化的社会学》

23.《日本文化的社会学》

24.《民族、国家、民族性》

25.《环境与生态的社会学》

26.《社会构想的社会学》

别册　现代社会学的理论与方法

即使如今回想起来，我依然觉得其与以往的社会学丛书不同，采用了一种令人耳目一新的编辑方式。这套丛书由第一线的社会学家及相邻领域的研究人员共同撰写和编辑，共二十六册，别册一册，其内容含量惊人。在出版业不景气的今天，是否还会再次出版这般饱含热忱的社会学讲义？那时，五位朝气蓬勃的研究人员聚集在岩波书店的会议室里侃侃而谈，每次讨论都像是一场研讨会，给人带来振奋的体验。

作为编者，我负责撰写我所编辑的若干册的序论部分，而这几篇序论也被收入本书中。它们分别是："第1章　性别差异的政治学"（收录于第11册《性别社会学》）、"第2章　性社会学"（收录于第10册《性社会学》）以及"第5章　'家庭'的世纪"（收录于第19册《家庭社会学》）。

在编辑社会学丛书时，我坚持不把"性别"与"家庭"混为一谈，也不将"性别"与"性"合二为一。这是因为，性别并非家庭这一私人领域中独有的现象，而且性别与性本就不同，故而应区别对待。其余编者也接受了我的观点。

许多社会学丛书都将"性别与家庭"或"性别与性"合并为一册,而这套《岩波现代社会学讲义》却把"性别""性""家庭"单列成册出版,具有划时代的意义。事实上,各册都收录了与主题相契合的文章。

尤为重要的,是本书开篇收录的"第1章 性别差异的政治学",它也是本书书名的由来。其可谓日本首篇系统论述性别理论学术史的论文。文章梳理了"社会性别"(gender)这一概念的谱系,并提及了巴特勒最新的性别论。"社会性别"的概念一直在发展和变化,未来难以预测。与表面上所呈现的中立性相反,它其实是一个政治性概念,揭示出权力关系的非对称性。《性别差异的政治学》一文展现了社会性别概念的历史及当下最前沿的研究,是适合性别理论初学者的入门指南。

本书中与众不同的内容,是"第12章 '我'的元社会学"。在编辑《岩波现代社会学讲义》时,出版社要求所有编者为第一册《现代社会的社会学》撰稿,但当时我在海外工作,很难收集文献。一番纠结之后,我为自己设定了这样一个问题:我为何要从事社会学研究?并着手撰写论文。

对我来说,这是一个意想不到的体验,可以在40多岁的年纪回答这个只有初学者或退休者才会提出的问题。我也很高兴写了这篇文章,因为我发现,其他一些领域的研究者,会出乎意料地引用我的论文来说明"什么是社会科学""我们为什么要研究社会科学"这些最根本的问题。最近我还听说,护理学领域的研究者也让他们的研究生阅读这篇文章。

我于20世纪90年代的另一个重要工作,是涉足了历史学领域,并与历史学家合作研究。《民族主义与社会性别》(上野,1998)一书于90年代末出版,我通过这本书正式向历史学领域发起了挑战,反之,我也受到了来自历史学的挑战。

《民族主义与社会性别》直面了"慰安妇"问题。1991年时我还在德国,金学顺女士的第一次证言犹如当头一棒，给了我莫大的冲击，之后我用了近十年时间来写这本书。在此期间，我在历史学领域各位前辈的鼓励下，撰写了本书"第3章 历史学与女性主义"。作为历史学界的新人，我十分苦恼，且在已经成熟的日本女性史研究与刚刚起步的性别史研究之间苦苦挣扎，因为两者存在复杂而纠葛的关系。当《历史学与女性主义》的开头一句："在日本，女性史研究与女性主义的相遇实属不幸"浮现在我脑海中时，我知道自己终于可以完成这篇论文了。这份记忆至今仍格外清晰，恍如昨日。

在与历史学家的合作中，我清楚地记得中世史学家胁田晴子邀请我参加她所主持的国际研究项目——"女性文化与性别"。通过该项目，我加深了与美国、法国、德国研究者之间的交流。"第4章'劳动'概念的性别化"就是在此过程中取得的成果。这个国际研究项目后来出版了两个语种的著作，分别是日语版的《性别的日本史》（胁田、汉利编，1994—95）和英文版的 Gender and Japanese History（Wakita, Bouchy and Ueno, eds., 1999）。

《"劳动"概念的性别化》一文可以说是《父权制与资本主义》（上野，1990）的续篇，借由"无偿劳动"概念追溯"劳动"概念本身的扩展过程。

如今，"女性主义经济学会"已经成立，越来越多的经济学家指出了将"劳动"一词局限于"市场劳动"的不合理性。人们终于理所当然地认识到，如果仅考虑生产而不考虑再生产，那么任何社会都无法维持下去。于是，女性在家中无偿从事的再生产劳动（也被称为"照护"）变得可视化。

"第7章'生殖权利/生殖健康'与日本女性主义"是我与已故的绵贯礼子合作研究的成果。我和绵贯女士应日本国际交流基金会的邀请，自人员选拔阶段起就参与了"日欧女性交流计划——女性、环境与和平"这一项目。那是1996年的事，彼时切尔诺贝利核电站事故（1986）带来的伤痛还历历在目。

20世纪70年代，绵贯女士参与了由色川大吉担任团长的水俣学术调查团，因得知存在"胎儿水俣病"患者而痛心不已，此后便积极参与支援切尔诺贝利的重建事业。放射性污染不分国界。人们都说切尔诺贝利核电站事故引发的危机感"团结了欧洲"，而这种跨越国界的合作也为之后"欧盟"的成立奠定了基础。

我们邀请欧洲的女性研究者及活动家参与了我们的项目，她们来自俄罗斯、波兰、德国、奥地利、克罗地亚、英国等地，在切尔诺贝利事故后均积极推进女性的团结。这也促成了玛丽亚·密斯、克劳迪娅·冯·维尔霍夫、玛丽·梅勒等人首次访问日本。

为了让国外来访者能与来自地方而非首都东京附近的女性见面，我和绵贯女士在她们旅日期间制定了周密的旅行计划，并提前与日本各地的草根女性活动家取得了联系。我们访问了冲绳、广岛、滋贺等地，让来访者与日本和平运动、环保运动及生活合作社运动的积极分子会面。回到东京后，她们兴奋地赞扬了日本女性的力量。听闻之后，我会心一笑，心想我们的计划奏效了。

此前，很多外国女性来拜访我并抱怨说："我去过政府机关，也去过企业，但从未见到女性的身影，日本女性到底都去哪儿了？"我受够了这样的问题，回道："你找错地方了。到基层去，你会看到很多充满力量的日本女性。在日本社会中，那些默默无闻的女性才是力量之源（但悖反的是，女性无论多么有才华，都无法获得一官半职）。

绵贯女士于2012年1月去世，留下了遗著《放射性污染对后代的影响》（绵贯编，2012）。这本书通过实地数据调查，探讨了人类长期处于低剂量辐射中的危险性。

2011年3月福岛发生了与切尔诺贝利同等严重的核事故，而一直支援切尔诺贝利重建的绵贯女士也经历了这次福岛事件。日本政府在事故发生后一再表示"对人体健康没有直接损害",并自说自话地将辐射值上限提高到100毫西弗。对此,绵贯女士怒不可遏。她将IAEA(国际原子能机构)称作"国际原子能村",使用了未被IAEA采用的当地医生和科学家的数据,揭示出切尔诺贝利事故25年后的真实情况,为世人敲响警钟。此时绵贯女士已卧病在床,她说写这本书时,"就像有人在背后推了自己一把,必须争分夺秒地完成"。

倘若她在"3·11"之前去世,或许就不必经历那段痛苦,但又正因为她经历了"3·11"核事故,所以其遗著成为她留给后人的一份"礼物"。2015年,即绵贯女士去世的3年后,她的丈夫、社会学家绵贯让治也离开了人世。虽然他们膝下无子,却是一对相敬如宾的研究者夫妇。我愿为他们祈祷安息。

本书还收录了"第9章 性是自然的吗?"和"第10章 男同性恋者与女性主义者可以并肩作战吗?"这两篇论文。我在90年代关于性的研究成果也同样收录于岩波现代文库《发情装置新版》(上野,2015)中。在研究过程中,我与男同性恋者和女同性恋者都进行了不少交流。

我因《女性的快乐》(上野,1985a)一书被批评为"同性恋歧视者"。后来我有了很多与同性恋(男同性恋和女同性恋)研究者交流的机会,并努力消除彼此的误解,而这两篇文章正是交流的副产品。21世纪后,我出版了《厌女》(上野,2010)一书,以男性同性社会性欲望、恐同和厌女三位一体结构为基础,全方位探讨了日本的性别歧视问题。该书的创作基于塞吉维克所著的《男人之间》(Sedgewick, 1985),它的日译本于2001年出版。在塞吉维克的著作出版之前,我们并没有区分"男性同性社会性欲望"和"男性同性恋"的概念装置。在此过程中,我承认自己曾是"同性恋歧视者",并开展了自我批评,而读者也可以通过这两篇文章体会到性别研究的理论与概念装置是如何在相互影响下发展前行的。

  本书在我的众多作品中略显朴素且学术性强，因而受众相对有限。我很高兴本次能以文库本的形式出版，以更低廉的价格传递到更多读者手中。

2015 年

上野千鹤子

论文原先出处一览

本书为《差异的政治学》（岩波书店，2002）的修订版。其中，第九、第十两章为再版中首次增加的内容。

第一部分

1. 性别差异的政治学

《岩波现代社会学讲义（十一）性别社会学》，岩波书店，1995 年

2. 性社会学

《岩波现代社会学讲义（十）性社会学》，岩波书店，1996 年

3. 历史学与女性主义——超越"女性史"研究

《岩波日本通史讲义　别册（一）历史意识的现在》，岩波书店，1995 年

4. "劳动"概念的性别化

胁田晴子、汉利编《性别的日本史（下）主体与表现　工作与生活》东京大学出版会，1995 年

第二部分

5. "家庭"的世纪

《岩波现代社会学讲义（十九）家庭社会学》，岩波书店，1996 年

6. 日本的女性解放——其思想及运动

井上辉子、上野千鹤子、江原由美子编，天野正子协助编辑《日本的女性主义（一）女性解放运动与女性主义》，岩波书店，1994年

7. "生殖权利/生殖健康"与日本女性主义

上野千鹤子、绵贯礼子编《生殖健康与环境——走向共生的世界》，工作舍，1996年

第三部分

8. 男性学的邀约

井上辉子、上野千鹤子、江原由美子编，天野正子协助编辑《日本的女性主义　别册　男性学》岩波书店，1995年

9. 性是自然的吗？

《文艺》1992年秋季号，河出书房新社（上野千鹤子《发情装置——爱欲的剧本》，筑摩书房，1998年）

10. 男同性恋者和女性主义者可以并肩作战吗？

上野千鹤子《发情装置——爱欲的剧本》，筑摩书房，1998年

11. 复合歧视论

《岩波现代社会学讲义（十五）歧视与共生的社会学》，岩波书店，1995年

第四部分

12. "我"的元社会学

《岩波现代社会学讲义（一）现代社会的社会学》，岩波书店，1997年

参考文献

　青木やよひ 1983「女性性と身体のエコロジー」青木編『フェミニズムの宇宙』シリーズ「プラグを抜く」3、新評論

　青木やよひ 1986「女性原理とエコロジー」『フェミニズムとエコロジー』新評論、1993 加藤・坂本・瀬地山編『フェミニズム・コレクションⅢ』勁草書房に再録

　アカー編 1992『ゲイ・リポート』飛鳥新社

　赤川学 1993「セクシュアリティ・主体化・ポルノグラフィー」『ソシオロゴス』17、ソシオロゴス編集委員会

　赤松啓介 1950『結婚と恋愛の歴史』明石書店、1993『女の歴史と民俗』（改題）明石書店

　秋山洋子 1993『リブ私史ノート』インパクト出版会

　浅井美智子 1990「〈近代家族幻想〉からの解放をめざして」江原由美子編『フェミニズム論争』勁草書房

　安積遊歩 1993『癒しのセクシー・トリップ——わたし車イスの私が好き』太郎次郎社

　朝日ジャーナル編集部 1961「磯野論文をめぐって『朝日ジャーナル』一九六一年四月六日号［上野編 1982 Ⅱ］

　浅間正通 1995「「男らしさ」という神話を憤る（梶谷雄二『男と女

すれ違う幻想』書評)」『週刊読書人』二〇六七号

足立真理子 1987「マルクス主義フェミニズムの現在」『クライシス』32

天野正子 1988「「受」働から「能」働への実験」文眞堂

天野正子・伊藤公雄・伊藤るり・井上輝子・上野千鶴子・江原由美子・大沢真理・加納実紀代編、斎藤美奈子編集協力 2009-11『新編　日本のフェミニズム』全一二巻、岩波書店

網野善彦 1984『日本中世の非農業民と天皇』岩波書店

有賀夏紀 1988『アメリカフェミニズムの社会史』勁草書房

有地亨 1994『家族は変わったか』有斐閣選書

有吉佐和子 1967『非色』角川文庫

有吉佐和子 1975『複合汚染』新潮社

家田荘子 1991『イエロー・キャブ——成田を飛び立った女たち』恒友出版

石垣綾子 1955「主婦という第二職業論」『婦人公論』一九五五年二月号［上野編 1982 Ⅰ］

石川准 1992『存在証明の社会学』新評論

石川弘義・斎藤茂男・我妻洋/共同通信「現代社会と性」委員会 1984『日本人の性』文藝春秋

石田雄 1994「一政治学者のみたジェンダー研究」原ひろ子他編『ライブラリ相関社会科学 2 ジェンダー』新世社

石月静恵 1985「日本近代女性史研究の争点」『歴史科学』九九・一〇〇号

磯野富士子 1960「婦人解放論の混迷」『朝日ジャーナル』一九六〇年四月一〇日号［上野編 1982 Ⅱ］

磯野富士子 1961「再び主婦労働について」『思想の科学』一九六一年二月号、思想の科学社［上野編 1982 Ⅱ］

伊田久美子 1992「資本主義批判の可能性」『現代思想』第二〇巻一号、青土社

伊田広行 1994「家事労働論・序説——労働力の価値と家事労働」『大阪経大論集』第四四巻五号、大阪経済大学

伊藤幹治 1982『家族国家観の人類学』ミネルヴァ書房

伊藤公雄 1993『〈男らしさ〉のゆくえ——男性文化の文化社会学』新曜社［井上（輝）他編 1994-95 別冊］

伊藤セツ 1992「書評・上野千鶴子『家父長制と資本制』」『経済研究』第四三巻一号

伊藤孝夫 1991「「家」制度の終焉」『ユスティティア』2、ミネルヴァ書房

伊藤比呂美 1986『良いおっぱい悪いおっぱい』冬樹社、1992 集英社文庫

伊藤康子 1971「最近の日本女性史研究」『歴史学研究』一九七一年九月号［古庄編 1987］

伊藤康子 1974『戦後日本女性史』大月書店

犬丸義一 1973「女性史研究の課題と観点・方法——マルクス主義史学の立場から」『歴史評論』二八〇号

犬丸義一 1982「女性史研究の成果と課題——日本近代女性史について」歴史学研究会編『現代歴史学の成果と課題Ⅱ』青木書店

井上清 1948『日本女性史』三一書房

井上清 1953『新版日本女性史』三一書房

井上清 1962『現代日本女性史』三一書房

井上俊 1976『死にがいの喪失』筑摩書房

井上俊・上野千鶴子・大澤真幸・見田宗介・吉見俊哉編 1995-97『岩波講座現代社会学』全二六巻別巻一、岩波書店

井上輝子 1980『女性学とその周辺』勁草書房

井上輝子・上野千鶴子・江原由美子編、天野正子編集協力 1994-95『日本のフェミニズム』全七冊別冊一、岩波書店

井上輝子・上野千鶴子・江原由美子・大沢真理・加納実紀代編 2002『女性学事典』岩波書店

今井泰子 1993「〈主婦〉の誕生」『女性学』1、日本女性学会

ウィメンズセンター大阪 1987『ピル、私たちは選ばない』

上野千鶴子 1982「対幻想論」『思想の科学』一九八二年一月号、1986『女という快楽』勁草書房

上野千鶴子編 1982『主婦論争を読む・全資料』Ⅰ・Ⅱ、勁草書房

上野千鶴子 1985a『女という快楽』勁草書房

上野千鶴子 1985b『資本制と家事労働』海鳴社

上野千鶴子 1986『女は世界を救えるか』勁草書房

上野千鶴子 1988a『「女縁」が世の中を変える』日本経済新聞社、2008『「女縁」を生きた女たち』(改題)岩波現代文庫

上野千鶴子 1988b『接近遭遇』勁草書房

上野千鶴子 1989『スカートの下の劇場――ひとはどうしてパンティにこだわるのか』河出書房新社、1992 河出文庫

上野千鶴子 1990『家父長制と資本制』岩波書店、2009 岩波現代文庫

上野千鶴子 1991a「女性史と近代」吉田民人編『現代のしくみ』新曜社

上野千鶴子 1991b『一・五七ショック——出生率・気にしているのはだれ？』ウィメンズ・ブックストア松香堂書店

上野千鶴子 1992「唯物論的フェミニズムは可能である『社会学評論』第四二巻三号、日本社会学会

上野千鶴子 1993「解説」赤松啓介『女の歴史と民俗』明石書店

上野千鶴子 1994a『近代家族の成立と終焉』岩波書店

上野千鶴子 1994b「日本のリブ——その思想と運動」井上（輝）他編『日本のフェミニズム①リブとフェミニズム』岩波書店、2002『差異の政治学』岩波書店

上野千鶴子 1994c「フロイトのまちがい」『思想の科学』一九九四年一月号、思想の科学社、1998『発情装置——エロスのシナリオ』筑摩書房、新版 2015 岩波現代文庫

上野千鶴子 1994d「欧州各国の出生率および家族政策の最新動向に関する調査報告」NIRA 研究報告書『わが国出生率の変動要因とその将来動向に関する研究』総合研究開発機構

上野千鶴子 1995a「「セクシュアリティの近代」を超えて」井上（輝）他編『日本のフェミニズム⑥　セクシュアリティ』岩波書店

上野千鶴子 1995b「差異の政治学」見田宗介他編『岩波講座現代社会学 11　ジェンダーの社会学』岩波書店、2002『差異の政治学』岩波書店

上野千鶴子 1995c「歴史学とフェミニズム」『岩波講座日本通史別巻 1　歴史意識の現在』岩波書店、2002『差異の政治学』岩波書店

上野千鶴子 1995d「「労働」概念のジェンダー化」脇田晴子・ハンレー編『ジェンダーの日本史』下、東京大学出版会、2002『差異の政治学』岩波書店

上野千鶴子 1995e「ジェンダーの呪縛」『記号学研究』一五号、日本記号学会

上野千鶴子 1995f「「恋愛結婚」の誕生」東京大学公開講座『結婚』東京大学出版会

上野千鶴子 1995g「連合赤軍とフェミニズム」『諸君』一九九五年二月号、文藝春秋

上野千鶴子 1996「「家族」の世紀」見田宗介他編『岩波講座現代社会学 19〈家族〉の社会学』岩波書店、2002『差異の政治学』岩波書店

上野千鶴子 1998『ナショナリズムとジェンダー』青土社、新版 2012 岩波現代文庫

上野千鶴子 2000『上野千鶴子が文学を社会学する』朝日新聞社、2003 朝日文庫

上野千鶴子編 2001『構築主義とは何か』勁草書房

上野千鶴子 2002『差異の政治学』岩波書店、新版 2015 岩波現代文庫

上野千鶴子 2010『女ぎらい──ニッポンのミソジニー』紀伊國屋書店

上野千鶴子 2015『発情装置　新版』岩波現代文庫

上野千鶴子・NHK 取材班 1991『九〇年代のアダムとイヴ』日本放送出版協会

上野千鶴子・小倉千加子・富岡多惠子 1992『男流文学論』筑摩書房、1997 ちくま文庫

上野千鶴子・田中美由紀・前みち子 1993『ドイツの見えない壁』岩波新書

上野千鶴子・斎藤学 1996「対談　拒食症をめぐる身体へのまなざし」

『シュトルム』7、シュトルム編集委員会

上野千鶴子・伏見憲明 1997「フェミニズムの視点から考える結婚制度」『クィア・スタディーズ』七つ森書館

内田隆三 1987『消費社会と権力』岩波書店

内田隆三 1989『社会記　序』弘文堂

梅棹忠夫 1969『知的生産の技術』岩波新書

江原由美子 1985「乱れた振り子——リブ運動の軌跡」『女性解放という思想』勁草書房

江原由美子 1988a『フェミニズムと権力作用』勁草書房

江原由美子 1988b「解放を無（な）みするもの——「社縁社会からの総撤退」論批判」『フェミニズムと権力作用』勁草書房

江原由美子 1992『フェミニズムの主張』勁草書房

江原由美子 2001『ジェンダー秩序』勁草書房

海老坂武 1986「独身差別に怒る」『シングル・ライフ——女と男の解放学』中央公論社［井上（輝）他編 1994-95 別冊］

大江健三郎 1958『飼育』新潮社

大熊信行 1957「家族の本質と経済」『婦人公論』一九五七年一〇月、中央公論社［上野編 1982 Ⅰ］

大沢真理 1993a『企業中心社会を超えて——現代日本を〈ジェンダー〉で読む』時事通信社

大沢真理 1993b「「家事労働はなぜタダか」を手がかりとして」『社会科学研究』第四五巻三号

大塚英志 1996『「彼女たち」の連合赤軍』文藝春秋

岡真理 1995「女性報道」『現代思想』第二三巻三号、青土社

萩野美穂 1990「女の解剖学——近代的身体の成立」萩野他編『制度

として〈女〉——性・産・家族の比較社会史』平凡社

萩野美穂 1993a「身体史の射程」『日本史研究』三六六号

萩野美穂 1993b「日本における女性史研究とフェミニズム」『日本の科学者』第二二巻一二号、日本科学者会議、水曜社

萩野美穂 1994『生殖の政治学』山川出版社

小倉千加子 1988『セックス神話解体新書』学陽書房、1995 ちくま文庫

小倉千加子 2001『セクシュアリティの心理学』有斐閣

小倉利丸・大橋由香子 1991『働く/働かない/フェミニズム』青弓社

小此木啓吾 1978『モラトリアム人間の時代』中央公論社

織田元子 1988『フェミニズム批評』勁草書房

小田亮 1996『一語の辞典　性』三省堂

落合恵美子 1989『近代家族とフェミニズム』勁草書房

落合仁司・落合恵美子 1991「家父長制は誰の利益か——マルクス主義フェミニズム批判」『現代思想』第一九巻一一号、青土社

小野貴邦 1988『ドゥ・ハウス基本マニュアル　聞く力の訓練』ドゥ・ハウス

掛札悠子 1992『「レズビアン」である、ということ』河出書房新社

掛札悠子 1994「レズビアンはマイノリティか？」『女性学年報』15、日本女性学研究会女性学年報編集委員会

掛札悠子 1997「抹消（抹殺）されること」河合隼雄・大庭みな子編『現代日本文化論2/家族と性』岩波書店

風間孝・K. ヴィンセント・河口和也 1997『ゲイ・スタディーズ』青土社

梶谷雄二 1994『男と女　すれ違う幻想』三元社

鹿島敬 1987「夫無用の次代」『男と女　変わる力学』岩波新書［井上（輝）他編 1994-95 別冊］

春日キスヨ 1989『父子家庭を生きる――男と親の間』勁草書房

加藤秀一 1993「〈女〉という迷路」『フェミニズム・コレクション』Ⅱ、勁草書房

加藤秀一 1994「ジェンダーとセクシュアリティ」庄司・矢澤編『知とモダニティの社会学』東京大学出版会

加藤秀一・坂本佳鶴恵・瀬地山角編 1993『フェミニズム・コレクション』全三巻、勁草書房

金塚貞文 1982『オナニスムの秩序』みすず書房［井上（輝）他編 1994-95 別冊］

金塚貞文 1992『オナニスト宣言――性的欲望なんていらない！』青弓社

鹿野政直 1989『婦人・女性・おんな』岩波新書

加納実紀代 1979『女性と天皇制』思想の科学社

加納実紀代 1985「社縁社会からの総撤退を」『新地平』一三一号、新地平社

加納実紀代 1987『女たちの〈銃後〉』筑摩書房

川喜多二郎 1966『発想法』中公新書

川喜多二郎 1970『続発想法』中公新書

河野貴代美 1990『性幻想』学陽書房、2000 中公文庫

川畑智子 1995「性的奴隷制からの解放」江原由美子編『性の商品化』勁草書房

川村邦光 1993『オトメの祈り――近代女性イメージの誕生』紀伊國

屋書店

川村邦光 1994『オトメの身体——女の近代とセクシュアリティー』紀伊國屋書店

神田道子 1974「主婦論争」『講座家族 8　家族観の系譜』弘文堂

岸田美智子・金満里 1984『私は女』長征社

喜多野清一 1976『家と同族の基礎理論』未来社

木下律子 1983『王国の妻たち——企業城下町にて』径書房、1988『妻たちの企業戦争』（改題）現代教養文庫

金伊佐子（キム・イサジャ）1992「在日女性と解放問題」フェミローグの会編『フェミローグ』3、玄文社

金静美（キム・チョンミ）1994『水平運動史研究——民族差別批判』現代企画室

国立市公民館 1973『主婦とおんな——国立市公民館市民大学セミナーの記録』未来社

栗原弘 1994『高群逸枝の婚姻女性史像の研究』高科書店

黒澤亜里子 1995「近代日本のおける〈両性の相克〉問題」脇田・ハンレー編『ジェンダーの日本史』下、東京大学出版会

高史明（コウ・サミョン）1974『生きることの意味——ある少年のおいたち』筑摩書房

国立婦人教育会館編 1994『高等教育機関における女性学関連科目等の年現況——平成度調査報告』国立婦人教育会館

小路田泰直 1993「書評・女性史総合研究会編『日本女性生活史 4 近代』」『日本史研究』三六六号

古庄ゆき子編・解説 1987『資料女性史論争』ドメス出版

小浜逸郎 1990『男はどこにいるのか』草思社

参考文献

小浜逸郎 1994『中年男性論』筑摩書房

駒尺喜美編 1985『女を装う』勁草書房

駒野陽子 1976「『主婦論争』再考」『婦人問題懇話会会報』25、婦人問題懇話会

米谷ふみ子 1985『過越しの祭』新潮社

小山静子 1991『良妻賢母という規範』勁草書房

斎藤学 1994『生きるのが怖い少女たち』光文社

斎藤学 1999『封印された叫び――心的外傷と記憶』講談社

斎藤茂男 1982『妻たちの思秋期』共同通信社

斎藤茂男 1993「取材ノート」『ルポルタージュ日本の情景1』岩波書店

斎藤光 1994「極私的関心としてのアブナイ人体現象」『現代風俗94』リブロポート

酒井順子 1993「一九八〇年代以降のイギリス女性史の潮流」『女性史学』3、性史総合研究会

佐高信 1990『新版　KKニッポン就職事情』講談社文庫

佐高信 1991『「非会社人間」のすすめ』講談社文庫

嶋津千利世 1955「家事労働は主婦の天職ではない」『婦人公論』一九五五年六月、中央公論社［上野編 1982　Ⅰ］

女性史総合研究会 1982『日本女性史』全五巻、東京大学出版会

女性史総合研究会編 1990『日本女性生活史』全五巻、東京大学出版会

杉原名穂子 1992「日本フェミニズムにおける「近代」の問題」江原由美子編『フェミニズムの主張』勁草書房

鈴木アキラ 1993「両親への手紙」『Kick Out』7［井上（輝）他編

1994-95 別冊〕

  鈴木裕子 1986『フェミニズムと戦争』マルジュ社

  鈴木裕子 1989a『女性史を拓く 1　母と女』未来社

  鈴木裕子 1989b『女性史を拓く 2　翼賛と抵抗』未来社

  鈴木裕子 1996a『女性史を拓く 3　女と〈戦後五〇年〉』未来社

  鈴木裕子 1996b『女性史を拓く 4　「慰安婦」問題と戦後責任』未来社

  鈴木裕子 1997『戦争責任とジェンダー』未来社

  鈴木由美子 1992『自分だけ違う意見が言えますか』コープ出版

  盛山和夫 1993「「核家族化」の日本的意味」直井優他編『日本社会の新潮流』東京大学出版会

  関島久雄 1956「経営者としての自信をもて」『婦人公論』一九五九年九月、中央公論社〔上野編 1982 Ⅰ〕

  瀬地山角 1990a「家父長制をめぐって」江原由美子編『フェミニズム論争——七〇年代から九〇年代へ』勁草書房

  瀬地山角 1990b「主婦の誕生と変遷」『相関社会科学』1、東京大学総合文化研究科

  瀬地山角 1993「達成のかなたへ——フェミニズムはもう古いか」『フェミニズム・コレクション』Ⅰ、勁草書房

  瀬地山角 1994a「再生産費用分担システムの比較社会学——アジア女性の社会進出を支えるもの」『創文』三五五号、創文社

  瀬地山角 1994b「フェミニズムは女性のものか」庄司・矢澤編『知とモダニティの社会学』東京大学出版会

  芹沢俊介 1997『戦後日本の性と家族』白川書院

  全国過労死を考える家族の会編 1992『日本は幸福（しあわせ）か——

過労死・残された五十人の妻たちの手記』教育史料出版会

千田夏光 1978『従軍慰安婦』三一書房

高木侃 1987『三くだり半』平凡社選書

高木督夫 1960「婦人運動における労働婦人と家庭婦人」『思想』一九六〇年一二月号、岩波書店［上野編 1982 Ⅱ］

高橋ますみ 1986『女40歳の出発——経済力をつける主婦たちの輪』学陽書房

高群逸枝 1948『女性の歴史』印刷局、1954 講談社、1972 講談社文庫

高群逸枝 1965-67『高群逸枝全集』全一〇巻、理論社

竹田青嗣・小浜逸郎 1994『力への思想』學藝書林

武田玲子 1995「医療の中の女性の身体」脇田・ハンレー編『ジェンダーの日本史』上、東京大学出版会

竹中恵美子 1989a『戦後女子労働史論』有斐閣

竹中恵美子 1989b「一九八〇年代マルクス主義フェミニズムについての若干の覚書——Patriarchal Capitalism の理論構成をめぐって」『経済学雑誌』第九〇巻二号

竹中恵美子・久場嬉子編 1993『労働力の女性化』有斐閣

竹村和子 1997「資本主義社会とセクシュアリティ」『思想』一九九七年九月号、岩波書店

田崎英明 1993『セックスなんてこわくない』河出書房新社

田嶋陽子 1986「父の娘と母の娘と」鷲見八重子・岡村直美編『現代イギリスの女性作家』勁草書房

たじりけんじ 1989「がんばらない哲学」男も女も育児時間を！連絡会編『男と女で「半分こ」イズム——主夫でもなく、主婦でもなく』学

陽書房［井上（輝）他編 1994-95 別冊］

　館かおる 1994「女性の参政権とジェンダー」『ライブラリ相関社会科学 2　ジェンダー』新世社

　立岩真也 1994「妻の家事労働に夫はいくら支払うか——家族／市場／国家の境界を考察するための準備」『人文研究』23、千葉大学

　立岩真也「市場は性差別から利益を得ていない」（未発表）

　田中和子 1987「フェミニスト社会学のゆくえ」女性学研究会編『講座女性学 4　女の目で見る』勁草書房［井上（輝）他編 1994-95 ②］

　田中喜美子・木内信胤 1992『エロスとの対話』新潮社

　田中豊子 1960「磯野論文のもつ意義を評価」『労働研究』一九六〇年一一月号

　田中美津 1970「女性解放への個人的視点」［溝口他編 1992 Ⅰ］

　田中美津 1972a『いのちの女たちへ』田畑書店、1992 河出文庫、2001 パンドラ出版

　田中美津 1972b「敢えて提起する＝中絶は既得の権利か？」［溝口他編 1994 Ⅱ］

　田中美津 1983『何処にいようと、りぶりあん』社会評論社

　谷口和憲 1994「性——女と男の豊かな関係——脱買春への道」豊島区立男女平等推進センター編・発行『男が語る家族・家庭』［井上（輝）他編 1994-95 別冊］

　田端泰子 1987『日本中世の女性』吉川弘文館

　田間泰子 1991「中絶の社会史」鶴見俊輔他編『シリーズ変貌する家族 1 家族の社会史』岩波書店

　中ピ連 1972「「子殺し」について、"集会のビラ"という妙なピラに反論」『ネオリブ』6［溝口他編 1994 Ⅱ］

参考文献

鄭暎恵（チョン・ヨンヘ）・上野千鶴子 1993「外国人問題とは何か」『現代思想』一九九三年八月号、青土社

蔦森樹 1990a『男だってきれいになりたい』マガジンハウス

蔦森樹 1990b「〈男〉と〈非男〉——性差による言葉のポリティクス」『翻訳の世界』一九九〇年九月号、1993『男でもなく女でもなく——新時代のアンドロジナスたちへ』勁草書房［井上（輝）他編 1994-95 別冊］

都留重人 1959「現代主婦論」『婦人公論』一九五九年五月号、中央公論社［上野編 1982 Ⅰ］デュビィ、G、ペロー、M 1994 杉村和子訳「「女性」とは何か」『機』37、藤原書店

土居健郎 1971『「甘え」の構造』弘文堂

東京こむうぬ 1971「ひらけひらこう・ひらけごま！」［溝口他編 1994 Ⅱ］

戸田貞三 1937『家族構成』新泉社

富岡多恵子 1983『わたしのオンナ革命』大和書房、1984 ダイワアート

富岡多恵子 1984『藤の衣と麻の衾』中央公論社

中根千枝 1967『タテ社会の人間関係』講談社

中根千枝 1970『家族の構造』東京大学出版会

中山茂 1974『歴史としての学問』中央公論社

成田龍一 1993「衛生意識の定着と「美のくさり」——一九二〇年代、女性の身体をめぐる一局面」『日本史研究』三六六号

鳴海貴明 1992「依存症患者の告白」『Kick Out』3［井上（輝）他編 1994-95 別冊］

西川祐子 1982a『森の家の巫女』新潮社、1990『高群逸枝』（改題新版）第三文明社

西川祐子 1982b「戦争への傾斜と翼賛の婦人」女性史総合研究会編『日本女性史 4　近代』東京大学出版会

西川祐子 1990「住まいの変遷と「家族」の成立」女性史総合研究会編『日本女性生活史 4 近代』東京大学出版会

西川祐子 1991「近代国家と家族モデル」河上倫逸編『ユスティティア』2、ミネルヴァ書房

西川祐子 1993「比較史の可能性と問題点」『女性史学』3、女性史総合研究会

西川祐子 1995「男の家、女の家、性別のない部屋」脇田・ハンレー編『ジェンダーの日本史』下、東京大学出版会

西川祐子 2000『近代国家と家族モデル』吉川弘文館

日本女性学研究 85・5 シンポジウム企画集団編 1985『フェミニズムはどこへゆく――女性原理とエコロジー』松香堂書店

野中柊 1992『アンダーソン家のヨメ』ベネッセコーポレーション

萩原弘子 1988『解放への迷路――イヴァン・イリッチとはなにものか』インパクト出版会

橋爪大三郎 1994『性愛論』岩波書店

橋本治 1979『桃尻娘』講談社

橋本治 1982「男の子リブのすすめ」『蓮と刀――どうして男は"男"をこわがるのか?』作品社、1986 河出文庫［井上(輝)他編 1994-95 別冊］

橋本治 1987-95『桃尻語訳　枕草子』上・中・下、河出書房新社

橋本治 1993『ぼくらの Sex』集英社

長谷川博子 1984「女・男・子供の関係史にむけて――女性史研究の発展的解消」『思想』一九八四年五月号、岩波書店

長谷川三千子 1984「男女雇用平等法は文化の生態系を破壊する」『中

央公論』一九八四年五月号、中央公論社

　畠山芳雄 1960「主婦経営者論」『婦人公論』一九六〇年一〇月号［上野編 1982 Ⅰ］

　バダンテール、エリザベート 1981 鈴木晶訳『プラス・ラブ』サンリオ

　濱口惠俊 1977『日本らしさの再発見』東洋経済新報社

　早川紀代 1991a「女性史研究における方法的課題——アメリカを中心に」『日本史研究』三四五号

　早川紀代 1991b「女性史とフェミニズム」歴史科学協議会編『女性史研究入門』三省堂

　原ひろ子・岩男寿美子編 1979『女性学ことはじめ』講談社

　原田正純 1989『水俣が映す世界』日本評論社

　パンドラ編（福島瑞穂・中野理惠）1990『買う男・買わない男』現代書館

　比較家族史学会 1996『事典　家族』弘文堂

　樋口恵子 1973「女性書ブームを考える」『朝日新聞』一九七三年四月六日

　樋口恵子他 1985「シンポジウム　女たちのいま、そして未来は？」『世界』一九八五年八月号、岩波書店

　樋口恵子・渥美雅子・加藤富子・木村栄 1986『日本男性論』三省堂

　彦坂諦 1991「「戦争と性」にまつわる神話——兵士は殺し殺されるために女を犯す」『男性神話』径書房［井上（輝）他編 1994-95 別冊］

　久場嬉子 1987「マルクス主義フェミニズムの課題」女性学研究会編『講座女性学 4　女の目でみる』勁草書房

　久場嬉子 1993「グローバル資本蓄積と女性労働」竹中恵美子編著『グ

317

ローバル時代の労働と生活』ミネルヴァ書房

　平野広朗 1994『アンチ・ヘテロセクシズム』現代書館（発行パンドラ）

　フォーラム女性の生活と展望 1994『女性の生活と展望』

　深見史 1975「産の中間総括」「現代子育て考」編集委員会編『現代子育て考』1、現代書館

　福武直・日高六郎・高橋徹編 1958『社会学辞典』有斐閣

　藤枝澪子 1985「ウーマン・リブ」朝日ジャーナル編『女の戦後史Ⅲ（昭和40、50年代）』朝日選書

　フジタニ・タカシ 1994「近代日本における権力のテクノロジー――軍隊・「地方」・身体」『思想』一九九四年一一月号、岩波書店

　伏見憲明 1991『プライベート・ゲイ・ライフ――ポスト恋愛論』学陽書房

　藤目ゆき 1991「赤線従業員組合と売春防止法」『女性史学』1、女性史総合研究会

　船橋邦子 1984「新しい歴史学の方法と今後の女性史研究への一視角」『婦人問題懇話会会報』41、婦人問題懇話会

　船曳建夫・小林康夫編 1994『知の技法』東京大学出版会

　古川誠 1993「同性愛者の社会史」『別冊宝島 176　社会学入門』宝島社［井上（輝）他編 1994-95 別冊］

　古川誠 1994「セクシュアリティの変容――近代男性の同性愛をめぐる三つのコード」『日米女性ジャーナル』17、日米女性センター

　古久保さくら 1991「らいてうの「母性主義」を読む――母性を基軸にしたフェミニズム再考のために」『女性学年報』12、日本女性学研究会女性学年報編集委員会

　古田睦美 1994「女性と資本主義――「マルクス主義フェミニズム」

の理論的枠組」『女性学』vol.2，新水社

フロイト 1969 懸田克躬・高橋義孝他訳「性欲論三篇」『フロイト著作集』5、人文書院

星建男 1977「子育てから遥か離れて――"男"の子育てから」、「現代子育て考」編集委員会編『現代子育て考』3、現代書館［井上（輝）他編 1994-95 別冊］

細谷実 1994「「リアル・マン」って、どんな奴?」『性別秩序の世界』マルジュ社［井上（輝）他編 1994-95 別冊］

ボロボイ、エイミイ 1996「世話女房とその倫理――アルコール依存症者「家族ミーティング」にて」『日米女性ジャーナル』20、日米女性センター

前田成文・坪内良博 1977『核家族再考』弘文堂

松井真知子 1995「アイデンティティ形成の舞台としての学校――ジェンダー・階級・人種・エスニシティ」『女性学年報』16、日本女性学研究会女性学年報編集委員会

松井真知子 1997『短大はどこへ行く』勁草書房

丸岡秀子編 1981『日本婦人問題資料集成 9　思潮　下』ドメス出版

水田珠枝 1960「主婦労働の値段」『朝日ジャーナル』一九六〇年九月二五日号［上野編 1982 II］

水田珠枝 1973「女性史は成立するか」『女性解放思想の歩み』岩波新書［古庄編 1987］

水田珠枝 1979「日本におけるウーマン・リブ」『あごら』20、BOC出版部

水田珠枝 1991「マルクス主義フェミニズムの再検討のために――上野千鶴子『家父長制と資本制』を読む」『思想』一九九年六月号、岩波

書店

　溝口明代・佐伯洋子・三木草子編 1992-95『資料　日本ウーマン・リブ史』Ⅰ・Ⅱ・Ⅲ、ウィメンズ・ブックストア松香堂書店

　見田宗介・栗原彬・田中義久編 1988『社会学事典』弘文堂

　宮城公子 1993「明治革命とフェミニズム」『女性史学』3、女性史総合研究会

　三宅義子 1994「近代女性史の再創造のために」『社会の発見』神奈川大学評論叢書

　宮崎ふみ子 1995「両性の関係の歴史としての女性史――『女の歴史Ⅲ　十六―十八世紀』を読んで」デュビィ&ペロー監修、杉村和子・志賀亮一監訳『女の歴史Ⅲ　十六―十八世紀』2、藤原書店

　宮台真司 1994『制服少女たちの選択』講談社

　宮台真司・石原英樹・大塚明子 1993『サブカルチャー神話解体』パルコ出版

　牟田和恵 1990a「日本近代化と家族――明治期「家族国家観」再考」筒井清忠編『「近代日本」の歴史社会学』木鐸社

　牟田和恵 1990b「明治期総合雑誌にみる家庭像――「家族」の登場とパラドックス」『社会学評論』第四一巻一号、日本社会学会

　牟田和恵 1996『戦略としての家族』新曜社

　村上淳一 1985『ドイツ市民法史』東京大学出版会

　村上信彦 1955-56『服装の歴史』全三巻、理論社

　村上信彦 1969-72『明治女性史』全四巻、理論社

　村上信彦 1970「女性史研究の課題と展望」『思想』一九七〇年三月号、岩波書店［古庄編 1987］

　村上信彦 1978『日本の婦人問題』岩波新書

村上泰亮・公文俊平・佐藤誠三郎 1979『文明としてのイエ社会』中央公論社

村瀬幸治 1993『男性解体新書』大修館書店

村瀬春樹 1984「〈ハウスハズバンド〉宣言」『怪傑！　ハウスハズバンド』晶文社［井上（輝）他編 1994-95 別冊］

毛利明子 1960「「労働力」の価値と主婦労働」『朝日ジャーナル』一九六〇年九月二五日号［上野編 1982 II］

森岡清美・塩原勉・本間康平編 1993『新社会学辞典』有斐閣

森崎和江 1965『第三の性』三一書房、1992 河出文庫

森崎和江 1970a『闘いとエロス』三一書房

森崎和江 1970b『非所有の所有』現代思潮社

森崎和江 1976『からゆきさん』朝日新聞社

森崎和江 1989「産むこと」森崎編『日本の名随筆 77　産』作品社

森崎和江 1994『いのちを産む』弘文堂

守永英輔 1986「企業という"車座社会"のなかで」『男が変わる――自分自身への独立宣言』ダイヤモンド社［井上（輝）他編 1994-95 別冊］

もろさわようこ 1969『信濃のおんな』上・下、未来社

諸橋泰樹 1990-92「男性学への契機――魔男の宅急便」『新しい家庭科 We』一九九〇年四月号～一九九二年二・三月号、ウイ書房

柳田国男 1931『明治大正史　世相篇』朝日新聞社、1976 講談社学術文庫

矢野俊平 1994「マルクス主義フェミニズムにおける家事労働把握――上野千鶴子『家父長制と資本制』入門」岡村東洋光・佐々野謙治・矢野俊平『制度・市場の展望』昭和堂

山崎カヲル 1992「フェミニズムとマルクス主義と……」『現代思想』

第二〇巻一号、青土社

山崎浩一 1990「『メンズ・ノンノ』『ポパイ』『ホットドッグ・プレス』が男の不幸を象徴している！――今の男たちに必要なのは、女たちなどよりも、徹底的な孤独なのだ！」『別冊宝島 107　女がわからない！』宝島社［井上（輝）他編 1994-95 別冊］

山崎浩一 1993『男女論』紀伊國屋書店

山崎朋子 1972『サンダカン八番娼館――底辺女性史序章』筑摩書房

山本茂実 1968『あゝ野麦峠――ある製糸工女哀史』朝日新聞社

梁容子（ヤン・ヨンジャ）1993「マイノリティ・フェミニズムの確立を」「マイノリティ・フェミニズム元年」『月刊家族』九五、九六号、家族社

結木美砂江 1991『二、三歳児のママはたいへん』汐文社

ゆのまえ知子 1984「女性史の流れと「関係史」への疑問」『婦人問題懇話会会報』41、婦人問題懇話会

要田洋江 1986「「とまどい」と「抗議」――障害児受容過程にみる親たち」『解放社会学研究』1、日本解放社会学会［井上（輝）他編 1994-95 ⑤］

要田洋江 1999『障害者差別の社会学』岩波書店

横田冬彦 1995「「女大学」再考――日本近世における女性労働」脇田・ハンレー編『ジェンダーの日本史』下、東京大学出版会

善積京子 1989「スウェーデンの男たち」『女性学年報』10、日本女性学研究会女性学年報編集委員会

吉本隆明・芹沢俊介 1985『対幻想――n個の性をめぐって』春秋社

米田佐代子 1971「現代の婦人運動と「女性史」の課題――井上清『日本女性史』をめぐって」『経済』一九七一年三月号［古庄編 1987］

米田佐代子 1972『近代日本女性史』上・下、新日本出版社

米田佐代子 1991「現代日本の女性状況と女性史の課題」歴史科学協議会編『女性史研究入門』三省堂

米本昌平 1989『遺伝管理社会』弘文堂

歴史科学協議会編 1991『女性史研究入門』三省堂

脇田晴子編 1985『母性を問う――歴史的変遷』上・下、人文書院

脇田晴子他 1987『日本女性史』吉川弘文館

脇田晴子 1992『日本中世女性史の研究』東京大学出版会

脇田晴子 1993「日本における「家」の成立と女性――中世を中心に」『日米女性ジャーナル』13

脇田晴子＆ハンレー、S・B編 1994-95『ジェンダーの日本史』上・下、東京大学出版会

鷲田清一 1999『「聴く」ことの力』TBSブリタニカ

渡辺多恵子 1960「労働者と母親・主婦運動」『学習の友』一九六〇年一〇月号、学習の友社［上野編 1982 Ⅱ］

渡辺恒夫 1986『脱男性の時代――アンドロジナスをめざす文明学』勁草書房［井上（編）1994-95 別冊］

渡辺みえこ 1997『女のいない死の楽園――供犠の身体・三島由紀夫』パンドラ、発売現代書館

綿貫礼子編 2012『放射能汚染が未来世代に及ぼすもの』新評論

Anderson, Benedict, 1983, *Imagined Communities*. Verso Editions and NLB. = 1987 白石隆・白石さや訳『想像の共同体』リブロポート

Ariès, Phillipe, 1960, *L'Enfant et la Vie Familiale sous l'Ancien Réginte*. Paris: Éditions du Seuil. = 1980 杉山光信・恵美子駅『〈子供〉の誕生――

アンシァン・レジーム期の子供と家族生活』みすず書房

Badinter, Elizabeth, 1980, *L'Histoire de l'amour maternal,* XVIIe-XXe siècle, nouvelle édition. Paris: Flammarion. = 1981 鈴木晶訳『母性本能という神話の終焉』サンリオ

Benedict, Ruth, 1967. *The Crysanthemum and Sword*. Houghton Mifflin. = 1972 長谷川松治訳『菊と刀――日本文化の型』社会思想社

Beneke, Timothy, 1982, *Men on Rape*. St, Martin's Press. = 1988 鈴木晶・幾島幸子訳『レイプ・男からの発言』筑摩書房

Bloch, I., 1914, *Aufgabe und Ziele der Sexualwissenschaft, Zeitschrift Sexualwissenschaft,* Bund 1.

Blumstein & Schwartz, 1983 American Couples: money work, sex, New York, William Morrow and Co. = 1985 南博訳『アメリカン・カップルズ』全二冊、白水社

Bray, Alan, 1982, *Homosexuality in Renaissance England*. GMP. = 1993 田口孝夫・山本雅男訳『同性愛の社会史』彩流社

Butler, Judith, 1990. *Gender Trouble: Feminism and Subversion of Identity*. New York and London: Routledge. = 1994-95 荻野美穂訳「セックス／ジェンダー／欲望の主体」上・下（抄訳）『思想』一九九四年一二月号、一九九五年一月号、岩波書店、1999 竹村和子訳『ジェンダー・トラブル』青木社

Butler, Judith, 1992, Contingent Foundations: Feminism and the Question of "Post-Modernism", in Butler & Scott, eds., *Feminists Theorize the Political*. New York and London: Routledge.

Butler, Judith, 1993, *Bodies That Matter: On the Discursive Limits of "Sex"*. New York and London: Routledge.

Cott, Nancy, 1977, *The Bonds of Womanhood: "Women's" Sphere in New England*, 1780-1835. New Haven: Yale UP.

Dahrendorf, R., 1959, *Class and Class Conflict in Industrial Society*. Stanford, California: Stanford University Press. = 1964 富永健一訳『産業社会における階級および階級闘争』ダイヤモンド社

Dalby, Liza, 1983. *Geisha*. New York: Vintage Books.

Dalla Costa, M. & James, S., 1972, *The Power of Women and the Subversion of the Community*. London: Falling Wall Press. = 1986 伊田久美子・伊藤公雄訳『家事労働に賃金を』インパクト出版会

Delphy, Christine, 1984, *Close to Home: A Materialist Analysis of Women's Oppression*, translated and edited by Dinna Leonard. Boston: The University of Massachusetts Press. = 1996 井上たか子・加藤康子・杉藤雅子訳『なにが女性の主要な敵なのか――ラディカル・唯物論的分析』勁草書房

Delphy, Christine, 1989, *Sexe et genre, in Global Perspectives on Changing Sex-Role*. National Women's Education Centre. = 1989「セックスとジェンダー」『性役割を変える――地球的視点から』国立婦人教育会館

D'Emilio, John, 1983, Capitalism and Gay Identity in Powers of Desire = 1997 風間孝訳・解題「資本主義とゲイ・アイデンティティ」『現代思想』一九九七年五月号、青木社

Duby, G., et Perrot, M., eds., 1991-93, *Histoire des femmes en Occident*. Paris: Plon. = 1994-95 杉村和子・志賀亮一監訳『女の歴史』全五巻、藤原書店

Dumon, Louis, 1970, *Homo Hierarchicus*. Chicago: University of Chicago Press.

Eco, Umberto, 1976, *A Theory of Semiotics*. Bloomington, Indiana: Indiana

University Press. = 1980 池上嘉彦訳『記号論』Ⅰ・Ⅱ、岩波書店

Ellis, Havelock, 1993, *The Psychology of Sex*. London: William Heineman.

Faludi, Susan, 1991, *Backlash: The Undeclared War against American Women*. Crown. = 1994 伊藤由紀子他訳『バックラッシュ——逆襲される女たち』新潮社

Farrel, Warren, 1986, *Why Men Are The Way They Are*. McGraw Hill. = 1987 石井清子訳『男の不可解　女の不機嫌——男心の裏読み・速読み・斜め読み』主婦の友社

Faderman, Lillian, 1991, *Odd Girls and Twilight Lovers*, Columbia University Press = 1996 富岡明美・原美奈子訳『レスビアンの歴史』筑摩書房

Fineman, Martha, 1995 The Neutered Mother, the Sexual Family, and Other Twentieth Century Tragedies, New York and London: Routledge

Firestone, Shulamith, 1970, *The Dialectic of Sex—The Case for Feminist Revolution*. William Morrow & Co. = 1972 林弘子訳『性の弁証法』評論社

Flandrin, Jean-Louis, 1981, *Le sexe et l'Occident*. Paris: Editions du Seuil. = 1987 宮原信訳『性と歴史』新評論、1992『性の歴史』（改題）藤原書店

Foucault, Michel, 1969, *L'Archéologie de savoir*. Paris: Gallimard. = 1981 中村雄二郎訳『知の考古学』河出書房新社

Foucault, Michel, 1976-84, *L'historie de la sexualité*, tome I-III. Paris: Editions Gallimard. = 1986-87 渡辺守章他訳『性の歴史』全三巻、新潮社

Friedan, B., 1963. *Feminine Mystique*. New York: Dell. = 1965 三浦冨美子訳『新しい女性の創造』、1977『増補　新しい女性の創造』大和書房

Furukawa, Makoto, 1994, The Changing nature of sexuality: the three

参考文献

codes framing homosexuality in modern Japan, *U.S.-Japan Women's Journal*: English supplement, No. 7. The U.S.-Japan Women's Center.

Gamson, William, 1992, *Talking Politics*. Cambridge: Cambridge University Press.

Gay, Peter, 1984, *The Bourgeois Experience: Victoria to Freud*, Vol. 1, Education of the Senses. Oxford: Oxford University Press.

Gilligan, Carol, 1982, *In a Different Voice: Psychological Theory and Women's Development*. Cambridge: Harvard University Press. = 1986 岩男寿美子監訳『もうひとつの声』川島書店

Go, Liza, 1993, Jugun Ianfu, Karayuki, Japayuki: a Continuity in Commodification, *Health Alert*, 139, March.

Goldberg, Herb, 1976, *The Hazards of Being Male: Surviving the Myth of Masculine Privilege*. New York: Nash Pub. = 1982 下村満子訳『男が崩壊する』PHP研究所

Gouldner, A. W., 1979, *The Future of Intellectuals and the Rise of the New Class*. The Seabury Press. = 1988 原田達訳『知の資本論――知識人の未来と新しい階級』新曜社

Hartman, Heidi, 1981, The unhappy marriage of Marxism and feminism: towards a more progressive union, in Sargent ed., *Women & Revolution*. Pluto Press. = 1991 田中かず子訳『マルクス主義とフェミニズムの不幸な結婚』勁草書房

Hobsbaum, E. & Ranger, T., 1983, *The Invention of Tradition*. Cambridge: Cambridge University Press. = 1992 前川啓治他訳『創られた伝統』紀伊國屋書店

Hochschild, A., 1989, *The Second Shift: Working Parents and the*

327

Revolution at Home. New York: Penguin Books. = 1990 田中和子訳『セカンド・シフト』朝日新聞社

Hsu, F. L. K., 1963, *Clan, Caste, and Club*. Van Nostrand. = 1971 作田啓一・濱口惠俊訳『比較文明社会論――クラン・カスト・クラブ・家元』培風館

Hunt, Lynn, 1992, *The Family Romance of the French Revolution*. California: The University of California Press. = 1999 西川長夫他訳『フランス革命と家族ロマンス』平凡社

Illich, Ivan, 1982, *Gender*. Marion Boyers. = 1984 玉野井芳郎訳『ジェンダー』岩波書店

Irigaray, Luce, 1977, *Ce Sexe Qui N'en Est Pas Un*. Paris: Editions de Minuit. = 1987 棚沢直子訳『ひとつではない女の性』勁草書房

Johnson, Barbara, 1987, *A World of Difference*. Johns Hopkins University. = 1990 大橋洋一他訳『差異の世界』紀伊國屋書店

Kaluzynska, Eva, 1980, Wiping the floor with theory: a survey of writings of housework, *Feminist Review*, 6.

Kinsey, Pommeroy & Martin, 1948, *Sexual Behavior in the Human Male*. Sanders Co. = 1950 永井潜・安藤畫一他訳『人間に於ける男性の性行為』上・下、コスモポリタン社

Klein, Fritz, 1993, *The Bisexual Option* = 1997 河野貴代美訳『バイセクシュアルという生き方』現代書館

Krafft-Ebing, Richard von, 1886, *Psychopathia Sexualis*. Enke.

Kuhn, Annette & Wolpe, Annmarie, eds., 1978, *Feminism and Materialism*. London: Routledge & Kegan Paul. = 1984 上野他訳『マルクス主義フェミニズムの挑戦』勁草書房

Kuhn, Thomas S., 1962, *The Structure of Scientific Revolution*. Chicago: University of Chicago Press. ＝1971 中山茂訳『科学革命の構造』みすず書房

Laing, R. D., 1960, *The Devided Self*. London: Tavistock Publications, New York: Pantheon. ＝1971 坂本健二・志貴春彦他訳『ひき裂かれた自己』みすず書房

Laquer, Thomas, 1990, *Making Sex: Body and Gender from the Greeks to Freud*. Cambridge: Harvard University Press. ＝1998 高井宏子・細谷等訳『セックスの発明』工作舎

Laslett, Peter & Wall, Richard, eds., 1972, *Household and Family in Past Time*. Cambridge: Cambridge University Press.

Levi-Strauss, Claude, 1958, *L'Anthropologie structurale*. Paris: Librairie Plon. ＝1972 荒川幾男・生松敬三他訳『構造人類学』みすず書房

Lewis, Oscar, 1961, *Children of Sanchez: Autobiography of a Mexican Family*. New York: Random House. ＝1969, 1986 柴田稔彦・行方昭夫訳『サンチェスの子どもたち』みすず書房

Malinowski, B., 1924, Mutterrechtliche Familie und Oedipus-Komplex: Eine Psychoanalytische Studies, *Imago*, Vol. X, Heft 2/3.

Malinowski, B., 1929, *The Sexual Life of Savages*, with a preface of Havelock Ellis. 1987, Reprint edition. London: Beacon Press. ＝1971 泉精一・蒲生正男訳『未開人の性生活』新泉社

Mead, Margaret, 1949, *Male and Female*. New York: William Morrow. ＝1961 田中寿美子・加藤秀俊訳『男性と女性』上・下、東京創元社

Michael, Gagnon, Lauman & Kolata, 1994, *Sex in America: A Definitive Survey*, New York: Little, Brown & Co. ＝1996 近藤隆文訳『セックス・イン・ア

メリカ』日本放送出版協会

Millett, K., 1970, *Sexual Politics*. New York: Doubleday, 1977, Virago. = 1973 藤枝澪子訳『性の政治学』ドメス出版

Money, John & Tucker, P., 1975, *Sexual Signatures: on Being a Man or a Woman Little*. Brown. = 1979 朝山新一訳『性の署名』人文書院

Morgan, Robin, ed., 1984, *Sisterhood Is Global*. Garden City, N.Y.: Anchor Press.

Morrison, Toni, 1992, *Playing in the Dark: Whiteness and the Literary Imagination*. = 1994 大社淑子訳『白さと想像力――アメリカ文学の黒人像』朝日選書

Mosse, George L., 1985, *Nationalism & Sexuality: Middle-class Morality and Sexual Norms in Modern Europe*. University of Wisconsin Press. = 1996 佐藤卓己・佐藤八寿子訳『ナショナリズムとセクシュアリティ』柏書房

Nakane, Chie, 1970, *Japanese Society*. Tokyo: C. E. Tuttle.

Nicholson, Linda, 1994, Interpreting Gender, Sign: *Journal of Women in Culture and Society*, Vol. 20, No. 1. Chicago: The University of Chicago. = 1995 荻野美穂訳「〈ジェンダー〉を解読する」『思想』一九九五年七月号、岩波書店

Oakley, Ann, 1974, *Women's Work: The Housewife Past and Present*. London: Vintage Books. = 1987 岡島茅花訳『主婦の誕生』三省堂

Ortner, Sherry B., 1974, Is female to male as nature is to culture?, in Rosaldo & Lamphere. eds., *Women, Culture & Society*. Stanford: Stanford University Press. = 1983 三神弘子訳「女と男は自然と文化の関係か？」『現代思想』一九八三年九月号、青土社、1987 山崎カヲル監訳『男が文化で、女が自然か？』晶文社

Parsons, Talcott & Bales, R. F., 1956, *Family, Socialization and Interaction Process*. New York: The Free press. = 1981 橋爪貞雄他訳『家族――核家族と子どもの社会化』黎明書房

Rich, Adrienne, 1986, *Blood, Bread & Poetry: Selected Prose 1979-1985*. W.W. Norton. = 1989 大島かおり訳『血、パン、詩。』晶文社

Rougemont, Denis de, 1939, *L'amour et l'Occident*. Paris: Librairie Plon. = 1959 鈴木健郎・川村克巳訳『愛について』岩波書店

Rowbotham, S., 1973, *Woman's Consciousness, Man's World*. London: Penguin Books. = 1977 三宅義子訳『女の意識・男の世界』ドメス出版

Said, Edward., 1994, *Representations of the Intellectual*. New York: Vintage. = 1995 大橋洋一訳『知識人とは何か』平凡社

Scott, Joan Wallach, 1988, *Gender and the Pollitics of History*. New York: Columbia University Press. = 1992 荻野美穂訳『ジェンダーと歴史学』平凡社

Sedgewick, Eve Kosofsky, 1985, *Between Men: English Literature and Male Homosocial Desire*, Columbia University Press = 2001 上原早苗・亀澤美由紀訳『男同士の絆――イギリス文学とホモソーシャルな欲望』名古屋大学出版会

Sedgewick, Eve Kosofsky, 1990, Epistemology of the Closet, The Regents of the University of California = 1996 外岡尚美訳「クローゼットの認識論」『批評空間』Ⅱ－8 号、太田出版

Segalen, M., 1981. *Sociologie de la famille*. Paris: Librairie Armand Colin. = 1987 片岡他訳『家族の歴史人類学』新評論

Shor, Juliet B., 1992, *The Overworked American: The Unexpected Decline of Leisure*. New York: Basic Books. = 1993 森岡他訳『働きすぎのアメリカ

人』窓社

Shorter, Edward, 1975, *The Making of the Modern Family*. London: Basic Books. = 1987 田中俊宏他訳『近代家族の形成』昭和堂

Showalter, Elaine, 1977, *A Literature of Their Own: British Women Novelists from Bronte to Lessing*. New Haven: Princeton University Press. = 1993 川本静子他訳『女性自身の文学』みすず書房

Showalter, Elaine, ed., 1985, *The New Feminist Criticism*. New York: Pantheon. = 1990 青山誠子訳『新フェミニズム批評』岩波書店

Sokoloff, N. J., 1980, *Between Money and Love: The Dialectics Women's Home and Market Work*. New York: Praeger Publishers. = 1987 江原由美子他訳『お金と愛情の間——マルクス主義フェミニズムの展開』勁草書房

Sokoloff, N. J., 1988, Contributions of Marxism and feminism to the sociology of women and work. in A. Stromberg & S. Harkess, eds., *Women Working: Theories & Facts Perspective*. Mayfield Publishers. = 1994 ホーン川嶋瑤子訳「マルクス主義とフェミニズムの「女性と労働の社会学」への貢献」『日米女性ジャーナル』16、日米女性センター

Sole, Jacques, 1976, *L'amour en l'Occident a l'epoque moderne*. Paris: Editions Albin Michel. = 1985 西川長夫他訳『性愛の社会史——近代西欧における愛』人文書院

Stoller, Robert J., 1968, *Sex and Gender: the Development of Masculinity and Feminity*. Jason Aronson Publishers. = 1973 桑畑勇吉訳『性と性別——男らしさと女らしさの発達について』岩崎学術出版

Stone, Laurence, 1977, *The Family, Sex, and Marriage in England, 1500-1800*. London: Penguin Books; 1979, abridged and revised edition, Pelican Books. = 1991 北本正章訳『家族・性・結婚の社会史』勁草書房

Strathern, M., 1980, No nature, no culture: the Hagen case, in MacCormack & Strathern, eds., *Nature, Culture and Gender*. Cambridge: Cambridge University Press.

Sullerot, Evelyne & Thibaut, O., eds., 1978. *Qu'est-ce qu'une femme?* Paris: Librairie Artheme Fayard. = 1983 西川祐子他訳『女性とは何か』上・下、人文書院

Thompson, Edward P., 1966, *The Making of the English Working Class*. New York: Vintage Books.

Todd, Emmanuel, 1990. *L'Invention de l'Europe*. Paris: Editions du Seuil. = 1992 石崎晴己訳『新ヨーロッパ大全』藤原書店

Tuttle, Lisa, ed., 1986, *Encyclopedia of Feminism*. The Longman Group. = 1991 渡辺和子訳『フェミニズム事典』明石書店

Ueno, Chizuko, 1987, Genesis of urban housewife, *Japan Quarterly*, 34-2.

Ueno, Chizuko, 1989, Women's labor under patriarchal capitalism in the eighties, *Review of Japanese Culture and Society*, 3-1. Center for inter-cultural Studies and Education, Josai University.

Ueno, Chizuko, 1990, The myth and reality of Japanese women's labor, Keynote speech at the annual convention of the Canadian Society for Japanese Studies in 1990 at British Columbia University, in Proceedings of Canadian Society for Japanese Studies.

Ueno, Chizuko, 1996, The collapse of "Japanese Mothers", *The U.S.-Japan Women's Journal*, English Supplement, No. 10. The U.S.-Japan Women's Center.

Wakita. H., Bouchy, A. and Ueno. C., eds., 1999, *Gender and Japanese History*, vol. 1 & 2. Osaka: Osaka University Press.

Walker, Alice, 1982, *The Color Purple*. New York: Washington Square Press. = 1985 柳澤由実子訳『紫のふるえ』集英社

Walker, Alice, 1992, *Possessing the Secret of Joy*. New York: Harcourt Brace Jovanovich. = 1995 柳澤由実子訳『喜びの秘密』集英社

Weeks, Jeffrey, 1986, *Sexuality*. London: Tavistock Publications. = 1996 上野監訳『セクシュアリティ』河出書房新社

Wieck, Wilfried, 1987, *Männer lassen lieben*. Kreuz Verlag. = 1991 梶谷雄二訳『男という病——男らしさのメカニズムと女のやさしさ』三元社

Willis, Paul E., 1977, *Learning to Labour: How Working Class Kids Get Working Class Jobs*. Saxon House. = 1985 能沢誠・山田潤訳『ハマータウンの野郎ども——学校への反抗・労働への順応』筑摩書房

Wittig, Monique, 1983, The point of view: universal of particular?, *Feminism Issues*, Vol. 3, No.2, Fall, 1984.